문법영역편 2부

생각의 차이

빠른 정답 찾기의 시작이다!

수능 문법은 〈보기〉 없는 문항과
〈보기〉 있는 문항밖에 없다

Speed!

수능
국어의
답

박종석 · 임소라 지음
안세봉 · 박소연 검토

문법영역편 2부

한국학술정보

전국의 수험생에게

수능 국어, 대입 합격의 최대 변수

1993년 처음으로 수능이 실시된 이후, 지문과 문항 구성을 바탕으로 거듭 변화가 있었습니다. 그때마다 수험생들은 혼돈 속으로 빠졌을 것입니다. 때로는 수능 문항이 일정 기간 동안 패턴을 유지했기 때문에 수험생들의 어려움이 점차 사라질 것 같았지만 수능 국어를 A형과 B형으로 나누면서 혼란이 가중되었습니다. 그러나 이것은 시행과 동시에 2017학년도에 갑자기 사라지게 됩니다. 이후 안정화가 지속될 것 같았으나, 2022학년도에 '언어와 매체' 과목과 '화법과 작문' 과목이 선택 과목으로 지정되면서, 역시 몇몇 변화로 인해 수험생들이 혼돈에 빠진 상태일 것입니다.

선택 과목 지정으로 문항의 변화와 함께, '문학'과 '독서'와 같은 공통 과목에서 눈에 띈 변화는 지문의 장문화와 융합 지문의 출제 그리고 지문에 따른 문항 수의 증가입니다. 게다가 대부분의 수험생들이 겪는 시간의 촉박함까지 겹쳐 문법 체감 난이도는 점점 높아지고 있습니다. 여기에다 대학의 수험생 선발이라는 변별력이 수능 국어로 무게가 실리면서 변별력 확보 차원에서 수능 국어가 더욱 어렵게 출제되고 있는 상황입니다.

더욱 혼란스러운 수능 국어의 현실!

오랫동안 학교 현장에서 학생들을 가르치면서, 특히 수능 국어를 어려워하는 수험생의 입장을 생각할 때, 도움이 되는 해결책을 제시해야겠다는 신념이 생겼습니다. 그래서 학교 현장에서 문항 풀이 방법을 개발함과 동시에 정답을 찾는 시간의 부족함까지 해결할 수 있는 방법을 가르쳤습니다. 또한 국가 수준의 문항 구성 출제 및 문항 설계, 문항 분석과 같은 교육 활동에 직접 참여하였으며, 교육 기관에서의 시험 출제를 다년간 경험한 필자는 수능 국어를 새로운 시각으로 접근하여 논리정연하게 정답을 찾는 쉬운 방안을 연구하게 되었습니다. 그래서 나름의 방법을 찾았습니다. 1권에서는 단지 문항을 통해 답을 찾는 새로운 시각의 일정 부분만[Ⅰ부]을 공개했습니다. 물론 차후 수정 혹은 개정판이 이루어진다면, 나머지[Ⅱ부] 수능 국어 문법 풀이 방안을 공개 및 출판할 계획을 세웠습니다. 이는 오로지 수험생들의 호응에 따라 출판할 것이라고 밝혔습니다. 이번에 『스피드 수능 국어의 답 - 문법 2부』를 출판합니다.

1권과 마찬가지로 2권도 시중에 나와 있는 기존 수능 국어 문법의 풀이 방안과 달리, 나름의 용어를 설정해서 문항에 접근하기 때문에 다소 생소할 수 있으나, 이 책에서 설명하는 개념에 연연하기보다는 실제 풀이 방안과 실전 문제를 중심으로 이해하면 도움이 될 것입니다.

이 책은 다음과 같은 7가지에 중점을 두었습니다.

1. 문항의 정답을 찾는 단계적 방법을 정리했습니다.

시중에 출판된 기출 문제집들은 대부분 문제를 앞쪽에, 문제 풀이를 책의 뒤쪽에 실어 정답지 해석에 무게를 둔 반면에, 이 책은 지문 분석이나 정답 풀이에 무게중심을 두기보다는 문항의 정답을 찾는 정리된 방법을 제시하여 쉽게 문제에 접근하도록 하였습니다.

2. 일관된 풀이법을 개발, 적용했습니다.

각 문항마다 정답을 다르게 찾아야 하는 수험생들의 부담을 덜기 위해 문항을 유형별로 구분하고, 같은 유형의 문항은 같은 방법으로 정답을 찾을 수 있도록 일관된 풀이법을 개발, 적용했습니다.

3. 문법 문항을 5가지로 범주화하여 한눈에 볼 수 있도록 하였습니다.

수능 국어 문법 영역의 모든 문항을 한눈에 볼 수 있도록 정리하여, 문항 전체에 대한 수험생들의 심리적 부담을 덜도록 하였습니다. 가령, '수능 문법은 <보기> 없는 문항과 <보기> 있는 문항밖에 없다.'로 구별한 것처럼.

4. 수능 기출 문제를 중심으로 다루었습니다.

수능 기출에서 다루었던 문항만을 분석하여, 분석을 바탕으로 문법 지식을 정리하였습니다.

5. 개념 정리 - 예시 문항 - 적용 문항 - 실전 문항의 순으로 구성했습니다.

기출 문항을 기존의 학습서들과 다른 관점에서 쉽게 이해할 수 있도록 필자만의 '팁 (tip)'과 '발칙한 생각'을 두어 수험생이 정답을 찾는 즐거움을 줄 것이라는 생각이 듭니다.

6. 적용 기출 문항을 제시했습니다.

<본문>에서 유형별 문제 해결 방법을 익힌 학생들이 다양하게 출제되는 문항에 대한 자신감을 가질 수 있도록 적용 기출 문항을 제시하였다는 점 역시 이 책이 가진 특징이기도 합니다.

7. 독서 영역의 문법 관련 문항도 정리했습니다.

수능 독서 영역 가운데 문법 범주에 포함된 문항을 부록으로 정리하여, 한 문항도 틀리지 않도록 했습니다. 또한 세 가지 출제의 법칙으로 범주화하여 역시 한눈에 볼 수 있도록 했습니다.

이 책에서 언급하는 몇 가지 법칙들을 수능 문법 문항에 적용할 경우에, 한 문항에 하나 이상의 법칙이 적용될 수도 있습니다. 그러나 문항을 보는 순간 수험생들은 자연스럽게 이 책에서 익힌 법칙들을 활용하여 문항에 대한 정답을 쉽게 해결할 수 있을 것입니다. 수험생 자신이 부족하다고 생각하는 문법 문항 유형이 있을 겁니다. 스스로 부족한 문항 유형에 해당하는 법칙만을 이 책에서 찾아 이해하고 정답 찾기에 활용하면 수능 문법 영역에 대한 두려움이 다소 사라질 것입니다.

    평가의 정점에 있는 수능 문항만을 대상으로 하여, 필자가 생각한 수능 문법 영역의 풀이법을 공개합니다. 이와 같은 방법론을 학습한 학생들은 분명 문항 풀이에 대한 자신감을 가질 것이며, 또한 시험 시간을 절약할 수 있을 것입니다. 또한 이 방법의 활용으로 국어에 대한 친근감과 자신감을 회복하면서 수험생 자신이 부족하다고 생각하는 다른 교과에 시간과 노력을 더 투자해 주었으면 하는 바람입니다.

    『스피드 수능 국어의 답 - 독서 영역 1부』와 『스피드 수능 국어의 답 - 문학 영역 1부』, 『스피드 수능 국어의 답 - 문법 1부』는 이미 출판되었습니다. 정답을 찾는 스킬이 있다는 점에서 수험생들에게 좋은 평을 들고 있지만, 내용과 편집이 다소 난해하다는 수험생들과 선생님들의 조언에 따라 새롭게 편집, 수정해 개정판을 출간하였습니다. 필자는 더욱 분발해 이번에는 『스피드 수능 국어의 답 - 문법 2부』를 출판합니다. 이미 출판된 세 권의 책과 비교하면서 수능 국어의 답을 찾는 데 작은 도움이 되었으면 합니다.

    이 책을 출판하는 데 조언을 해 주신 울산 안세봉 선생님, 그리고 멀리 계신 경기도 박소연 선생님께 고마움을 전합니다.

박 종 석

2021년 4월

차 례

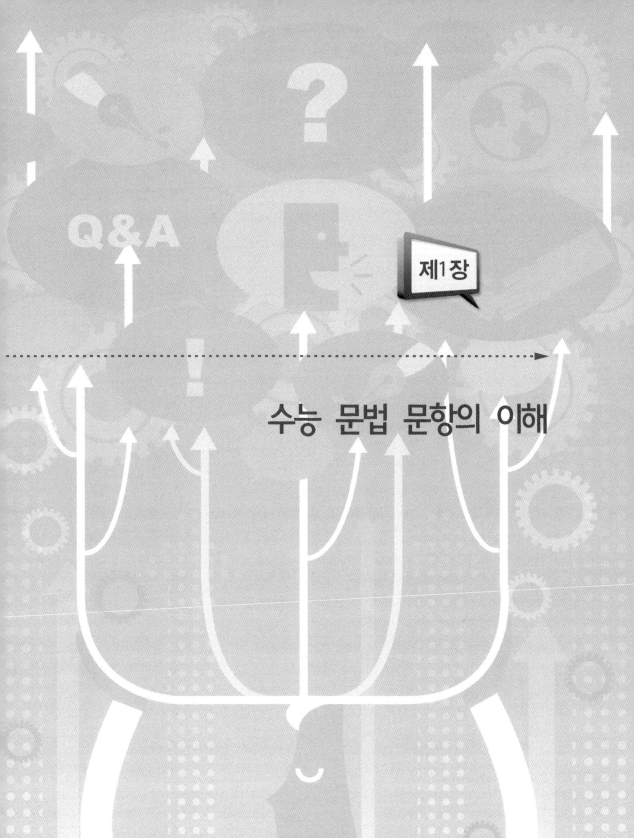

제1장

수능 문법 문항의 이해

1. '언어와 매체'의 이해

2022학년도 대학수학능력 시험의 가장 큰 변화는 선택과목의 도입이다. 이에 따라 학생들은 수능 국어에서 독서와 문학은 필수 과목으로, 화법과 작문/언어와 매체는 선택 과목으로 시험을 치르게 된다. 이 '언어와 매체' 과목에 우리가 익히 알고 있는 국어 문법이 포함되어 있다. 언어와 매체 과목은 크게 '언어'에 관한 지식과 '매체'에 관한 지식으로 나뉘는데, 언어에 관한 지식이 바로 국어 문법 지식이다.

수능 국어에 선택과목이 도입되면서 문항 수와 난이도, 대학 입시에서 수능 국어를 반영하는 비율 등이 변화할 것으로 예상된다. 몇 년 전 수능 국어가 A형/B형으로 나뉘었을 때, A형에 응시하는 학생들에게 가산점을 주는 대학들이 있었는데 선택과목 도입과 동시에 영역별로 가중치를 다르게 부여하거나, 학과 특성을 고려하여 선택과목을 지정해 줄 가능성이 높다.

> * 수능 국어 문법의 체계적 지식은 이 책에서는 다루지 않는다. 문법 이론에 대한 설명은 전편을 참고하자.(박종석, 임소라, 스피드-수능 국어의 답-문법 편 참고)

현재 수능 국어에서 문법 영역은 총 5문항이 출제되고 있다. 하지만 '언어와 매체'가 선택과목으로 도입되는 2022학년도부터는 11문항이 출제된다. 2020년 7월 교육과정 평가원에서 발표한 예시 문항에 따르면 문법 5문항, 매체 6문항이 출제될 예정이다. 또한, 매년 수능 시험에서 오답률이 높았던 문항에 문법 영역이 1~2문항씩 꼭 포함되고 있다. 이는 문법 영역이 수능 국어에서 변별력을 가늠하는 기준이 되고 있다는 것이다. 따라서 수능 문법 공부가 더욱 중요하며, 이를 위한 체계적 지식과 문항 해설 및 출제 경향 파악이 절실히 필요하다.

수능 문법 문항에 출제되는 2015 개정 교육과정 '언어와 매체' 과목의 내용 체계는 다음과 같다.

- 음운의 체계와 변동
- 품사와 단어의 특성
- 단어의 짜임과 새말 형성
- 의미 관계와 어휘 사용
- 문장의 짜임과 활용
- 문법 요소의 효과와 활용
- 담화의 특성과 국어 생활
- 시대·사회에 따른 국어 자료
- 매체·갈래에 따른 국어 자료
- 국어의 규범과 국어 생활

2. 내용 체계에 따른 수능 기출 빈도

앞서 살펴본 '언어와 매체' 과목의 내용 체계에 따라 기출 문제를 분석해 보자. 어느 영역에서 어떤 내용이 자주 출제되는지 정리해 보면, 문법 학습의 방향과 범위를 설정하는 데 도움이 된다. 학습의 방향과 범위를 설정한 후 문법 공부를 하면, 시행착오가 줄고 시간을 절약할 수 있다.

---

tip 수능 공부는 무작정 달려드는 것이 아니다.

수능 국어 공부를 시작할 때, 무작정 열심히만 한다면 비효율적 공부가 될 수밖에 없다. 수능 공부에도 요령과 작전이 필요하다. 전략을 잘 세워 공부하면 시간은 절약하고 정답은 빠르게 찾을 수 있다. 수능 문법 공부를 위한 전략적 순서는 다음과 같다.

① 내용 체계별 기출 빈도, 내용 분석 → ② 기출 내용 중심의 문법 이론 학습 → ③ 수능 문법 문항의 유형 분석 → ④ 유형별 풀이법 학습 → ⑤ 기출 문제 풀이

위 순서대로 수능 문법을 공부한다면, 수능 문법 문항에 한해서는 천하무적이 될 수 있다. 이 책은 위의 전략적 순서대로 수능 문법 문항에 접근하여 수험생들의 학습 부담을 줄여 줄 것이다. 따라서 수험생들은, 책 내용대로 따라오기만 하면 된다.

---

* 2022학년도 모의평가 실시 후 문법 문항을 분석하여 빈 칸에 직접 내용을 채워 보자.

내용 체계	출제 학년도		평가 내용
음운의 체계와 변동	2018	6월	음운의 변동
		수능	음운의 변동
	2019	3월	음운의 변동 사이시옷
		6월	음운의 변동
		수능	국어의 단모음 체계
	2020	3월	음운의 변동과 연음
		6월	음운의 변동
		9월	음운의 변동
		수능	음운의 변동과 음절의 유형
	2021	3월	음운의 변동
		9월	음운의 변동
	2022		

내용 체계	출제 학년도		평가 내용
품사와 단어의 특성	2018 3월		의존 명사와 접사
	2019	6월	품사의 구별
		9월	품사의 분류 동사와 형용사의 구별
	2021	6월	의존 명사와 조사
		수능	용언의 활용
	2022		
단어의 짜임과 새말 형성	2018	3월	명사형 어미 '-(으)ㅁ, -기'와 명사화 접미사 '-이, -음, -기'
		9월	합성명사의 형성 방법 국어의 어미
		수능	단어의 형성 과정
	2019	3월	단어의 구조
		수능	복합어 형성법
	2020	3월	형태소의 종류와 의미 어미 '-ㄴ'과 '-ㄴ-'
		9월	단어의 구조
	2021	3월	합성명사의 구성 요소
		9월	단어의 어원
		수능	단어의 구성 요소
	2022		
의미 관계와 어휘 사용	2018 6월		단어의 상하 관계 비양립 관계, 상보적 반의 관계
	2020	6월	어휘의 변화 유형 어휘적 빈자리
		수능	다의어
	2021	수능	단어의 의미
	2022		
문장의 짜임과 활용	2018	3월	서술어의 자릿수
		6월	문장 성분과 문장의 구조
		수능	부사어 탐구
	2019	3월	문장 성분과 문장의 구조
		9월	안긴 문장의 종류
		수능	문장 성분과 문장의 구조
	2020	3월	안긴 문장의 종류
		9월	겹문장의 종류
	2021	3월	관형절과 명사절
		6월	명사절을 안은 문장
		9월	품사와 문장 성분
		수능	안긴 문장의 종류
	2022		

내용 체계	출제 학년도		평가 내용
문법 요소의 효과와 활용	2019 6월		선어말 어미 '-더-'
	2020	6월	피동문과 사동문
		수능	시제 및 품사 이해
	2021	3월	시간 표현
		6월	높임 표현
	2022		
담화의 특성과 국어 생활	2018 9월		담화 상황에서 '우리'의 의미
	2021	6월	담화의 지시, 대용, 접속 표현
	2022		
시대·사회에 따른 국어 자료	2018	3월	중세 국어의 모음 조화
		6월	중세 국어의 서술격 조사
		9월	중세 국어의 특징
		수능	인칭 대명사 '누구'의 형성 과정
	2019	3월	중세 국어의 조사
		6월	중세 국어의 품사
		9월	중세 국어의 객체 높임
		수능	'숟가락'과 '젓가락'의 표기 차이
	2020	3월	중세 국어의 'ㅎ' 종성 체언
		6월	중세 국어의 의문문
		9월	중세 국어의 조사 '애'와 '애셔' 중세 국어와 현대 국어의 조사 비교
		수능	중세 국어의 주격 조사
	2021	3월	중세 국어의 시간 표현
		6월	중세 국어의 관형격 조사
		9월	『훈민정음』 언해를 통한 중세 국어의 이해
		수능	중세 국어의 모음 'ㅔ, ㅐ'
	2022		
매체·갈래에 따른 국어 자료	2018 수능		국어사전의 개정 전, 후 비교
	2019 수능		국어사전 만들기
	2021 9월		사전의 표제어
	2022		
국어의 규범과 국어 생활	2019	3월	한글 맞춤법
		6월	한글 맞춤법의 사이시옷
		9월	로마자 표기에 반영된 음운의 변동
	2022		

수능 국어 문법은, 모든 영역에서 문제가 출제되고는 있지만 영역 간 출제 빈도에는 차이가 있음을 알 수 있다. 특히 '음운의 변동'과 '중세 국어'는 매우 자주 출제되는 영역 중 하나이다. 최근에는 '문장의 짜임과 활용' 영역의 출제 빈도도 점점 늘어나고 있다. 따라서 수험생들은 앞서 제시한 전략적 순서 중 '② 기출 내용 중심의 문법 이론' 학습 시, 모든 영역을 공부하되 시험에 자주 출제되는 영역을 더 중점적으로 공부하고 기출 문제 분석도 더 꼼꼼히 해야 할 것이다.

* 앞서 제시한 전략적 순서는 다음과 같다.

① 내용 체계별 기출 빈도, 내용 분석 → ② 기출 내용 중심의 문법 이론 학습 → ③ 수능 문법 문항 유형 분석 → ④ 유형별 풀이법 학습 → ⑤ 기출 문제 풀이

〈내용 체계별 출제 내용 및 문항 맛보기〉

앞서 살펴본 각 내용 체계에서 어떤 내용들이 출제되고 있는지 살펴보기로 한다. 각 체계별 맛보기 문항도 소개할 것이다. 문항 정답 해설은 'chapter 3. <보기> 문항의 수능적 접근: 3step'에서 할 것이므로 여기서는 정답을 찾는 데 연연하지 말고, 어떤 내용 체계들이 출제되는지 내용 위주로 살펴보도록 하자.

·음운의 체계와 변동

2021학년도 수능에서는 중세 국어의 음운이 출제되기는 했으나, 이 음운의 체계와 변동 영역은 매년 수능에 빠지지 않고 출제되고 있다. 특히 단순히 음운의 체계를 묻는 문제보다는, 음운의 변동 현상을 이해하고 사례들을 분석할 수 있는지를 묻는 문제가 출제되고 있다. 또한, 2020학년도 수능에서는 음절의 유형과 음운의 변동을 동시에 물어 문항의 난이도를 높였고, 연음과 음운의 변동을 구별하는 내용도 종종 출제되고 있다. 따라서 출제 빈도가 높은 '음운의 체계와 변동' 영역을 공부할 때에는 음운의 변동에 중점을 두고, 사례를 통해 여러 개념을 이해하여 필요한 핵심 개념은 암기해 두는 요령이 필요하다.

11. 다음 ㉠~㉤에서 일어나는 음운 변동에 대한 설명으로 적절한 것은?

[2016학년도 수능]

> ㉠ 옳지 → [올치], 좁히다 → [조피다]
> ㉡ 끊어 → [끄너], 쌓이다 → [싸이다]
> ㉢ 숯도 → [숟또], 옷고름 → [옫꼬름]
> ㉣ 닦는 → [당는], 부엌문 → [부엉문]
> ㉤ 읽지 → [익찌], 훑거나 → [훌꺼나]

① ㉠, ㉡: 'ㅎ'과 다른 음운이 결합하여 한 음운으로 축약되는 현상이 일어난다.

② ㉠, ㉢, ㉤: 앞 음절의 종성에 따라 뒤 음절의 초성이 된소리로 되는 현상이 일어난다.

③ ㉢, ㉣: '깊다 → [깁따]'에서처럼 음절 끝에서 발음되는 자음이 7개로 제한되는 현상이 일어난다.

④ ㉣, ㉤: '겉모양 → [건모양]'에서처럼 앞 음절의 종성이 뒤 음절의 초성과 조음 위치가 같아지는 현상이 일어난다.

⑤ ㉣, ㉤: '않고 → [안꼬]'에서처럼 받침 자음의 일부가 탈락하는 현상이 일어난다.

★정답 ③

위 문항은 음운 변동의 사례를 올바르게 분석할 수 있는지를 묻고 있다. 이 문항의 정답을 찾기 위해서는

첫째, ㉠~㉤에 제시된 사례가 어떤 음운 변동이 일어난 것인지 분석할 수 있어야 한다.

둘째, 선택지 ①~⑤에 언급된 주요 개념들을 배경지식으로 알고 있어야 한다. 예를 들어 ①의 음운, 축약, ②의 음절, 종성, 된소리로 되는 현상, ④의 조음 위치, ⑤의 탈락 등은 수험생들이 미리 알고 있어야 정답을 찾을 수 있는 개념이다. 또한, 이 문항을 더 쉽고 빠르게 해결하고 싶다면 '자음 축약'과 '음절의 끝소리 규칙'에 대해서도 미리 알고 있어야 한다.

이처럼 '음운의 체계와 변동' 영역은 수험생들의 배경지식이 없다면 문항의 정답을 찾는 데 시간이 오래 걸리거나, 아예 정답을 찾지 못할 수도 있으므로 반드시 필수 개념은 외워 두어야 한다.

·품사와 단어의 특성

이 영역에서는 각 품사의 특징을 알고 품사를 구별하는 문제가 출제되고 있다. 따라서 품사에 대한 기본적 지식을 바탕으로 각각의 품사를 구별할 수 있도록 공부해야 한다. 기억해 두자. 사례에 제시된 품사를 구별할 수 있어야 한다.

12. [A]를 참고하여 <보기>를 이해한 내용으로 적절하지 <u>않은</u> 것은?

[2019학년도 9월]

[A]
　　그런데 실제로 단어의 품사를 분류할 때에는 분류가 쉽지 않은 것들도 있다. 동사와 형용사의 구별이 대표적인데 사물의 속성이나 상태를 나타내는 형용사와 사물의 작용의 일종인 상태 변화를 나타내는 일부 동사는 의미상 매우 밀접하여 좀 더 세밀하게 구분하여야 한다. 가령 '햇살이 밝다'에서의 '밝다'는 상태를 나타내는 형용사이고, '날이 밝는다'에서의 '밝다'는 상태의 변화를 나타내는 동사이다. 동사와 형용사를 구별하는 또 다른 기준으로 활용 양상을 내세우기도 한다. 동사와 달리 형용사는 원칙적으로 선어말 어미 '-ㄴ/는-', 관형사형 어미 '-는', 명령형, 청유형 종결 어미, 의도나 목적을 나타내는 연결 어미 등과 결합하여 쓰이지 않는다.

　　다만, '있다'의 경우는 품사를 분류할 때 더욱 주의해야 한다. '존재', '소유'와 같이 상태의 의미를 나타내는 '있다'는 형용사로, '한 장소에 머묾'의 의미인 '있다'는 동사로 분류되는데, 동사 '있다'뿐만 아니라 형용사의 '있다'가 관형사형 어미 '-는'과 결합하기 때문이다. 형용사 '없다' 경우도 반의어인 형용사 '있다'와 동일한 활용 양상을 보여 준다.

< 보 기 >

ⓐ ┌ 영희가 밥을 먹었다. / 꽃이 예뻤다.
　 └ 영희가 밥을 먹는다. / *꽃이 예쁜다.
ⓑ ┌ 영희야, 밥 먹어라. / *영희야, 좀 예뻐라.
　 └ 영희야, 밥 먹자. / *우리 좀 예쁘자.
ⓒ ┌ 밥 먹으려고 식당으로 갔다. / *예쁘려고 미용실에 갔다.
　 └ 밥 먹으러 식당에 갔다. / *예쁘러 미용실에 갔다.
ⓓ ┌ 나에게는 돈이 있다. / 돈이 있는 사람
　 └ 나에게는 돈이 없다. / 돈이 없는 사람
ⓔ ┌ 나무가 크다. / 나무가 쑥쑥 큰다.
　 └ 머리카락이 길다. / 머리카락이 잘 긴다.
※ '*'는 비문임을 나타냄.

① ⓐ : 동사와는 달리 형용사는 현재를 나타내는 선어말 어미와 결합할 수 없다.
② ⓑ : 동사와는 달리 형용사는 명령형, 청유형 어미와 결합할 수 없다.
③ ⓒ : 동사와는 달리 형용사는 의도, 목적을 나타내는 연결 어미와 결합할 수 없다.
④ ⓓ : '있다'와 '없다'는 상태의 의미를 나타내지만 동사로 쓰이고 있다.
⑤ ⓔ : '크다'와 '길다'는 형용사, 동사로 모두 쓰이고 있다.

★정답 ④

·단어의 짜임과 새말 형성

이 영역에서는 복합어의 형성 과정이나 형태를 묻는 문제가 출제된다. 또한 어미와 접사, 어근과 접사를 구분할 수 있는지를 <보기>나 선택지의 사례를 통해 묻고 있다.

---

14. <보기>의 ㉠과 ㉡을 모두 충족하는 예로 적절한 것은? [2020학년도 9월]

< 보 기 >

'붙잡다'의 어간 '붙잡-'은 어근 '붙-'과 어근 '잡-'으로 나뉘고, '잡히다'의 어간 '잡히-'는 어근 '잡-'과 접사 '-히-'로 나뉜다. 이렇듯 어떤 말을 둘로 나누었을 때 나누어진 두 요소 각각을 직접 구성 요소라 하는데, 어근과 어근으로 분석되는 말을 합성어라 하고 어근과 접사로 분석되는 말을 파생어라 한다.

그런데 ㉠어간이 3개 이상의 구성 요소로 이루어진 경우가 있다. 이때 ㉡직접 구성 요소가 먼저 어근과 어근으로 분석되면 합성어이고 어근과 접사로 분석되면 파생어이다. 예컨대 '밀어붙이다'는 직접 구성 요소가 먼저 어근과 어근으로 분석되므로 합성어이다.

① 밤새 거센 비바람이 <u>내리쳤다</u>.
② 책임을 남에게 <u>떠넘기면</u> 안 된다.
③ 차바퀴가 진흙 바닥에서 <u>헛돌았다</u>.
④ 거리에는 매일 많은 사람이 <u>오간다</u>.
⑤ 그들은 끊임없이 <u>짓밟혀도</u> 굴하지 않았다.

★정답 ②

위 문항은 복합어의 구성 요소를 알고, 합성어와 파생어를 구분할 수 있는지를 평가하고 있다. 이를 위해 각 선택지에 단어를 제시해 ㉠, ㉡에 해당하는 예가 맞는지 판단하게 한다. 이 문항의 정답을 찾기 위해서는 어근, 어간, 접사의 개념을 미리 알고 있어야 하며 이를 바탕으로 제시된 단어를 분석하는 능력도 갖추고 있어야 한다. '단어의 짜임과 새말 형성' 영역에서는 단어의 짜임을 분석할 수 있어야 함을 기억해 두자.

• 의미 관계와 어휘 사용

　이 영역에서는 단어의 의미 관계를 묻는 내용이 출제되고 있다. 다른 영역에 비해 학습해야 할 양이 적은 편이며, 내용도 어렵지 않다. 제시된 단어의 의미 관계를 분석할 수 있으면 된다.

> 　그런데 ㉠다의어의 의미들이 서로 대립적 관계를 맺는 경우가 있다. 예를 들어 '앞'은 '향하고 있는 쪽이나 곳'이 중심 의미인데 '앞 세대의 입장', '앞으로 다가올 일'에서는 각각 '이미 지나간 시간'과 '장차 올 시간'을 가리킨다. 이것은 시간의 축에서 과거나 미래 중 어느 방향을 바라보는지에 따른 차이로서 이들 사이의 의미적 관련성은 유지된다.

12. 밑줄 친 단어들의 의미를 고려하여 ㉠의 예에 해당하는 것만을 〈보기〉에서 있는 대로 고른 것은? [3점] [2020학년도 수능]

> **〈 보 기 〉**
>
> 영희 : 자꾸 말해 미안한데 모둠 발표 자료 좀 <u>줄래</u>?
> 민수 : 너 <u>빚쟁이</u> 같다. 나한테 자료 맡겨 놓은 거 같네.
> 영희 : 이틀 <u>뒤</u>에 발표 사전 모임이라고 <u>금방</u> 문자 메시지가 왔었는데 지금 또 왔어. 근데 <u>빚쟁이</u>라니, 내가 언제 <u>돈</u> 빌린 것도 아니고……
> 민수 : 아니, 꼭 빌려준 <u>돈</u> 받으러 온 사람 같다고. 자료 여기 있어. 가현이랑 도서관에 같이 가자. 아까 출발했다니까 <u>금방</u> 올 거야.
> 영희 : 그래. 발표 끝난 <u>뒤</u>에 다 같이 밥 먹자.

① 빚쟁이　　　　② 빚쟁이, 금방　　　　③ 뒤, 돈

④ 뒤, 금방, 돈　　　⑤ 빚쟁이, 뒤, 금방

★정답 ②

・문장의 짜임과 활용

이 영역도 매우 자주 출제되고 있다. 특히, 문장 성분과 문장의 구조에 대한 지식은 반드시 알아 두어야 한다.

---

15. 〈보기〉의 자료를 탐구한 결과로 적절한 것은? [2019학년도 9월]

―――――――― 〈 보 기 〉 ――――――――

○ 탐구 과제
  하나의 문장이 안긴문장으로 다른 문장에 안길 때, 원래 있던 문장 성분이 생략되는 경우가 있다. 아래의 각 문장에서 안긴문장을 파악한 후, 생략된 문장 성분이 있다면 무엇인지 확인해 보자.

○ 자료
  ㉠ 부모님은 자식이 건강하기를 바란다.
  ㉡ 그 친구는 연락도 없이 그곳에 안 왔다.
  ㉢ 동생은 자신의 판단이 옳았음을 깨달았다.
  ㉣ 그는 내가 늘 쉬던 공원에서 산책을 했다.
  ㉤ 그 사람들은 아주 어려운 과제를 금방 끝냈다.

		안긴문장의 종류	생략된 문장 성분
①	㉠	부사절	없음
②	㉡	명사절	없음
③	㉢	명사절	주어
④	㉣	관형절	부사어
⑤	㉤	관형절	목적어

★정답 ④

위 문항은 안긴 문장의 종류와 문장 성분을 동시에 묻고 있다. 이 문항은 안긴 문장의 종류와 문장 성분에 대한 지식이 없는 학생은 정답을 찾을 수 없다. 따라서 배경지식의 유무에 따라 문항의 체감 난이도가 달라진다. 이러한 내용을 묻는 문항이 자주 출제되고 있으므로, 수험생들은 문장 성분과 겹문장의 종류에 대한 배경지식을 반드시 갖추고 있어야 한다.

・문법 요소의 효과와 활용

이 영역에서는 다양한 문장 표현에 대한 내용이 출제된다. 높임 표현, 시간 표현, 피동 표현, 사동 표현, 부정 표현을 상황에 맞게 잘 활용할 수 있어야 하며 각각의 문장 표현에 사용되는 어미에 대한 지식도 있어야 한다.

---

15. 〈보기〉의 ㉠, ㉡에 해당하는 예끼리 묶인 것으로 적절한 것은? [3점]

[2020학년도 6월]

〈 보 기 〉

[선생님의 설명]
여러분, '쓰이다'라는 단어를 어떻게 해석해야 할까요? 우선 '쓰이다'는 피동사이기도 하고 사동사이기도 하므로 이를 구별해야겠죠? 또한 '쓰다'는 동음이의어나 다의어이므로 그 의미에도 유의해야 합니다. 단어를 이해할 때, 이러한 점들을 모두 고려해야 해요. 그럼 이와 관련된 학습 활동을 해 볼까요?

[학습 활동]
다음은 국어사전의 일부이다. 제시된 단어의 의미에 유의하여 각각의 피동사와 사동사가 포함된 예를 들어 보자.

> 갈다1 통 [⋯을 ⋯으로] ②어떤 직책에 있는 사람을 다른 사람으로 바꾸다.
> 깎다 통1 [⋯을] ③값이나 금액을 낮추어서 줄이다.
> 묻다1 통 [⋯에] ①가루, 풀, 물 따위가 그보다 큰 다른 물체에 들러붙거나 흔적이 남게 되다.
> 물다2 통1 [⋯을] ②윗니와 아랫니 사이에 끼운 상태로 상처가 날 만큼 세게 누르다.
> 쓸다2 통 [⋯] ①비로 쓰레기 따위를 밀어내거나 한데 모아서 버리다.

피동문	사동문
㉠	㉡

① ㄱ ㉠ : 학생회 임원이 새 친구로 갈렸다.
　 ㄴ ㉡ : 삼촌이 형에게 그 텃밭을 갈렸다.
② ㄱ ㉠ : 용돈이 이달에 만 원이나 깎였다.
　 ㄴ ㉡ : 나는 저번 실수로 점수를 깎였다.
③ ㄱ ㉠ : 내 친구는 가래떡에 꿀만 묻혔다.
　 ㄴ ㉡ : 누나는 붓에 먹물을 듬뿍 묻혔다.
④ ㄱ ㉠ : 아빠가 아이 입에 사탕을 물렸다.
　 ㄴ ㉡ : 큰형이 동네 개에게 발을 물렸다.

⑤ ┌ ㉠ : 큰 마당의 눈이 빗자루에 쓸렸다.
  └ ㉡ : 내 동생에게 거실 바닥만 쓸렸다.

★정답 ⑤

위 문항의 정답을 찾기 위해서는 피동사와 사동사에 대한 배경지식과, 제시된 국어사전 자료를 활용해야 한다. 특히 목적어나 부사격 조사가 필요한 경우와 그렇지 않은 경우를 국어사전 자료를 통해 파악하고 이에 적절한 문장을 선택지에서 찾아야 하므로 난이도가 높은 문항이라고 할 수 있다.

· 담화의 특성과 국어 생활

이 영역에서는 주로 담화 상황을 제시한 후 지시, 대용, 접속표현의 의미를 묻는 문항이 출제된다. 따라서 수험생들은 제시된 담화 상황에 대한 장면을 떠올리며 문항을 해결하게 된다. 이 영역은 특별한 배경지식보다는, 제시된 자료를 분석하여 담화 상황을 이해하는 능력이 필요하므로 수험생들의 체감 난이도가 비교적 낮은 문항이 출제된다.

13. 〈보기〉의 담화 상황에서 ⓐ~ⓔ가 가리키는 대상이 같은 것끼리 바르게 짝지은 것은?

[2018학년도 9월]

─── 〈 보 기 〉 ───

(수빈, 나경, 세은이 대화를 하고 있다.)

수빈 : 나경아, 머리핀 못 보던 거네. 예쁘다.

나경 : 고마워. ⓐ우리 엄마가 얼마 전 새로 생긴 선물 가게에서 사 주셨어.

세은 : 너희 어머니 참 자상하시네. 나도 그런 머리핀 하나 사고 싶은데 ⓑ우리 셋이 지금 사러 갈까?

수빈 : 미안해. 나도 같이 가고 싶은데 ⓒ우리 집에 일이 있어 못 갈 것 같아.

세은 : 그래? 그럼 할 수 없네. ⓓ우리끼리 가지, 뭐.

나경 : 그래, 수빈아. 다음엔 꼭 ⓔ우리 다 같이 가자.

① ⓐ-ⓑ   ② ⓐ-ⓓ   ③ ⓑ-ⓔ   ④ ⓒ-ⓓ   ⑤ ⓒ-ⓔ

★정답 ③

・시대・사회에 따른 국어 자료

이 영역은 매년 출제되는 아주 중요한 영역이다. 특히 고대 국어, 근대 국어의 출제 비중보다 중세 국어의 출제 비중이 높으므로 반드시 중세 국어 부분은 꼼꼼히 학습해야 한다. 중세 국어의 특징만을 묻기도 하지만 중세 국어-근대 국어-현대 국어를 비교하는 문항도 출제되므로, 여러 자료를 비교할 수 있어야 한다. 이 영역에서는 중세 국어에 대한 단편적 지식보다 지문이나 <보기>에 사례를 제시하고 이를 분석하는 문항이 주로 출제되고 있다.

---

13. <보기>의 ㉠~㉢에 들어갈 말로 적절한 것은? [2020학년도 6월]

─── < 보 기 > ───

중세 국어에서는 의문문의 종류에 따라 종결 어미나 보조사가 달리 쓰인다. 예를 들면 용언의 어간에 어미가 결합하여 서술어가 될 때 판정 의문문에서는 종결 어미 '-녀', 설명 의문문에서는 종결 어미 '-뇨'가 쓰인다. 반면, 체언에 보조사가 결합하여 서술어가 될 때 판정 의문문에서는 보조사 '가', 설명 의문문에서는 보조사 '고'가 쓰인다. 그런데 주어가 2인칭일 때에는 의문문의 종류와 관계없이 종결 어미 '-ㄴ다'가 쓰인다. 중세 국어 의문문의 예는 아래와 같다.

• 이 일후미 (㉠) [이 이름이 무엇인가?]
• 네 엇뎨 아니 (㉡) [네가 어찌 안 가는가?]
• 그듸는 보디 (㉢) [그대는 보지 않는가?]

	㉠	㉡	㉢
①	므스고	가ᄂᆞ뇨	아니ᄒᆞᄂᆞ다
②	므스고	가ᄂᆞᆫ다	아니ᄒᆞᄂᆞ다
③	므스고	가ᄂᆞ뇨	아니ᄒᆞᄂᆞ녀
④	므스가	가ᄂᆞᆫ다	아니ᄒᆞᄂᆞ다
⑤	므스가	가ᄂᆞ뇨	아니ᄒᆞᄂᆞ녀

★정답 ②

위 문항은 중세 국어의 의문문을 <보기>에서 설명한 후, 그 내용을 적용한 사례를 선택지에서 찾는 문항이다.

이처럼 중세 국어는 지문이나 <보기>에서 관련 내용을 설명해 주므로 단순 암기가 필요하지 않다. 다만, 설명과 자료를 보고 중세 국어의 특징을 이해하거나 현대 국어와 비교하여 역사적 변천 과정을 이해할 수 있으려면, 기본적으로 중세 국어에 대한 배경지식이 필요하다.

·매체·갈래에 따른 국어 자료

이 영역에서는 국어사전 문제가 출제된다. 실제 국어사전의 일부를 발췌하여 내용을 이해하고 적용할 수 있는가를 묻고 있으므로 자료 해석 능력과 적용 능력이 필요한 영역이다.

---

15. 〈보기〉를 활용하여 국어사전을 만드는 활동을 하였다. 표제어 ⓐ와 예문 ⓑ, ⓒ에 들어갈 말로 적절한 것은? [2019학년도 수능]

〈 보 기 〉

㉠ 약속 날짜를 너무 밭게 잡았다.
㉡ 서로 밭게 앉아 더위를 참기 어려웠다.
㉢ 시간이 더 필요한데 제출 기한을 너무 바투 잡았다.
㉣ 어머니는 아들에게 바투 다가가 두 손을 움켜쥐었다.
⋮

ⓐ
① 두 대상이나 물체의 사이가 썩 가깝게
¶　　　　　ⓑ
② 시간이나 길이가 아주 짧게
⋮

밭다 형
① 시간이나 공간이 다붙어 몹시 가깝다.
¶　　　　　ⓒ
② 길이가 매우 짧다.
¶ 새로 산 바지가 **밭아** 발목이 다 보인다.
③ 음식을 가려 먹는 것이 심하거나 먹는 양이 적다.
¶ 우리 아들은 입이 너무 **밭아서** 큰일이다.
⋮

	ⓐ	ⓑ	ⓒ
①	밭게 부	㉠	㉡
②	밭게 부	㉡	㉢
③	밭게 부	㉡	㉣
④	바투 부	㉢	㉠
⑤	바투 부	㉣	㉠

★정답 ⑤

·국어의 규범과 국어 생활

이 영역에서는 한글 맞춤법과 로마자 표기법에 대한 내용이 출제되고 있다. 이 영역 역시 암기한 내용을 묻는 문항이 아니라, 제시된 맞춤법이나 표기법 규정을 올바르게 적용할 수 있는지를 묻는 문항이 출제되고 있다. 또한 한글 맞춤법이나 로마자 표기법에 반영된 음운의 변동을 함께 묻는 경우도 있으므로, 여러 영역의 문법 지식을 융합하여 적용하는 연습도 필요하다.

---

13. <보기>의 ㉠~㉤에 대한 설명으로 적절한 것은? **[3점]** [2019학년도 9월]

< 보 기 >

<로마자 표기 한글 대조표>

자음		ㄱ	ㄷ	ㅂ	ㄸ	ㄴ	ㅁ	ㅇ	ㅈ	ㅊ	ㅌ	ㅎ
표기	모음 앞	g	d	b	tt	n	m	ng	j	ch	t	h
	그 외	k	t	p								

모음	ㅏ	ㅐ	ㅗ	ㅣ
표기	a	ae	o	i

<로마자 표기의 예>

	한글 표기	발음	로마자 표기
㉠	같이	[가치]	gachi
㉡	잡다	[잡따]	japda
㉢	놓지	[노치]	nochi
㉣	맨입	[맨닙]	maennip
㉤	백미	[뱅미]	baengmi

① ㉠에서 일어나는 음운 변동은 '땀받이[땀바지]'에서도 일어나고, 로마자 표기에 반영되었다.

② ㉡에서 일어나는 음운 변동은 '삭제[삭쩨]'에서도 일어나고, 로마자 표기에 반영되었다.

③ ㉢에서 일어나는 음운 변동은 '닳아[다라]'에서도 일어나고, 로마자 표기에 반영되었다.

④ ㉣에서 일어나는 음운 변동은 '한여름[한녀름]'에서도 일어나고, 로마자 표기에 반영되지 않았다.

⑤ ㉤에서 일어나는 음운 변동은 '밥물[밤물]'에서도 일어나고, 로마자 표기에 반영되지 않았다.

★정답 ①

수능 문법 정답 찾기의 팔 할(割)은 '구별'과 '분석'이다.

서정주의 시 중에 '나를 키운 건 팔 할이 바람'이라는 구절처럼, 문법 문항 정답 찾기의 팔 할은 '구별'과 '분석'이다. 앞서 살펴본 내용 체계별 맛보기 문항들을 통해 '구별'과 '분석'이 얼마나 중요한지를 알 수 있다.

– 사례를 <u>분석</u>하여 어떤 **음운의 변동**이 일어났는지 알아야 한다.
– 사례를 통해 **품사**를 <u>구별</u>할 수 있어야 한다.
– 단어의 짜임을 분석하고 **합성어와 파생어**를 <u>구별</u>할 수 있어야 한다.
– 제시된 문장을 통해 **문장의 구조**와 **문장 성분**을 <u>분석</u>할 수 있어야 한다.
– 사례를 <u>분석</u>하여 다양한 문장 표현에 대한 설명이 적절한지 판단해야 한다.
– **담화** 상황을 <u>분석</u>하여 이해해야 한다.
– **중세 국어** 자료를 <u>분석</u>하여 사례를 이해해야 한다.

따라서 수능 문법 문항을 접할 때, '구별'과 '분석'을 잊지 말아야 한다. 〈보기〉나 지문에 제시된 사례, 자료를 분석하여 선택지에 적용하는 것이 정답을 찾는 과정의 기본이다. 또한 기본 개념을 바탕으로 제시된 사례를 구별하거나, 이와 반대로 사례를 통해 기본 개념에 해당하는 내용을 구별해야 한다.

제2장

<보기> 문항 구성 원리

code 1

발문 의도 원리 [발문에서 출제자의 의도를 찾아라.]

발문이란, 수험생들이 문항을 접할 때 가장 먼저 읽는 부분인 문제, 즉 'Question'을 의미한다. 출제자는 발문에 자신의 출제 의도를 담기 때문에, '무엇을 평가할 것인가'라는 평가요소가 발문을 통해 드러난다. 따라서 발문을 읽으면서 출제자가 무엇을 묻고자 하는지 그 의도를 파악하여 평가요소를 찾아내는 것이 중요하다.

14. ⊙~㉣의 문장 성분과 문장 구조에 대한 설명으로 적절하지 <u>않은</u> 것은?

[2018학년도 6월]

⊙ 그녀는 따뜻한 봄이 빨리 오기를 기다린다.
ⓛ 내가 만난 친구는 마음이 정말 착하다.
㉢ 피곤해하던 동생이 엄마가 모르게 잔다.
㉣ 그가 시장에서 산 배추는 값이 비싸다.

① ⊙과 ⓛ은 체언을 수식하는 안긴문장이 있다.
② ㉢과 ㉣은 서술어의 기능을 하는 안긴문장이 있다.
③ ⊙은 명사절 속에 부사어가 있고, ⓛ은 서술절 속에 부사어가 있다.
④ ⊙은 주어가 생략된 안긴문장이 있고, ㉣은 목적어가 생략된 안긴문장이 있다.
⑤ ㉢은 부사어의 기능을 하는 안긴문장이 있고, ㉣은 관형어의 기능을 하는 안긴문장이 있다.

★정답 ②

위 문항의 발문은 **'⊙~㉣의 문장 성분과 문장 구조에 대한 설명으로 적절하지 않은 것은?'**이다. 이 발문을 통해 나타난 출제자의 의도를 파악해 보면, 수험생이 문장 성분과 문장 구조에 대해 알고 있는지 판단하겠다는 것이다. 또한, 발문에서 ⊙~㉣에 대한 설명의 적절성을 판단하라고 했으므로 문장 성분과 문장 구조에 대한 배경지식을 활용하여 제시된 문장을 적절히 분석할 수 있느냐를 평가하고자 한다.

tip 발문을 통한 정답 찾기의 전략 세우기

발문에서 출제자의 의도를 찾았다면, 정답을 찾을 때 어떤 것을 활용해야 하는지 전략을 세울 수 있다. 위 문항은 다음과 같은 전략이 필요하다.

1. 문장 성분과 문장 구조에 대해 내가 알고 있는 배경지식을 활용하자.
2. 제시된 ⊙~㉣의 문장 성분과 문장 구조를 분석하자.

다음 문항을 통해 발문에서 출제 의도와 평가요소를 추출하는 방법을 직접 연습해 보자.

연습

* 정답을 찾는 것에 집중하지 말고, 발문, 출제 의도, 평가요소를 찾는 연습부터 하자.

문항 정답 풀이는 'chapter 3'에 있다.

11. 〈보기〉에 따라 겹받침의 표준 발음에 대하여 단계별로 학습하였다. 각 예에 적용된 내용과 그 발음이 모두 바른 것은? [3점] [2016학년도 수능]

─── 〈 보 기 〉 ───

○ 겹받침이 모음으로 시작된 조사나 어미, 접미사와 결합되는 경우에는 뒤엣것만을 뒤 음절 첫소리로 옮겨 발음한다. 이 경우, 'ㅅ'은 [ㅆ]으로 발음한다.……ⓐ
○ 겹받침 'ㄳ, ㄺ', 'ㄼ', 'ㅄ'은 어말 또는 자음 앞에서 각각[ㄱ, ㄹ, ㅂ]으로 발음한다.……ⓑ

이후에는 다음과 같이 발음한다.
• [ㄱ, ㅂ]은 'ㄴ, ㅁ' 앞에서 각각 [ㅇ, ㅁ]으로 발음한다.……ⓒ
• [ㄱ, ㅂ] 뒤에 연결되는 'ㄱ, ㄷ, ㅂ, ㅅ, ㅈ'은 각각[ㄲ, ㄸ, ㅃ, ㅆ, ㅉ]으로 발음한다.……ⓓ
• [ㄱ, ㅂ]은 'ㅎ'과 결합되는 경우, 두 음을 합쳐서 각각[ㅋ, ㅍ]으로 발음한다.……ⓔ

	예	적용내용	발음
①	여덟+이	ⓐ	[여더리]
②	몫+을	ⓐ	[목슬]
③	흙+만	ⓑ, ⓒ	[흑만]
④	값+까지	ⓑ, ⓓ	[갑까지]
⑤	닭+하고	ⓑ, ⓔ	[다카고]

★정답 ⑤

↓

발문:

출제자의 의도:

평가요소:

위 문항의 발문은 '**11. <보기>에 따라 겹받침의 표준 발음에 대하여 단계별로 학습하였다. 각 예에 적용된 내용과 그 발음이 모두 바른 것은?**'이다. 이 발문에서 출제자의 의도를 파악해 보면, 수험생이 겹받침의 표준 발음에 대해 알고 있는지 판단하겠다는 것이다. 따라서 평가요소는 '겹받침의 표준 발음'에 대한 내용과 실제 발음이다. 또한, 발문에서 <보기>에 따라 각 예에 적용된 내용과 발음이 바른 것인지 판단하라고 했으므로 <보기>에 제시된 내용을 적용하여 겹받침을 올바르게 발음할 수 있는지를 평가하고자 하는 것이다. 따라서 발문 의도 원리에 따라 위 문항의 발문을 분석하면 다음과 같다.

발문: <보기>에 따라 겹받침의 표준 발음에 대하여 단계별로 학습하였다. 각 예에 적용된 내용과 그 발음이 모두 바른 것은?

출제자의 의도: 겹받침의 표준 발음에 대해 알고 있는가?

평가요소: 사례에 제시된 겹받침의 표준 발음

산뜻한 마무리

code 1: 발문 의도 원리

- 발문에서 출제자의 의도(평가요소)를 찾는다.
- 평가요소에 따른 정답 찾기의 전략을 세운다.

선택지 나누기 원리 [선택지를 여러 요소로 나눠라.]

　　　　　발문에서 출제자의 의도와 평가요소를 추출했다면, 이제 본격적으로 문항에 대한 정답을 찾아야 한다. 이때 발문과 선택지를 구성하고 있는 요소를 파악하는 것이 좋다. 수능 문법 문항은 여러 문법적 사실들을 종합해야 답을 알 수 있는 경우가 많으므로, 각 요소를 파악하여 선택지를 나누면 정답을 찾는 정확도를 높이고 시간도 절약할 수 있다.

　선택지를 요소별로 나누기 위해서는 우선, 문항의 구성 요소를 알아야 한다. 다음 문항으로 발문과 선택지를 구성하고 있는 요소에는 어떤 것들이 있는지 알아보자.

※ **다음을 읽고 물음에 답하시오.** [2018학년도 9월]

선생님 : 여러분, 현대 사회에서 인공위성이 다양하게 활용되고 있다는 것은 잘 알죠? 그런데 '인공위성'은 옛날에는 쓰이지 않았던 말입니다. '인공위성'이라는 말이 어떻게 쓰이게 되었는지 생각해 봅시다. 행성의 궤도를 도는 인공적 물체가 처음 만들어졌을 때, 그 물체를 가리키는 말이 필요해서 '인공위성'이라는 말이 생긴 거겠죠? 이 말은 어떻게 만들어졌을까요?

학생 1 : '인공'과 '위성'을 합쳐 만든 것입니다.

선생님 : 맞아요. 그래서 오늘은 '인공위성'이라는 말을 만든 것처럼 새 단어를 만드는 원리를 알아볼 텐데, 그중에서도 실생활에서 자주 사용되는 합성 명사가 어떻게 만들어지는지를 먼저 알아보려고 합니다. 합성 명사는 어떻게 만들어질까요?

학생 2 : 선생님, 합성 명사는 명사와 명사가 합쳐진 말 아닌가요?

선생님 : 네, 그런 경우가 많지요. 예를 들어 '논밭, 불고기'처럼 명사에 명사가 결합하는 경우가 있어요. 그 밖에 용언의 활용형이 명사와 결합한 '건널목, 노림수, 섞어찌개'와 같은 경우도 있고 '새색시'처럼 명사를 꾸며 주는 관형사가 앞에 오는 경우도 있어요.

학생 3 : 그런데 선생님, 말씀하신 합성 명사들을 보니 뒤의 말이 모두 명사네요?

선생님 : 그래요. 우리말에서 합성어의 품사는 뒤에 오는 말의 품사와 같은 것이 원칙이에요. 앞에서 말한 예들이 다 그래요. 그런데 이러한 일반적인 경우와는 달리 ㉠ 명사가 아닌 품사들로만 이루어진 합성 명사도 있답니다.

학생 4 : 아, 그렇군요. 그런데 선생님, 생각해 보니 요즘 자주 쓰는 말들은 그런 방식과는 다르게 만들어지는 것 같아요.

선생님 : 맞아요. 여러분들이 자주 쓰는 '인강'이라는 말은 '인터넷'과 '강의'가 합쳐지면서 줄어든 말인데, 앞말과 뒷말의 첫 음절만 따서 만들어진 것이에요. 또한 컴퓨터를 잘 다루지 못하는 사람이라는 뜻의 '컴시인'은 '컴퓨터'와 '원시인'이 합쳐지면서 줄어든 말인데, 앞말의 첫 음절과 뒷말의 둘째, 셋째 음절을 따서 만들어진 것이에요.

발문에서 알 수 있는 평가요소는 '단어 형성 방법'이다. 그런데 출제자는
이 평가요소를 '윗글에서 설명한'으로 한정하고 있다. 또한 〈보기〉에서 사례
에 '해당하는 것만을' 고르라고 한다. 이를 통해 발문에는 모두 네 가지 요소
가 포함되어 있다는 것을 알 수 있다. 이 네 요소는 **〈보기〉요소, 지문요소,
평가요소, 판단요소**이다.

〈보기〉요소란, 제시된 〈보기〉를 활용해야 한다는 것으로 〈보기〉에 정답을
찾을 수 있는 문법 지식을 설명하거나 사례를 제시하는 경우가 대부분이다.

지문요소란, 제시된 지문을 활용해야 한다는 것으로, 최근 들어 지문을 제시하
고 세트형 문항을 출제하는 경우가 많으니 반드시 지문의 내용을 숙지해야 한다.

평가요소란, 실제 출제자가 평가하고자 하는 내용으로 출제 의도가 담겨
있는 부분이다.

판단요소는 적절한가, 적절하지 못한가를 판단해야 하는 부분으로 수험생
들이 실수를 줄이려면, 이 판단요소를 잘 확인해야 한다. 위 문항의 발문을
이 네 요소에 따라 나누면 다음과 같다.

<u>〈보기〉의 ㄱ~ㅁ 중</u>　　<u>윗글에서 설명한</u>　　<u>단어 형성 방법의 사례에</u>

　〈보기〉요소　　　　　　　　지문요소　　　　　　　평가요소

<u>해당하는 것만을 있는 대로 고른 것은?</u>

　　　판단요소

> **tip 문항의 구성 요소**
>
> • 지문요소: 제시된 지문을 활용해야 하는 것
> • 〈보기〉요소: 제시된 〈보기〉를 활용해야 하는 것
> • 평가요소: 실제 출제자가 평가하고자 하는 내용(출제 의도)
> • 판단요소: 적절한가, 적절하지 못한가 판단하는 것
>
> 이 네 요소는 문항의 유형에 따라 모두 포함될 수도 있고, 지문요소나 〈보기〉요소가 없을 수도 있다. 하지만 출제자의 의도가 담긴 평가요소와 정답을 판가름하는 기준인 판단요소는 반드시 구성되는 요소이다.

연습

다음 발문을 문항 구성 요소에 따라 직접 나누어 보자.

• 〈보기〉의 ㉠∼㉤과 관련된 설명으로 적절한 것은?

• 윗글의 어휘적 빈자리가 채워지는 방식이 적용된 사례만을 〈보기〉에서 있는 대로 고른 것은?

↓

· 〈보기〉의 ㉠∼㉤과 관련된 설명으로 적절한 것은?
  〈보기〉요소   평가요소   판단요소

· 윗글의 어휘적 빈자리가 채워지는 방식이 적용된 사례만을 〈보기〉에서
  지문요소   평가요소   〈보기〉요소

있는 대로 고른 것은?
  판단요소

발문뿐만 아니라 선택지에도 이 구성 요소들은 포함되어 있다. 따라서 선택지도 지문요소, <보기>요소, 평가요소로 나누어 정답을 확인하는 것이 필요하다.

선택지를 각 요소에 따라 나누어 보면, 앞부분과 뒷부분으로 구분된다. 이렇게 앞부분과 뒷부분으로 구분한 후에는, 앞 내용에 대한 뒤 내용의 설명이 바르게 연결되었는지 판단하면 된다. 선택지의 앞부분에 어떠한 내용이 제시되면 뒷부분은 이 내용의 이유, 목적, 예시, 설명 등이 연결되기 때문이다. 따라서 이 연결이 올바른 것인지를 판단하면 빠르고 간단하게 정답을 찾을 수 있다.

만약 선택지에서 확인해야 할 정보가 둘 이상이라면, 평가요소를 기준으로 앞부분과 뒷부분으로 나눌 수도 있다. 이때에는 앞부분의 적절성을 먼저 판단한 후, 뒷부분의 적절성을 판단해야 한다.

> **tip 발문과 선택지의 연관성**
>
> 발문에 언급된 각 요소는 선택지에서 구체적으로 서술된다. 예를 들어, 발문의 〈보기〉요소가 '<보기>를 바탕으로' 한 것이라면 선택지의 〈보기〉요소에는 〈보기〉의 구체적 내용들이 서술된다. 또한 발문의 평가요소가 'ㄱ~ㅁ에 대한 설명'이라면 선택지의 평가요소에는 ㄱ~ㅁ을 설명한 구체적 내용들이 서술된다.

---

14. 〈보기〉에 대한 이해로 적절하지 않은 것은? [2020학년도 6월]

> **〈 보 기 〉**
>
> ㉠ 풀잎[풀립]   ㉡ 읊네[음네]   ㉢ 벼훑이[벼훌치]

① ㉠, ㉡에서는 음운 변동이 각각 세 번씩 일어났군.

② ㉠, ㉡에서는 인접한 자음과 조음 방법이 같아지는 음운 변동이 일어났군.

③ ㉠에서 첨가된 음운과 ㉡에서 탈락된 음운은 서로 다르군.

④ ㉠, ㉢에서는 음운 개수가 달라지는 음운 변동이 일어났군.

⑤ ㉠은 'ㄹ'로 인해, ㉢은 모음 'ㅣ'로 인해 동화되는 음운 변동이 일어났군.

★정답 ④

↓

---

14. 〈보기〉에 대한 이해로 적절하지 않은 것은?

〈보기〉요소   평가요소   판단요소

① ㉠, ㉡에서는 / 음운 변동이 각각 세 번씩 일어났군.

〈보기〉요소   평가요소

└─────────────────────┘ '설명이 올바르게 연결되었는가?'를 판단

② ㉠, ㉡에서는 / 인접한 자음과 조음 방법이 같아지는 음운 변동이 일어났군.

〈보기〉요소   평가요소

└────────────────────────────┘ '설명이 올바르게 연결되었는가?'를 판단

③ ㉠에서 첨가된 음운과 ㉡에서 탈락된 음운은 / 서로 다르군.

〈보기〉요소   평가요소

└──────────────────────────┘ '설명이 올바르게 연결
되었는가?'를 판단

④ ㉠, ㉢에서는 / 음운 개수가 달라지는 음운 변동이 일어났군.

〈보기〉요소   평가요소

└────────────────────────┘ '설명이 올바르게 연결되었는가?'를 판단

⑤ ㉠은 'ㄹ'로 인해, / ㉡은 모음 'ㅣ'로 인해 동화되는 음운 변동이 일어났군.

　　평가요소1　　　　　　　　　평가요소2

　　↳ 평가요소1이 적절한가?(1차), 평가요소2가 적절한가?(2차)

* 선택지에 <보기> 요소 또는 지문요소가 없거나, 평가요소가 2개라면, 평가요소1, 평가요소2로 나누면 된다.

선택지를 둘로 나눈 후에는, 앞 내용과 뒤 내용의 연결이 올바른가를 판단한다. 예를 들어 선택지 ①을 보면, 앞부분인 ㉠, ㉡에 대한 설명이 뒷부분에 적절하게 연결되었나를 판단하면 된다. 평가요소가 2개인 선택지 ⑤는, 앞부분의 적절성을 판단한 후 뒷부분의 적절성을 판단하면 된다. 즉 평가요소1인 ㉠의 적절성을 먼저 판단한 후(1차 정답 확인), 평가요소2인 ㉡의 적절성을 판단한다(2차 정답 확인).

다음 문항의 발문과 선택지를 직접 지문요소, <보기>요소, 평가요소, 판단요소로 나눠 보면서 '선택지 나누기 원리'를 익혀 보자.

연습 1

* 선택지 나누기 원리를 익히기 위해 각 요소별로 발문과 선택지를 나누는 연습에 집중하자. 이 문항의 정답 풀이는 제3장에서 할 것이다.

[12] 다음 글을 읽고 물음에 답하시오. [2020학년도 9월]

　(1) 영수는 서울에서/서울에 산다.
　(2) 민수는 방에서/*방에 공부하고 있다.
　(3) 학교에서 체육 대회를 열었다.

　(1)에서는 '에'와 '에서'를 다 쓸 수 있는데, 왜 (2)에서는 '에서'를 쓰고 '에'는 쓸 수 없을까? 또 왜 (3)에서는 '에서'를 주격 조사로 쓸 수 있을까? '에'와 '에서'는 모두 '장소'를 의미하는 말에 붙지만, (1)에서 '서울'은 '에'가 붙어 위치를 나타내는 [지점]의 의미가 되고, '에서'가 붙어 행위를 하거나 일이 발생하는 [공간]의 의미가 된다. 즉, 똑같은 장소라도 지점으로 인식되면 '에'를 쓰고, 공간으로 인식되면 '에서'를 쓴다. (2)에서 '방에'를 쓸 수 없는 이유는 '공부'라는 행위를 하는 장소인 '방'은 지점이 아니라 공간의 의미를 가져야 하기 때문이다. 이렇듯 '에'와 '에서'의 쓰임이 구분되는 것은 '에서'의 중세 국어 형태인 '에셔'의 형성 과정에 기인한다. 중세 국어에서는 부사격 조사 '애/에/예, 이/의'와 '이시다(현대 국어 '있다')'의 활용형인 '이셔'가 결합된 말들이 줄어서 '애셔/에셔/예셔, 이셔/의셔'가 되었다. 그런데 이들은 본래 '이시다'를 포함하므로, 그 의미상 어떤 공간 속에 있음을 전제한다. 따라서 '애셔/에셔/예셔, 이셔/의셔' 앞의 명사는 공간으로 인식되었다. 그런데 이렇게 새로운 형태가 만들어졌지만 중세 국어에서는 현대 국어와 달리 이 새로운

형태가 쓰일 자리에 '애/에/예, 인/의'가 쓰이는 경우가 많았다. 이는 '애/에/예, 인/의'가 현대 국어의 '에'와 '에서'의 쓰임을 모두 지니고 있었음을 의미한다.

한편, '애셔/에셔/예셔, 인셔/의셔' 앞의 명사가 어떤 구성원으로 이루어진 공간이나 집단을 나타내면, 그 공간이나 집단 속에 있는 구성원의 행위를 그 공간이나 집단의 행위로 표현하는 것이 가능해진다. 그에 따라 중세 국어에서 '애셔/에셔/예셔, 인셔/의셔'가 주격 조사로도 쓰인 경우가 있다. 이들은 현대 국어의 '에서'로 이어지는데 (3)과 같은 예에서 그러한 쓰임을 확인할 수 있다.

현대 국어의 '에서'가 주격 조사로 쓰일 때에는 '에서' 앞에 공간이나 집단을 나타내는 명사가 오고 유정 명사는 올 수 없다. 부사격 조사 '에'에 '서'가 붙은 '에서'가 주격 조사로 쓰인 것처럼 부사격 조사 '께'에 '서'가 붙은 '께서'도 주격 조사로 쓰인다. '께서'의 중세 국어 형태인 부사격 조사 '꾀셔' 역시 '꾀'와 '셔'가 결합하여 형성되었는데, 근대 국어를 거치면서 주격 조사로 변화하여 현대 국어의 '께서'로 이어졌다. 중세 국어의 '에셔', 현대 국어의 '에서'와 달리 중세 국어의 '꾀셔', 현대 국어의 '께서'는 높임의 유정 명사 뒤에 나타난다.

* 선택지 나누기 원리에 따라 선택지를 직접 각 요소별로 나눠본 후, 예시 답안을 확인해 보자.

12. 윗글을 바탕으로 〈보기〉를 이해한 내용으로 적절하지 않은 것은?

─────── 〈 보 기 〉 ───────

현대 국어의 예

㉠ 그 지역에서 공룡 화석이 발견되었다.
㉡ 정부에서 홍수 대책안을 발표하였다.
㉢ 할머니께서 저녁 늦게 식사를 하셨다.

중세 국어의 예

㉣ 一物 이라도 그위예셔 다 아오물 슬노라
　(물건 하나라도 관청에서 다 빼앗음을 슬퍼하노라.)
㉤ 부텨끠셔 十二部經이 나시고
　(부처님으로부터 12부의 경전이 나오고)

① ㉠ : 공간을 의미하는 '그 지역'에 주격 조사 '에서'가 붙었군.

② ㉡ : 집단을 의미하는 '정부'에 주격 조사 '에서'가 붙었군.

③ ㉢ : 높임의 유정 명사인 '할머니'에 주격 조사 '께서'가 붙었군.

④ ㉣ : '그위예셔'는 '그위'에 주격 조사 '예셔'가 붙었군.

⑤ ㉤ : 높임의 유정 명사인 '부텨'에 부사격 조사 '끠셔'가 붙었군.

↓

12. 윗글을 바탕으로 〈보기〉를 이해한 내용으로 적절하지 않은 것은?

　　지문요소　　〈보기〉요소　　평가요소　　　판단요소

① ⊙ : <u>공간을 의미하는 '그 지역'에</u> / <u>주격 조사 '에서'가 붙었군.</u>
　　　　　　　　〈보기〉요소　　　　　　　　平가요소

② ⓒ : <u>집단을 의미하는 '정부'에</u> / <u>주격 조사 '에서'가 붙었군.</u>
　　　　　　　　〈보기〉요소　　　　　　　　평가요소

③ ⓒ : <u>높임의 유정 명사인 '할머니'에</u> / <u>주격 조사 '께서'가 붙었군.</u>
　　　　　　　　〈보기〉요소　　　　　　　　평가요소

④ ⓔ : <u>'그위예셔'는 '그위'에</u> / <u>주격 조사 '예셔'가 붙었군.</u>
　　　　　　　〈보기〉요소　　　　　　　平가요소

⑤ ⓜ : <u>높임의 유정 명사인 '부텨'에</u> / <u>부사격 조사 '씌셔'가 붙었군.</u>
　　　　　　　　〈보기〉요소　　　　　　　　평가요소

★정답 ①

위 문항은 지문을 제시한 후, 지문의 내용을 활용하여 〈보기〉의 사례를 제대로 분석하고 이해했는지를 묻는 문항이다. 이 문항도 마찬가지로 앞 내용과 뒤 내용의 연결이 올바른가를 판단하여 정답을 찾을 수 있다. 예를 들어, 선택지 ①은 〈보기〉의 ⊙에 제시된 '그 지역에서'가 주격 조사 '에서'가 붙은 것이 맞는지를 판단하면 된다. 이때 '에서'가 주격 조사가 맞는지는 지문을 활용하면 알 수 있다. 선택지 ③ 역시 같은 방법으로 '할머니께서'의 '께서'가 주격조사가 맞는지 지문을 활용하여 판단하면 된다. 중세 국어 내용인 ④의 ⓔ도 마찬가지로 '그위예셔'에 붙은 '예셔'가 주격 조사가 맞는지 지문을 근거해 판단하면 된다.

선택지의 평가요소가 2개인 문항은 1차 정답 확인과 2차 정답 확인으로 나누어 정답을 찾아야 한다.

13. 〈보기〉의 ㉠~㉢에 쓰인 ⓐ, ⓑ에 대한 설명으로 옳지 않은 것은?

[2017학년도 9월]

─── 〈 보 기 〉 ───

　용언은 어간에 어미가 붙어 다양한 의미를 나타내며 활용된다. 어미는 ⓐ선어말 어미와 ⓑ어말 어미로 나뉜다. 어말 어미는 다시 종결 어미, 연결 어미, 전성 어미로 나뉜다. 용언의 활용형에서 선어말 어미는 없는 경우가 있어도 어말 어미는 반드시 있어야 한다.

　㉠ 민수가 그 나무를 <u>심었구나</u>!
　㉡ 저기서 <u>청소하는</u> 아이가 내 동생이야.
　㉢ 그 친구가 설마 그 음식을 다 <u>먹었겠니</u>?
　㉣ 그가 나에게 권한 책은 이미 <u>읽은</u> 책이다.
　㉤ 주말에 바람은 <u>불겠지만</u> 비는 오지 않을 것이다.

① ㉠에는 과거 시제를 나타내는 '-었-'이 ⓐ로 쓰였고, 감탄형 종결 어미 '-구나'가 ⓑ로 쓰였다.

② ㉡에는 ⓐ는 없고 동사의 현재 시제를 나타내는 관형사형 전성 어미 '-는'이 ⓑ로 쓰였다.

③ ㉢에는 과거 시제를 나타내는 '-었-'과 주체의 의지를 나타내는 '-겠-'이 ⓐ로 쓰였고, 의문형 종결 어미 '-니'가 ⓑ로 쓰였다.

④ ㉣에는 ⓐ는 없고 동사의 과거 시제를 나타내는 관형사형 전성 어미 '-은'이 ⓑ로 쓰였다.

⑤ ㉤에는 추측의 의미를 나타내는 '-겠-'이 ⓐ로 쓰였고, 대등적 연결 어미 '-지만'이 ⓑ로 쓰였다.

↓

13. 〈보기〉의 ㉠~㉢에 쓰인 ⓐ, ⓑ에 대한 설명으로 옳지 않은 것은?

〈보기〉요소	평가요소	판단요소

① ㉠에는 과거 시제를 나타내는 '-었-'이 ⓐ로 쓰였고,
　　　　　　　　　　　　평가요소1

<u>감탄형 종결 어미 '-구나'가 ⓑ로 쓰였다.</u>
　　　　　　平가요소2

② ⓛ에는 ⓐ는 없고
　　　　평가요소1

　동사의 현재 시제를 나타내는 관형사형 전성 어미 '-는'이 ⓑ로 쓰였다.
　　　　　　　　　　　　　　　　　평가요소2

③ ⓒ에는 과거 시제를 나타내는 '-었-'과 주체의 의지를 나타내는 '-겠-'이 ⓐ로 쓰였고,
　　　　　　　　　　　　　　　　평가요소1

　의문형 종결 어미 '-니'가 ⓑ로 쓰였다.
　　　　　　평가요소2

④ ⓔ에는 ⓐ는 없고
　　　　평가요소1

　동사의 과거 시제를 나타내는 관형사형 전성 어미 '-은'이 ⓑ로 쓰였다.
　　　　　　　　　　　　　　　평가요소2

⑤ ⓜ에는 추측의 의미를 나타내는 '-겠-'이 ⓐ로 쓰였고,
　　　　　　　　　　　平가요소1

　대등적 연결 어미 '-지만'이 ⓑ로 쓰였다.
　　　평가요소2

　　　　　　　　　　　　　　　　　　　★정답 ③

　위 문항은 평가요소가 'ⓐ, ⓑ에 대한 설명'이므로 ⓐ에 대한 설명과 ⓑ에 대한 설명의 적절성을 모두 판단해야 한다. 즉, 평가요소가 2개인 문항이다. 이때에는 앞서 언급한 것처럼 평가요소1의 적절성을 먼저 판단한 후(1차 정답 확인), 평가요소2의 적절성을 판단하면(2차 정답 확인) 된다. 예를 들어, 1차 정답 확인에서는 선택지 ①~⑤의 평가요소1인 ⓐ에 대한 설명의 적절성을 먼저 판단한다. 그 후, 2차 정답 확인에서 선택지 ①~⑤의 평가요소2인 ⓑ에 대한 설명의 적절성을 판단해야 한다.

1차 정답 확인과 2차 정답 확인으로 나누자.

발문과 선택지를 각 요소별로 나누어 정답을 확인하면, 문항이 한눈에 보여 정답을 쉽게 찾을 수 있다. 뿐만 아니라, 1차 정답 확인과 2차 정답 확인으로 정답을 찾는 단계를 나누면 훨씬 빠르게 정답을 찾을 수 있다.

	1차 정답 확인 평가요소1이 적절한가? (ⓐ에 대한 설명이 적절한가?)				**2차 정답 확인** 평가요소2가 적절한가? (ⓑ에 대한 설명이 적절한가?)	
① ㉠에는	과거 시제를 나타내는 '-었-'이 ⓐ로 쓰였고	O, X		①	감탄형 종결 어미 '-구나'가 ⓑ로 쓰였다.	O, X
② ㉡에는	ⓐ는 없고	O, X		②	동사의 현재 시제를 나타내 는 관형사형 전성 어미 '- 는'이 ⓑ로 쓰였다.	O, X
③ ㉢에는	과거 시제를 나타내는 '-었 -'과 주체의 의지를 나타내 는 '-겠-'이 ⓐ로 쓰였고	O, X	⇒	③	의문형 종결 어미 '-니'가 ⓑ로 쓰였다.	O, X
④ ㉣에는	ⓐ는 없고	O, X		④	동사의 과거 시제를 나타내 는 관형사형 전성 어미 '- 은'이 ⓑ로 쓰였다.	O, X
⑤ ㉤에는	추측의 의미를 나타내는 '-겠-'이 ⓐ로 쓰였고	O, X		⑤	대등적 연결 어미 '-지만'이 ⓑ로 쓰였다.	O, X

11. <보기>의 ㉠, ㉡에 해당하는 예로 적절한 것은? [2017학년도 수능]

　　<보기>요소　　　　　평가요소　　　　판단요소

━━━━━━ < 보 기 > ━━━━━━

학생: 선생님, 다음 두 문장을 보면 모두 '가깝다'가 쓰였는데 의미가 좀 다른 것 같아요.
　　　(1) 우리 집은 학교에서 가깝다.
　　　(2) 그의 말은 거의 사실에 가깝다.
선생님: (1)의 '가깝다'는 "어느 한 곳에서 다른 곳까지의 거리가 짧음"을 뜻하고,
　　　(2)의 '가깝다'는 "성질이나 특성이 기준이 되는 것과 비슷함"을 뜻한다.
　　　이는 본래 ㉠공간과 관련된 중심적 의미를 지니던 것이 ㉡추상화되어 주변적
　　　의미도 지니게 된 것이라고 할 수 있지.
학생: 아, 그렇군요. 그러면 '가깝다'는 여러 의미를 지닌 단어로군요.
선생님: 그렇지. 그래서 '가깝다'는 다의어란다.

	㉠	㉡
①	물은 낮은 곳으로 흐른다.	환경에 대한 관심도가 낮다.
②	그는 성공할 가능성이 크다.	힘든 만큼 기쁨이 큰 법이다.
③	두 팔을 최대한 넓게 벌렸다.	도로 폭이 넓어서 좋다.
④	내 좁은 소견을 말씀드렸다.	마음이 좁아서는 곤란하다.
⑤	작은 힘이라도 보태고 싶다.	우리 학교는 운동장이 작다.

★정답 ①

　위 문항은 ㉠, ㉡에 해당하는 적절한 예를 선택지에서 찾아야 하므로 1차 정답 확인에서는 ㉠의 적절성을, 2차 정답 확인에서는 ㉡의 적절성을 판단한다. 이때, 1차 정답 확인에서 적절하지 않은 것으로 확인된 선택지는 2차 정답 확인을 할 필요가 없다. 판단요소가 '적절한 것은?'이기 때문이다. 평가요소1이 적절하지 않았다면, 평가요소2는 확인할 필요가 없이 해당 선택지는 적절하지 않은 것이므로 정답이 될 수가 없다. 이해를 돕기 위해 정답을 찾는 과정을 표로 정리해 보자.

	1차 정답 확인 평가요소1이 적절한가?				**2차 정답 확인** 평가요소2가 적절한가?	
①	물은 낮은 곳으로 흐른다.	O				
②	그는 성공할 가능성이 크다.	X		①	환경에 대한 관심도가 낮다.	O, X
③	두 팔을 최대한 넓게 벌렸다.	O	⇒			
④	내 좁은 소견을 말씀드렸다.	X		③	도로 폭이 넓어서 좋다.	O, X
⑤	작은 힘이라도 보태고 싶다.	X				

1차 정답 확인을 해 보면, ㉠의 '낮은'은 높이가 기준에 미치지 못한다는 중심적 의미로 쓰이고 있다. '넓게' 또한 너비가 크다는 중심적 의미로 쓰이고 있다. 나머지 '크다', '좁은', '작은'은 모두 주변적 의미로 쓰이고 있다. '크다'는 가능성이 많다는 의미, '좁은'은 마음 쓰는 것이 너그럽지 못하다는 의미, '작은'은 일의 정도가 보통 수준에 미치지 못한다는 의미로 모두 주변적 의미이다. 따라서 1차 정답 확인 결과 ①, ③번 선택지만 적절한 것이므로 2차 정답 확인에서는 이 두 개의 선택지만 확인하면 된다. 이렇게 선택지를 나누어 정답을 찾으면, 시간을 훨씬 절약할 수 있고 오답 확률을 낮출 수 있는 것이다.

지문 근거 원리 [지문에서 정답의 근거를 찾아라.]

지문이나 <보기>가 제시되는 문항에서는, 반드시 해당 지문과 <보기>를 꼼꼼히 읽어야 한다. 특히 발문에서 찾은 평가요소에 해당하는 내용은 자신의 배경지식까지 동원하여 이해하고 정리해야 문항의 정답을 찾을 수 있다. 이 내용이 바로 정답의 근거가 되기 때문이다.

지문이나 <보기>가 제시되는 문항은 지문이나 <보기>에 많은 정보를 제공하고, 구체적 자료나 사례를 선택지에 제시하여 이 둘이 타당하게 연결되었는지를 주로 묻는다.

[11~12] 다음 글을 읽고 물음에 답하시오. [2019학년도 6월]

현대 국어에서 '-(으)ㅁ'이나 '-이'가 결합된 단어들 중에 형태는 같으나 품사가 다른 경우가 있다. 예를 들어 명사 '걸음'과 동사의 명사형 '걸음', 명사 '높이'와 부사 '높이'가 그러하다. 이는 용언에 결합하는 명사 파생 접미사 '-(으)ㅁ'과 명사형 전성 어미 '-(으)ㅁ'의 형태가 같고, '높다' 등의 일부 형용사에 결합하는 명사 파생 접미사 '-이'와 부사 파생 접미사 '-이'의 형태가 같기 때문이다.

이들의 품사를 구별하기 위해서는 각 단어의 다음과 같은 문법적 특징을 고려해야 한다. 명사는 서술격 조사가 결합하는 경우를 제외하고는 서술어로 쓰일 수 없고, 관형어의 수식을 받는다. 반면 동사나 형용사는 명사형이라 하더라도 문장이나 절에서 서술어로 쓰이고, 부사어의 수식을 받는다. 그리고 부사는 격조사와 결합할 수 없고 다른 부사어나 서술어 등을 수식한다.

한편 이들 '-(으)ㅁ'과 '-이'가 중세 국어에서는 그 쓰임에 따라 형태가 다르기 때문에 일반적으로 그 형태만으로 품사를 구별할 수 있다. **현대 국어의 두 가지 '-(으)ㅁ'은 중세 국어의 명사 파생 접미사 '-(ᄋᆞ/으)ㅁ'과 명사형 전성 어미 '-옴/움'에 각각 대응한다.** 이러한 구별은 '혼 거름 나ᅀᅡ 거룸(한 걸음 나아가도록 걸음)'에서 확인된다. '걷-'과 달리, **마지막 음절의 모음이 양성 모음인 어근이나 용언 어간에는 모음조화에 따라 '-(ᄋᆞ)ㅁ'과 '-옴'이 각각 결합한다.**

앞서 말한 현대 국어의 두 가지 '-이' 역시 중세 국어의 명사 파생 접미사 '-ᄋᆡ /의'와 부사 파생 접미사 '-이'에 각각 대응한다. 이러한 구별은 '나못 노ᅙᆡ(나무의 높이)'와 '노피 ᄂᆞᆫ 져비(높이 나는 제비)'에서 확인된다. '높-'과 달리, 마지막 음절의 모음이 음성 모음인 어근에는 모음조화에 따라 명사 파생 접미사 '-의'가 결합한다. 그런데 **부사 파생 접미사는 '-이' 하나여서 모음조화에 상관없이 '-이'가 결합한다.**

11. 윗글을 바탕으로 추론한 내용 중 적절하지 <u>않은</u> 것은?

　　　　　지문요소　　　　　평가요소　　　　　판단요소

① '됴흔 여름 여루미(좋은 열매 열림이)'에서 '여름'과 '여룸'의 형태를 보니, / <u>이 둘의 품사가 다르겠군.</u>

　　　　　평가요소

② '거름'과 '거룸'의 형태를 보니, / <u>'거름'은 파생 명사이고 '거룸'은 동사의 명사형이겠군.</u>

　　　　　　　　　　　　　　　　　　　　평가요소

③ '거룸'과 '노퍼'의 모음조화 양상을 보니, / 중세 국어 '높-'에는 '-움'이 아니고 '-옴'이
<u>결합하겠군.</u>   평가요소

④ '노퍼'와 '노피'의 형태를 보니, / <u>'노퍼'는 파생 부사이고 '노피'는 파생 명사이겠군.</u>
                                                            평가요소

⑤ 중세 국어의 형용사 '곧다', '굳다'가 부사 파생 접미사 '-이'와 결합할 때, / 그 <u>형태가</u>
<u>모음조화에 따라 달라지지 않겠군.</u>
      평가요소

                                                        ★정답 ④

위 문항의 평가요소는 지문을 추론한 내용이다. 따라서 각 선택지의 밑줄
친 부분이 평가요소가 된다. 이 밑줄 친 부분이 적절한지, 적절하지 않은지는
지문에서 그 근거를 찾아 판단해야 한다. 예를 들어 선택지 ②는 지문의 **중
세 국어의 명사 파생 접미사 '-(ᄋ/으)ㅁ'과 명사형 전성 어미 '-옴/움'에**를
근거로 적절성을 판단할 수 있다. '-음'이 명사 파생 접미사라고 했으므로
'거름'은 파생 명사가 되는 것이고, '-움'은 명사형 전성 어미라고 했으므로
'거룸'은 동사의 명사형이 되는 것이다. 선택지 ⑤는 지문의 **부사 파생 접미
사는 '-이' 하나여서 모음조화에 상관없이 '-이'가 결합한다.**를 근거로 판단
할 수 있다. 모음조화에 상관없이 '-이'가 결합한다고 했으므로 선택지 ⑤의
평가요소는 적절한 추론 내용인 것이다.

다음 문항은 <보기>에서 설명한 내용을 근거로 정답을 찾아야 하는 문항
이다. 이 예시 문항은 어떻게 문항을 분석하고 정답을 찾는지 그 방법을 익히
는 데 초점을 두어 살펴보자.

15. <보기>의 ㉠에 해당하는 예로 적절한 것은? [2017학년도 6월]

　　<보기>요소　　　평가요소　　　판단요소

< 보 기 >

　합성어는 어근과 어근이 결합하여 형성되는데, 어근들의 결합 방식에 따라 다음과 같이 둘로 나눌 수 있다.
　○ 통사적 합성어: 어근들의 결합 방식이 일반적인 문장 구성 방식과 같은 합성어
　○ ㉠비통사적 합성어: 어근들의 결합 방식이 일반적인 문장 구성 방식과 다른 합성어

---

① 아이들이 <u>뛰노는</u> 소리가 밖에서 들렸다.
② 서로 <u>몰라볼</u> 정도로 세월이 많이 흘렀다.
③ 저마다의 <u>타고난</u> 소질을 계발하는 것이 중요하다.
④ <u>지난달</u>부터 공부를 열심히 했더니 자신감이 생겼다.
⑤ 망치질을 자주 하다 보니 손바닥에 <u>굳은살</u>이 박였다.

★**정답** ①

　위 문항의 평가요소는 ㉠에 해당하는 예이다. 따라서 선택지①~⑤의 밑줄 친 단어가 평가요소이므로 ㉠의 예로 적절한지 판단해야 한다. 이를 위해서는 가장 먼저 <보기>의 ㉠에 대한 내용을 알아야 한다. <보기>를 근거로 각각의 평가요소가 어근들의 결합 방식이 일반적 문장 구성 방식과 다른 비통사적 합성어의 예인지 판단하여 정답을 찾아야 하는 것이다.

　문항의 평가요소가 무엇인지 파악하여, 지문이나 <보기>에서 평가요소에 해당하는 내용을 찾아 이해하는 것이 지문 근거 원리의 핵심이다.

[13] 다음 글을 읽고 물음에 답하시오. [2019학년도 수능]

[A]

'이튿날'은 중세 국어에서 자립 명사 '이틀'과 '날' 사이에 관형격 조사 'ㅅ'이 결합한 '이틄 날'로 많이 나타나는데, 이 'ㅅ'은 '이틄 밤', '이틄 길'에서의 'ㅅ'과 같은 것이다. 중세 국어에서 '이틄 날'은 '이틋 날'로도 나타났는데, 근대 국어로 오면서는 'ㄹ'이 탈락한 합성어 '이틋날'로 굳어지게 되었다. 이와 함께 'ㅅ' 관형격 조사의 기능을 잃어 가고, 받침 'ㅅ'과 'ㄷ'의 발음이 구분되지 않게 되었다. 이에 따라 「한글 맞춤법」에서는 '이튿날'의 표기와 관련하여 "끝소리가 'ㄹ'인 말과 딴말이 어울릴 적에 'ㄹ' 소리가 'ㄷ' 소리로 나는 것"으로 보아 이를 '이튿날'로 적도록 했다. 그러나 이때의 'ㄷ'은 'ㄹ'이 변한 것으로 설명되지 않으므로 중세 국어 '묽 사룸'에서 온 '뭇사람'에서처럼 'ㅅ'으로 적는 것이 국어의 변화 과정을 고려한 관점에 부합한다고 할 수 있다.

13. [A]를 바탕으로 〈보기〉의 '자료'를 탐구한 내용으로 적절하지 않은 것은? [3점]

중세 국어의 예
• 술 자부며 져 놓느니(숟가락 잡으며 젓가락 놓으니) • 숤 귿(숟가락의 끝), 젓 가락 귿(젓가락 끝), 수져(수저) • 물(무리), 묽 사룸(뭇사람, 여러 사람)

근대 국어의 예	현대 국어의 예
• 숫가락 장ᄉ(숟가락 장사) • 뭇사룸(뭇사람)	• *술로 밥을 뜨다 • 숟가락으로 밥을 뜨다 • 밥 한술

*는 문법에 맞지 않음을 나타냄

① 중세 국어 '술'과 '져'는 중세 국어 '이틀'처럼 자립 명사라는 점에서 현대 국어 '술'과는 차이가 있군.

② 중세 국어 '술'과 '져'의 결합에서 'ㄹ'이 탈락한 합성어가 현대 국어 '수저'로 이어졌군.

③ 중세 국어 '술'과 '져'는 명사를 수식할 때, 중세 국어 '이틀'이나 '물'과 같이 모두 관형격 조사 'ㅅ'이 결합할 수 있었군.

④ 근대 국어 '숫가락'이 현대 국어에 와서 '숟가락'으로 적히는 것은, 국어의 변화 과정을 고려한 관점에 부합하지 않는다는 점에서 '이튿날'의 경우와 같군.

⑤ 현대 국어 '숟가락'과 '뭇사람'의 첫 글자 받침이 다른 이유는 중세 국어 '숤'과 '묽'이 현대 국어로 오면서 'ㄹ'이 탈락한 후 남은 'ㅅ'의 발음이 서로 달랐기 때문이군.

13. [A]를 바탕으로 〈보기〉의 '자료'를 탐구한 내용으로 적절하지 <u>않은</u> 것은?

　　　지문요소　　　　　〈보기〉요소　　　　　평가요소　　　　　판단요소

　① '**이튿날**'은 중세 국어에서 자립 명사 '**이틀**'과 '**날**' 사이에 관형격 조사 'ㅅ'이 결합한 '이틄 날'로 많이 나타나는데, 이 'ㅅ'은 '이틄 밤', '이틄 길'에서의 'ㅅ'과 같은 것이다. 중세 국어에서 '이틄 날'은 '이틋 날'로도 나타났는데, 근대 국어로 오면서는 ② '**ㄹ**'이 **탈락한 합성어** '이틋날'로 굳어지게 되었다. ⑤**이와 함께 'ㅅ' 관형격 조사의 기능을 잃어 가고, 받침 'ㅅ'과 'ㄷ'의 발음이 구분되지 않게 되었다.** 이에 따라 「한글 맞춤법」에서는 '이튿날'의 표기와 관련하여 ④ "**끝소리가 'ㄹ'인 말과 딴말이 어울릴 적에 'ㄹ' 소리가 'ㄷ' 소리로 나는 것**"으로 보아 이를 '이튿날'로 적도록 했다. 그러나 이때의 'ㄷ'은 'ㄹ'이 변한 것으로 설명되지 않으므로 중세 국어 '묤 사룸'에서 온 '뭇사람'에서처럼 'ㅅ'으로 적는 것이 국어의 변화 과정을 고려한 관점에 부합한다고 할 수 있다.

① 중세 국어 '술'과 '져'는 / <u>중세 국어 '이틀'처럼 자립 명사라는 점에서</u> / 현대 국어 '술'과는 차이가 있군.
　　　　　　　　　　　　　　　　　　평가요소

② 중세 국어 '술'과 '져'의 결합에서 / <u>'ㄹ'이 탈락한 합성어가</u> / 현대 국어 '수저'로 이어졌군.
　　　　　　　　　　　　　　　　　평가요소

③ 중세 국어 '술'과 '져'는 명사를 수식할 때, / 중세 국어 '이틀'이나 '물'과 같이 모두 / <u>관형격 조사 'ㅅ'이 결합할 수 있었군.</u>
　　　　　　평가요소

④ 근대 국어 '숫가락'이 현대 국어에 와서 '숟가락'으로 적히는 것은, / <u>국어의 변화 과정을 고려한 관점에 부합하지 않는다는 점에서</u> / '이튿날'의 경우와 같군.
　　　　　　　　　평가요소

⑤ 현대 국어 '숟가락'과 '뭇사람'의 첫 글자 받침이 다른 이유는 / <u>중세 국어 '숤'과 '묤'이 현대 국어로 오면서 'ㄹ'이 탈락한 후 남은 'ㅅ'의 발음이 서로 달랐기 때문이군.</u>
　　　　　　평가요소

★정답 ⑤

산뜻한 마무리

code 3: 지문 근거 원리

- 평가요소에 해당하는 내용을 지문이나 〈보기〉에서 찾는다.
- 반드시 지문이나 〈보기〉를 근거로 선택지를 판단한다.

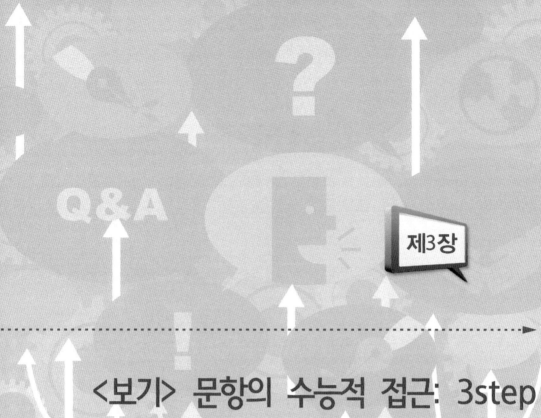

제3장

<보기> 문항의 수능적 접근: 3step

문제 풀이의 원리를 알면 답이 쉽게 보인다. 따라서 수능 문법 <보기> 문항의 구성과 원리를 알고 단계별 풀이법을 적용하면 훨씬 빠르고 쉽게 정답을 찾을 수 있다. 여기서는 문법 <보기> 문항을 세 가지 유형으로 나누어 각각의 정답 단계를 살펴볼 것이다.

수능 문법 <보기> 문항은 세 가지 유형으로 범주화할 수 있다. 이는 나름대로의 기준을 세워 범주화한 것으로, 수능 문법의 모든 <보기> 문항은 다음 유형 중 하나에 속한다. 각각의 유형에 대해 자세히 설명한다.

1. **<보기> 문법**: <보기>에 문법 지식을 설명하는 문항
2. **<보기> 사례 문법**: <보기>에 문법 사례를 제시하는 문항
3. **<보기> + 지문 활용 문법**: <보기>와 지문에 문법 지식과 사례를 모두 제시하는 문항

<보기> 문법

<보기> 문법이란, 문항에 <보기>가 제시되는 유형이다. 따라서 문항이 '발문 + <보기> + 선택지'로 구성된다. 이러한 유형의 문항은 <보기>에 평가요소와 관련된 문법 용어를 제시하거나 설명하고, 이 내용을 적용하는 선택지로 구성된다. 이 경우에는, <보기>에 제시된 문법 용어나 이론을 바탕으로 선택지의 사례 또는 적용된 내용이 타당한 것인지 판단해야 한다.

위와 같은 특징을 가진 <보기> 문법 유형은 아래의 '정답 찾기 3step'을 적용하여 정답을 찾으면 된다.

<보기> 문법의 정답 찾기 3step

step 1. 평가요소에 해당하는 문법 지식을 이해한다.

     – 앞서 배운 '정답 찾기의 비밀 code'를 각 문항에 적용한다.

step 2. 이해한 문법 지식을 바탕으로 선택지의 평가요소를 분석하여 정답을 확인한다.

step 3. step 2에서 정답을 찾지 못한 경우, 2차 정답 확인을 한다.

예시 문항

∘ **발문**

13. 〈보기〉를 바탕으로 음운 변동 사례에 대해 이해한 내용으로 적절한 것은?

[2018학년도 6월]

∘ **<보기>: 평가요소와 관련된 문법 이론 제시**

—————— < 보 기 > ——————

교체, 탈락, 축약, 첨가의 음운 변동이 일어나는 경우 음운 개수의 변화가 나타나기도 한다.
먼저 '집일[짐닐]'은 첨가 및 교체가 일어나 음운의 개수가 늘었다. 그런데 '닭만[당만]'은 탈락 및 교체가 일어나 음운의 개수가 줄었고, '뜻하다[뜨타다]'는 교체 및 축약이 일어나 음운의 개수가 줄었다. 한편 '맡는[만는]'은 교체가 두 번 일어나 음운의 개수가 변하지 않았다.

∘ **선택지: <보기>의 적용 또는 사례 제시**

① '흙하고[흐카고]'는 탈락 및 축약이 일어나 음운의 개수가 두 개 줄었군.
② '저녁연기[저녕년기]'는 첨가 및 교체가 일어나 음운의 개수가 두 개 늘었군.
③ '부엌문[부엉문]'과 '볶는[봉는]'은 교체가 한 번 일어나 음운의 개수가 변하지 않았군.
④ '얹지[언찌]'와 '묽고[물꼬]'는 교체 및 축약이 일어나 음운의 개수가 각각 한 개 줄었군.
⑤ '넓네[널레]'와 '밝는[방는]'은 탈락 및 교체가 일어나 음운의 개수가 각각 두 개 줄었군.

[정답 찾기 3step]

step 1. 평가요소에 해당하는 문법 지식을 이해한다.
　　　　– 앞서 배운 '정답 찾기의 비밀 code'를 각 문항에 적용한다.

13. 〈보기〉를 바탕으로 음운 변동 사례에 대해 이해한 내용으로 적절한 것은?

　　　　〈보기〉요소　　　　　　　　평가요소　　　　　　판단요소

☞ 평가요소인 음운 변동 사례를 〈보기〉를 통해 이해해야 한다.

※ 음운 변동이 일어나는 경우 음운 개수의 변화
– 첨가: 음운 개수 증가(집일[짐닐])
– 탈락, 축약: 음운 개수 감소(닭만[당만], 뜻하다[뜨타다])
– 교체: 음운 개수 변화 없음(맡는[만는])

step 2. 이해한 문법 지식을 바탕으로 선택지의 평가요소를 분석하여 정답을
　　　　확인한다.

☞ 음운 변동 사례를 분석하여 정답을 확인해야 한다.

① '흙하고[흐카고]'는 / 탈락 및 축약이 일어나 / 음운의 개수가 두 개 줄었군.
　[흑하고] → [흐카고]　　　　　[O]
　자음탈락　자음축약

② '저녁연기[저녕년기]'는 / 첨가 및 교체가 일어나 / 음운의 개수가 두 개 늘었군.
　[저녁년기] → [저녕년기]　　　　[O]
　'ㄴ'첨가　　비음화

③ '부엌문[부엉문]'과 '볶는[봉는]'은 / 교체가 한 번 일어나 / 음운의 개수가 변하지 않았군.
　[부억문] → [부엉문] / [복는] → [봉는]　　[X]
　끝소리규칙 비음화 / 끝소리규칙 비음화

④ '얹지[언찌]'와 '묽고[물꼬]'는 / 교체 및 축약이 일어나 / 음운의 개수가 각각 한 개 줄었군.
　[언지] → [언찌] / [물고] → [물꼬]　　[X]
　자음탈락 된소리되기 / 자음탈락 된소리되기

⑤ '넓네[널레]'와 '밝는[방는]'은 / 탈락 및 교체가 일어나 / 음운의 개수가 각각 두 개 줄었군.

[널네] → [널레] / [박는] → [방는]　　　　[O]

자음탈락　유음화　/　자음탈락　비음화

step 3. step 2에서 정답을 찾지 못한 경우, 2차 정답 확인을 한다.

① '흙하고[흐카고]'는 / 탈락 및 축약이 일어나 / <u>음운의 개수가 두 개 줄었군.</u>

　　　　　　　　　　　　　　　　　　　　　　[O]

　→ 자음탈락(1개 감소), 자음축약(1개 감소)

② '저녁연기[저녕년기]'는 / 첨가 및 교체가 일어나 / <u>음운의 개수가 두 개 늘었군.</u>

　　　　　　　　　　　　　　　　　　　　　　[X]

　→ 'ㄴ'첨가(1개 증가), 비음화(변화 없음)

③ '부엌문[부엉문]'과 '볶는[봉는]'은 / 교체가 한 번 일어나 / <u>음운의 개수가 변하지 않았군.</u>

　→ 앞부분이 오답이므로, 뒷부분을 확인할 필요가 없음

④ '엊지[언찌]'와 '묽고[물꼬]'는 / 교체 및 축약이 일어나 / <u>음운의 개수가 각각 한 개 줄었군.</u>

　→ 앞부분이 오답이므로, 뒷부분을 확인할 필요가 없음

⑤ '넓네[널레]'와 '밝는[방는]'은 / 탈락 및 교체가 일어나 / <u>음운의 개수가 각각 두 개 줄었군.</u>

　　　　　　　　　　　　　　　　　　　　　　[X]

　→ 자음탈락(1개 감소), 유음화 및 비음화

따라서 정답은 ①이다.

---

tip 정답 찾기 3step의 요령

- **step 1.** 발문에서 요구하는 평가요소를 정확히 파악하여 〈보기〉에서 그에 해당하는 내용을 찾아야 한다. 이것이 〈보기〉요소이며, 정답 찾기의 핵심 내용이 된다.

- **step 2.** 〈보기〉를 통해 이해한 문법 지식을 바탕으로 선택지를 분석한다. 이때, 평가요소가 2개인 경우 1차 정답 확인과 2차 정답 확인으로 나누어 진행한다. 이 단계에서는 〈보기〉에 제시된 내용뿐만 아니라, 자신의 국어 문법 배경지식이 필요할 수도 있으니 평소 문법 지식 공부를 해 두어야 한다.

- **step 3.** 2차 정답 확인이 필요한 경우 진행한다. 이때, 이미 step 2에서 오답으로 결정된 선택지는 정답 확인을 할 필요가 없다.

* 〈보기〉 문법의 정답 찾기 3step을 적용하여 직접 문제의 정답을 찾아보자. 적용 문항에 대한 풀이는 바로 다음 페이지에 안내한다.

14. 〈보기〉의 ㉠~㉢에 해당하는 예로 적절하지 <u>않은</u> 것은? [2017학년도 6월]

— 〈 보 기 〉 —

(가)~(다)는 관형절을 안은 문장이고 [A]~[C]는 안긴 문장인 관형절을 완결된 문장으로 바꾼 것이다. 이를 보면 (가)의 '동생', (나)의 '책', (다)의 '도서관'은 완결된 문장 [A], [B], [C]에서 뒤에 붙는 조사와 함께 각각 ㉠주어, ㉡목적어, ㉢부사어로 기능을 하고 있다.

(가) 어제 책만 읽은 <u>동생</u>에게 오늘은 쉬라고 했다.
　　[A] ┃ 동생이 ┃ 어제 책만 읽었다.

(나) 아이가 읽은 <u>책</u>은 동화책이다.
　　[B] 아이가 ┃ 책을 ┃ 읽었다.

(다) 형이 책을 읽은 <u>도서관</u>은 집 근처에 있다.
　　[C] 형이 ┃ 도서관에서 ┃ 책을 읽었다.

① ┌─ 어제 결혼한 <u>그들</u>에게 나는 미리 선물을 주었다.
　 ㉠
　 └─ 누나를 많이 닮은 <u>친구</u>를 우리는 오늘도 만났다.

② ┌─ 나무로 된 <u>탁자</u>에 동생이 낙서를 하고 있다.
　 ㉠
　 └─ 그들은 시대에 뒤떨어진 <u>생각</u>을 여전히 하고 있다.

③ ┌─ 두 사람이 어제 헤어진 <u>공원</u>이 지금 공사 중입니다.
　 ㉡
　 └─ 나는 어제 부모님이 시키신 <u>일</u>을 오늘에야 다 끝냈다.

④ ┌─ 친구가 나에게 준 <u>옷</u>이 나는 마음에 든다.
　 ㉡
　 └─ 누나는 털실로 짠 <u>장갑</u>도 내게 주었습니다.

⑤ ┌─ 아이들이 운동장에서 공을 찬 <u>주말</u>을 기억해 보세요.
　 ㉢
　 └─ 그는 관중이 쓰레기를 남긴 <u>경기장</u>을 열심히 청소했다.

[정답 찾기 3step]을 적용한 풀이

step 1. 평가요소에 해당하는 문법 지식을 이해한다.

14. 〈보기〉의 ㉠~㉢에 해당하는 예로 적절하지 않은 것은?

    〈보기〉요소   평가요소   판단요소

☞ 평가요소가 관형절로 안긴 문장의 문장 성분(주어, 목적어, 부사어)이므로 〈보기〉를 통해 이들을 이해해야 한다.

---

* 관형절로 안긴 문장

- 절이 하나의 문장 안에서 관형어 역할을 함
- 관형절을 완결된 문장으로 바꾸면 조사가 결합하여 문장 성분이 바뀜

---

step 2. 이해한 문법 지식을 바탕으로 선택지의 평가요소를 분석하여 정답을 확인한다.

☞ 관형절로 안긴 문장을 완결된 문장으로 바꾸어 밑줄 친 단어의 문장 성분을 파악해야 한다. 또한 판단해야 하는 문장이 2개이므로 1차 정답 확인, 2차 정답 확인으로 나누어야 한다.

① ㉠ 어제 결혼한 <u>그들</u>에게 나는 미리 선물을 주었다.
   → <u>그들이</u> 어제 결혼했다. [주어이므로 ㉠에 해당 ○]

② ㉠ 나무로 된 <u>탁자</u>에 동생이 낙서를 하고 있다.
   → <u>탁자가</u> 나무로 되어 있다. [주어이므로 ㉠에 해당 ○]

③ ㉡ 두 사람이 어제 헤어진 <u>공원</u>이 지금 공사 중입니다.
   → 두 사람이 어제 <u>공원에서</u> 헤어졌다. [부사어이므로 ㉢에 해당 X]

④ ㉡ 친구가 나에게 준 <u>옷</u>이 나는 마음에 든다.
   → 친구가 나에게 <u>옷을</u> 주었다. [목적어이므로 ㉡에 해당 ○]

⑤ ㉢ 아이들이 운동장에서 공을 찬 <u>주말</u>을 기억해 보세요.
   → 아이들이 운동장에서 <u>주말에</u> 공을 찼다. [부사어이므로 ㉢에 해당 ○]

step 3. step 2에서 정답을 찾지 못한 경우, 2차 정답 확인을 한다.

step 2에서 정답을 찾았으므로, step 3를 진행할 필요가 없다.

적용 2

15. 〈보기〉의 ㉠에 해당하는 예로 적절한 것은? [2017학년도 6월]

━━━━━━━━ **〈 보 기 〉** ━━━━━━━━

합성어는 어근과 어근이 결합하여 형성되는데, 어근들의 결합 방식에 따라 다음과 같이 둘로 나눌 수 있다.

○ 통사적 합성어: 어근들의 결합 방식이 일반적인 문장 구성 방식과 같은 합성어
○ ㉠비통사적 합성어: 어근들의 결합 방식이 일반적인 문장 구성 방식과 다른 합성어

① 아이들이 <u>뛰노는</u> 소리가 밖에서 들렸다.
② 서로 <u>몰라볼</u> 정도로 세월이 많이 흘렀다.
③ 저마다의 <u>타고난</u> 소질을 계발하는 것이 중요하다.
④ <u>지난달</u>부터 공부를 열심히 했더니 자신감이 생겼다.
⑤ 망치질을 자주 하다 보니 손바닥에 <u>굳은살</u>이 박였다.

[정답 찾기 3step]을 적용한 풀이

step 1. 평가요소에 해당하는 문법 지식을 이해한다.

15. 〈보기〉의 ㉠에 해당하는 예로 적절한 것은?
　　　〈보기〉요소　　　평가요소　　　판단요소

☞ 평가요소인 비통사적 합성어를 〈보기〉를 통해 이해해야 한다.

step 2. 이해한 문법 지식을 바탕으로 선택지의 평가요소를 분석하여 정답을 확인한다.

☞ 밑줄 친 단어의 어근 결합 방식을 파악하여 비통사적 합성어인지 판단해야 한다.

＊ 비통사적 합성어

어근의 결합 방식이 일반적 문장 구성과 다른 경우
- 용언+체언 결합에서 어미 생략
- 용언+용언 결합에서 연결 어미 생략
- 부사가 체언을 수식

① 뛰노는: 뛰- + 놀- + -는

→ '뛰(어) 노는'이므로 연결 어미가 생략된 비통사적 합성어이다. [○]

② 몰라볼: 모르- + -아 + 보- + -ㄹ

→ 어근 '모르-'와 '보-'가 연결 어미 '-아'로 결합된 통사적 합성어이다. [X]

③ 타고난: 타- + -고 + 나- + -ㄴ

→ 어근 '타-'와 '나-'가 연결 어미 '-고'로 결합된 통사적 합성어이다. [X]

④ 지난달: 지나- + -ㄴ + 달

→ 관형사형 전성어미 '-ㄴ'이 쓰여 어근 '지나-'가 체언 '달'과 결합한 통사적 합성어이다. [X]

⑤ 굳은살: 굳- + -은 + 살

→ 관형사형 전성어미 '-은'이 쓰여 어근 '굳-'이 체언 '살'과 결합한 통사적 합성어이다. [X]

step 3. step 2에서 정답을 찾지 못한 경우, 2차 정답 확인을 한다.

step 2에서 정답을 찾았으므로, step 3를 진행할 필요가 없다.

발칙한 생각

'틀린 그림 찾기' 전략

위 15번 문항은 비통사적 합성어에 대한 개념 설명만 있어 일반적 문장 구성 방식과 다른 경우가 어떤 경우인지에 대한 배경지식이 없다면 정답을 찾기가 어렵다. 하지만 선택지의 평가요소를 분석하다 보면, 정답이 쉽게 눈에 보이게 된다.

'틀린 그림 찾기' 게임처럼 5개의 선택지 중, 나머지 4개와 다른 선택지 하나를 찾아보자. ②~④의 밑줄 친 단어는 연결 어미가 있지만, ①의 단어에만 연결 어미가 없다. 따라서 연결 어미가 생략된 ①이 정답이다.

이렇게 '틀린 그림 찾기' 전략을 사용하면, 비통사적 합성어의 구체적 예를 알지 못하더라도 정답을 쉽게 찾을 수 있다.

의존 명사와 조사의 띄어쓰기

15. 〈보기〉의 [A]에 들어갈 말로 적절한 것만을 있는 대로 고른 것은? [2021학년도 6월]

〈 보 기 〉

학생: 선생님, 자기 소개서를 써 봤는데, 띄어쓰기가 맞는지 가르쳐 주시겠어요? 헷갈리는 부분을 표시해 왔어요.

> 양로원에 가서 봉사 활동을 했습니다. 사실 그 시간에 ㉠봉사 보다는 게임을 하고 싶었습니다. 그저 작은 일을 ㉡도울 뿐이었는데 ㉢너 밖에 없다며 행복해하시는 어르신들의 말씀을 들을 ㉣때 만큼은 마음이 뿌듯해졌습니다.

선생님: 한글 맞춤법에 따르면, 문장의 각 단어는 띄어 써야 하지만, 조사는 예외적으로 그 앞말에 붙여 쓴다.

학생: 아, 그럼 [A] 은/는 앞말에 붙여 써야 하는군요.

---

① ㉠의 '보다', ㉢의 '밖에'
② ㉡의 '뿐', ㉢의 '밖에'
③ ㉡의 '뿐', ㉣의 '만큼'
④ ㉠의 '보다', ㉡의 '뿐', ㉣의 '만큼'
⑤ ㉠의 '보다', ㉢의 '밖에', ㉣의 '만큼'

실전 문항 2

11. 〈보기〉의 ㉮에 들어갈 말로 적절한 것은? [2021학년도 9월]

─────── 〈 보 기 〉 ───────

선생님: 용언 어간 뒤에 '-아/어'로 시작하는 어미가 결합할 때, 단모음이 반모음으로 교체되는 음운 변동이 일어날 수 있어요. 가령, 어간 '오-'와 어미 '-아'가 결합해 [와]로 발음될 때, 단모음 'ㅗ'가 반모음 'w'로 교체되는 것이지요. 우리말의 반모음은 'j'도 있으니까 반모음 'j'로 교체되는 예도 있겠죠? 그럼 용언 어간의 단모음이 '-아/어'로 시작하는 어미와 결합할 때 반모음 'j'로 교체되는 예를 들어 볼까요?

학생: 네, [㉮]로 발음되는 예를 들 수 있어요.

① 어간 '뛰-'와 어미 '-어'가 결합해 [뛰여]
② 어간 '차-'와 어미 '-아도'가 결합해 [차도]
③ 어간 '잠그-'와 어미 '-아'가 결합해 [잠가]
④ 어간 '견디-'와 어미 '-어서'가 결합해 [견뎌서]
⑤ 어간 '키우-'와 어미 '-어라'가 결합해 [키워라]

15. 〈보기〉의 ㉠과 ㉡에 들어갈 말로 적절한 것은? [2021학년도 수능]

─────── 〈 보 기 〉 ───────

학생: 현대 국어와는 달리 중세 국어의 'ᅦ', 'ᅢ'가 이중 모음이었다는 근거가 궁금해요.
선생님: 'ᅦ', 'ᅢ'로 끝나는 체언과 결합하는 조사의 형태가 무엇인지 (가)를 참고하여 (나)를 살펴보면 알 수 있단다.

(가)

체언의 끝소리	조사의 형태	예
자음	이라	지비라[집이다]
단모음 '이'나 반모음 'ㅣ'	∅라	亽ᅵ라[亽ᅵ(사이)이다] 불휘라[불휘(뿌리)이다]
그 밖의 모음	ㅣ라	견ᄎ라[견ᄎ(까닭)이다] 곡되라[곡도(꼭두각시)이다]

(나)
今(금)은 <u>이제라</u>[이제이다], 下(하)는 <u>아래라</u>[아래이다]

학생: (가)의 ┌ ㉠ ┐ 에서처럼 (나)의 '이제'와 '아래'가 ┌ ㉡ ┐ 형태의 조사를 취하는 것을 보니 'ᅦ', 'ᅢ'가 반모음 'ㅣ'로 끝나는 이중 모음이었음을 알 수 있어요.

	㉠	㉡
①	지비라	이라
②	亽ᅵ라	∅라
③	불휘라	∅라
④	견ᄎ라	ㅣ라
⑤	곡되라	ㅣ라

실전 문항 4 •┈┈┈┈┈┈┈┈┈┈┈┈┈┈┈┈┈

15. 〈보기〉의 ㉠, ㉡에 해당하는 예끼리 묶인 것으로 적절한 것은? [3점]

[2020학년도 6월]

─── 〈 보 기 〉 ───

[선생님의 설명]

여러분, '쓰이다'라는 단어를 어떻게 해석해야 할까요? 우선 '쓰이다'는 피동사이기도 하고 사동사이기도 하므로 이를 구별해야겠죠? 또한 '쓰다'는 동음이의어나 다의어이므로 그 의미에도 유의해야 합니다. 단어를 이해할 때, 이러한 점들을 모두 고려해야 해요. 그럼 이와 관련된 학습 활동을 해 볼까요?

[학습 활동]

다음은 국어사전의 일부이다. 제시된 단어의 의미에 유의하여 각각의 피동사와 사동사가 포함된 예를 들어 보자.

갈다¹ 图 〖…을 …으로〗 ②어떤 직책에 있는 사람을 다른 사람으로 바꾸다.
깎다 图1 〖…을〗 ③값이나 금액을 낮추어서 줄이다.
묻다¹ 图 〖…에〗 ①가루, 풀, 물 따위가 그보다 큰 다른 물체에 들러붙거나 흔적
　　　　　　　　　　이 남게 되다.
물다² 图1 〖…을〗 ②윗니와 아랫니 사이에 끼운 상태로 상처가 날 만큼 세게
　　　　　　　　　　누르다.
쓸다² 图 〖…〗 ①비로 쓰레기 따위를 밀어내거나 한데 모아서 버리다.

피동문	사동문
㉠	㉡

① ┌ ㉠ : 학생회 임원이 새 친구로 갈렸다.
　└ ㉡ : 삼촌이 형에게 그 텃밭을 갈렸다.

② ┌ ㉠ : 용돈이 이달에 만 원이나 깎였다.
　└ ㉡ : 나는 저번 실수로 점수를 깎였다.

③ ┌ ㉠ : 내 친구는 가래떡에 꿀만 묻혔다.
　└ ㉡ : 누나는 붓에 먹물을 듬뿍 묻혔다.

④ ┌ ㉠ : 아빠가 아이 입에 사탕을 물렸다.
　└ ㉡ : 큰형이 동네 개에게 발을 물렸다.

⑤ ┌ ㉠ : 큰 마당의 눈이 빗자루에 쓸렸다.
　└ ㉡ : 내 동생에게 거실 바닥만 쓸렸다.

실전 문항 5

13. 〈보기〉의 ㉠~㉢에 들어갈 말로 적절한 것은? [2020학년도 6월]

――――――――――― 〈 보 기 〉 ―――――――――――

중세 국어에서는 의문문의 종류에 따라 종결 어미나 보조사가 달리 쓰인다. 예를 들면 용언의 어간에 어미가 결합하여 서술어가 될 때 판정 의문문에서는 종결 어미 '-녀', 설명 의문문에서는 종결 어미 '-뇨'가 쓰인다. 반면, 체언에 보조사가 결합하여 서술어가 될 때 판정 의문문에서는 보조사 '가', 설명 의문문에서는 보조사 '고'가 쓰인다. 그런데 주어가 2인칭일 때에는 의문문의 종류와 관계없이 종결 어미 '-ㄴ다'가 쓰인다. 중세 국어 의문문의 예는 아래와 같다.

· 이 일후미 (㉠   ) [이 이름이 무엇인가?]
· 네 엇뎨 아니 (㉡   ) [네가 어찌 안 가는가?]
· 그듸는 보디 (㉢   ) [그대는 보지 않는가?]

	㉠	㉡	㉢
①	므스고	가ᄂ뇨	아니ᄒᄂ다
②	므스고	가ᄂ다	아니ᄒᄂ다
③	므스고	가ᄂ뇨	아니ᄒ녀
④	므스가	가ᄂ다	아니ᄒᄂ다
⑤	므스가	가ᄂ뇨	아니ᄒ녀

실전 문항 6

14. <보기>의 ㉠과 ㉡을 모두 충족하는 예로 적절한 것은? [2020학년도 9월]

< 보 기 >

'붙잡다'의 어간 '붙잡–'은 어근 '붙–'과 어근 '잡–'으로 나뉘고, '잡히다'의 어간 '잡히–'는 어근 '잡–'과 접사 '–히–'로 나뉜다. 이렇듯 어떤 말을 둘로 나누었을 때 나누어진 두 요소 각각을 직접 구성 요소라 하는데, 어근과 어근으로 분석되는 말을 합성어라 하고 어근과 접사로 분석되는 말을 파생어라 한다.

그런데 ㉠어간이 3개 이상의 구성 요소로 이루어진 경우가 있다. 이때 ㉡직접 구성 요소가 먼저 어근과 어근으로 분석되면 합성어이고 어근과 접사로 분석되면 파생어이다. 예컨대 '밀어붙이다'는 직접 구성 요소가 먼저 어근과 어근으로 분석되므로 합성어이다.

① 밤새 거센 비바람이 <u>내리쳤다</u>.

② 책임을 남에게 <u>떠넘기면</u> 안 된다.

③ 차바퀴가 진흙 바닥에서 <u>헛돌았다</u>.

④ 거리에는 매일 많은 사람이 <u>오간다</u>.

⑤ 그들은 끊임없이 <u>짓밟혀도</u> 굴하지 않았다.

실전 문항 7

15. 〈보기〉의 ㉠~㉤에 해당하는 문장으로 적절하지 <u>않은</u> 것은? [2020학년도 9월]

〈 보 기 〉

[학습활동]

겹문장은 홑문장보다 복잡한 생각을 효과적으로 표현할 수 있는 장점이 있다. 〈자료〉에 제시된 홑문장을 활용하여 〈조건〉에 해당하는 겹문장을 만들어 보자.

〈자료〉	〈조건〉
• 날씨가 춥다.	㉠ 명사절을 안은 문장
• 형은 물을 마셨다.	㉡ 관형절을 안은 문장
• 동생은 얼음을 먹었다.	㉢ 부사절을 안은 문장
• 동생은 추위와 상관없다.	㉣ 인용절을 안은 문장
• 형은 동생에게 불평을 했다.	㉤ 대등하게 이어진 문장

① ㉠ : 동생은 추운 날씨에도 얼음을 먹었다.

② ㉡ : 형은 얼음을 먹는 동생에게 불평을 했다.

③ ㉢ : 동생은 추위와 상관없이 얼음을 먹었다.

④ ㉣ : 형은 동생에게 날씨가 춥다고 불평을 했다.

⑤ ㉤ : 형은 물을 마셨지만 동생은 얼음을 먹었다.

13. 〈보기〉의 [A]에 들어갈 말로 적절한 것은? [2020학년도 수능]

─────── 〈 보 기 〉 ───────

선생님: 음절은 발음할 수 있는 최소의 언어 단위인데, 음절의 유형은 크게 분류하면 '①모음, ②자음+모음, ③모음+자음, ④자음+모음+자음'이 있어요. 예를 들면 '꽃[꼳]'은 ④, '잎[입]'은 ③에 속하지요. 그런데 복합어 '꽃잎'은 음운 변동이 일어나 [꼰닙]으로 발음돼요. 이때 [닙]은 ④에 해당되며 음운의 첨가로 음절 유형이 바뀐 것이지요.

이제 아래 단어들을 탐구해 봅시다.

┌──────────────────────────────────────┐
│ 밥상(밥+상), 집일(집+일), 의복함(의복+함), │
│   국물(국+물), 화살(활+살)   │
└──────────────────────────────────────┘

학생: [[A]   ]

선생님: 네, 맞아요.

① '밥상[밥쌍]'에서의 [쌍]은 첨가의 결과이고, 음절 유형이 단일어인 '상[상]'과 달라졌어요.
② '집일[짐닐]'에서의 [닐]은 교체의 결과이고, 음절 유형 단일어인 '일[일]'과 달라졌어요.
③ '의복함[의보캄]'에서의 [캄]은 축약의 결과이고, 음절 유형이 단일어인 '함[함]'과 달라졌어요.
④ '국물[궁물]'에서의 [궁]은 교체의 결과이고, 음절 유형이 단일어인 '국[국]'과 같아요.
⑤ '화살[화살]'에서의 [화]는 탈락의 결과이고, 음절 유형이 단일어인 '활[활]'과 같아요.

실전 문항 9

15. 〈보기 1〉의 ㉠~㉢에 해당하는 예만을 〈보기 2〉에서 고른 것은? [2020학년도 수능]

< 보 기 >

중세 국어의 주격 조사는 음운 조건에 따라 '이', '∅(영형태)', 'ㅣ'로 실현되었다.

• 자음 다음에는 '이'가 나타났다. ··· ㉠

　예　바비(밥+이) [밥이]

• 모음 '이'나 반모음 'ㅣ' 다음에는 '∅(영형태)'로 실현되어, 나타나지 않았다. ··········· ㉡

　예　활 쏘리(활 쏠 이+∅) [활 쏠 이가], 새(새+∅) [새가]

• 모음 '이'와 반모음 'ㅣ' 이외의 모음 다음에는 'ㅣ'가 나타났다.

　예　쇠(쇼+ㅣ) [소가]

• 음운 조건에 관계없이 생략되기도 했다. ··· ㉢

　예　곶 됴코 [꽃 좋고], 나모 셋는 [나무 서 있는]

< 보 기 >

ⓐ : 나리 져므러 　　　　　　　　[날이 저물어]

ⓑ : 太子 오ᄂᆞ다 드르시고 　　　　[태자 온다 들으시고]

ⓒ : 내해 ᄃᆞ리 업도다 　　　　　[개천에 다리가 없도다]

ⓓ : 아ᄃᆞ리 孝道ᄒᆞ고 　　　　　[아들이 효도하고]

ⓔ : 孔子ㅣ 드르시고 　　　　　　[공자가 들으시고]

① ㉠ : ⓐ, ⓓ　　　　　② ㉠ : ⓐ, ⓔ　　　　　③ ㉡ : ⓑ, ⓒ

④ ㉡ : ⓑ, ⓓ　　　　　⑤ ㉢ : ⓒ, ⓔ

실전 문항 10 ●·····

13. 〈보기〉의 1가지 조건으로 적절하지 <u>않은</u> 것은? [2019학년도 6월]

─────── 〈 보 기 〉 ───────

'한글 맞춤법'에 따르면, 사이시옷은 아래의 조건 ⓐ~ⓓ가 모두 만족되어야 표기된다. 단, '곳간, 셋방, 숫자, 찻간, 툇간, 횟수'는 예외이다.

○ **사이시옷 표기에 고려되는 조건**
　ⓐ 단어 분류상 '합성 명사'일 것.
　ⓑ 결합하는 두 말의 어종이 다음 중 하나일 것.
　　• 고유어+고유어
　　• 고유어+한자어
　　• 한자어+고유어
　ⓒ 결합하는 두 말 중 앞말이 모음으로 끝날 것.
　ⓓ 두 말이 결합하며 발생하는 음운 현상이 다음 중 하나일 것.
　　• 앞말 끝소리에 'ㄴ' 소리가 덧남.
　　• 앞말 끝소리와 뒷말 첫소리에 각각 'ㄴ' 소리가 덧남.
　　• 뒷말 첫소리가 된소리로 바뀜.

㉠~㉤ 각각의 쌍은 위 조건 ⓐ~ⓓ 중 1가지 조건만 차이가 나서 사이시옷 표기 여부가 갈린 예이다.

	사이시옷이 없는 단어	사이시옷이 있는 단어
㉠	도매가격 [도매까격]	도맷값 [도매깝]
㉡	전세방 [전세빵]	아랫방 [아래빵]
㉢	버섯국 [버섣꾹]	조갯국 [조개꾹]
㉣	인사말 [인사말]	존댓말 [존댄말]
㉤	나무껍질 [나무껍질]	나뭇가지 [나무까지]

① ㉠ : ⓐ　　　② ㉡ : ⓑ　　　③ ㉢ : ⓒ

④ ㉣ : ⓓ　　　⑤ ㉤ : ⓓ

실전 문항 11

15. 〈보기〉의 ㉠~㉤의 예로 적절하지 않은 것은? [3점] [2019학년도 6월]

— 〈 보 기 〉 ———

선어말 어미 '-더-'는 시간 표현, 주어의 인칭, 용언의 품사, 문장 종결 표현 등과 다양하게 관련을 맺는다.

예컨대 '아까 달력을 보니 내일이 언니 생일이더라.'와 같이 ㉠새삼스럽거나 새롭게 알게 된 내용이 비록 미래의 일이라도 그것을 안 시점이 과거이면 '-더-'가 쓰일 수 있다. 또한 '-더-'가 쓰인 문장에는 특정 인칭의 주어만 나타나는 경우가 있다. 가령, ㉡본인만이 직접 느껴 알 수 있는 감정이나 감각을 표현하는 형용사가 서술어일 때, 평서문에는 1인칭 주어만이 '-더-'와 함께 쓰인다. ㉢이 경우, 의문문에는 2인칭 주어만이 '-더-'와 함께 쓰인다. 단, ㉣이때도 수사 의문문에는 '-더-'와 함께 1인칭 주어가 나타날 수 있다. 한편, '꿈에서 내가 하늘을 날더라.'처럼 ㉤꿈속의 일이나 무의식중에 일어난 일을 말할 때, 화자가 자신의 행동이나 상태를 타인이 관찰하듯이 진술할 경우 '-더-'가 1인칭 주어와 쓰일 수 있다.

① ㉠ : 아까 수첩을 보니 다음 주에 약속이 있더라.
② ㉡ : 나는 그의 합격이 놀랍더라.
③ ㉢ : 영수야, 넌 내가 그리 말했는데도 안 믿더냐?
④ ㉣ : 기어이 우승한 그날, 우리 어찌 아니 기쁘더냐?
⑤ ㉤ : 내가 어제 마신 약은 생각보다 안 쓰더라.

14. <보기>의 ㉠과 ㉡에 들어갈 말로 바르게 짝지어진 것은? [2019학년도 9월]

─────────< 보 기 >─────────

중세 국어에서는 객체를 높이기 위해 선어말 어미를 사용했는데, 이 선어말 어미는 음운 조건에 따라 다음과 같이 다양한 형태로 실현되었다.

어간 말음 조건	형태	용례
'ㄱ, ㅂ, ㅅ, ㅎ'일 때	-습-	돕습고
'ㄷ, ㅈ, ㅊ'일 때	-줍-	묻줍고
모음이나 'ㄴ, ㅁ, ㄹ'일 때	-숩-	보숩고

객체 높임 선어말 어미 뒤에 모음으로 시작하는 어미가 오면, 객체 높임 선어말 어미는 '-_-, -_-, -_-'으로 실현되었다.

* 아래 문장에서 객체 높임의 대상은 (㉠   )이다.
  – 王(왕)이 부텻긔 더욱 敬信(경신)혼 ᄆᆞᅀᆞᄆᆞᆯ 내ᅀᆞᄫᅡ
[왕이 부처께 더욱 공경하고 믿는 마음을 내어]
* 어간 '듣-'과 어미 '-ᄋᆞ며' 사이에 객체 높임 선어말 어미가 결합하면 다음과 같이 활용했다.
– 내 아래브터 부텻긔 이런 마ᄅᆞᆯ 몯 (㉡   )
[내가 예전부터 부처께 이런 말을 못 들으며]

	㉠	㉡
①	王(왕)	듣ᄌᆞᄫᅳ며
②	王(왕)	듣ᄉᆞᄫᅳ며
③	부텨	듣ᄌᆞᄫᅳ며
④	부텨	듣ᄌᆞᄫᅳ며
⑤	ᄆᆞᅀᆞᆷ	듣ᄉᆞᄫᅳ며

실전 문항 13

14. 〈보기〉의 ⓐ~ⓓ에 들어갈 말을 올바르게 짝지은 것은? [3점] [2017학년도 9월]

〈 보 기 〉

ⓐ 영희 어머니께서는 "네 동생은 착해."라고 말씀하셨다.
ⓑ 영희 어머니께서는 내 동생이 착하다고 말씀하셨다.

⊙은 영희 어머니의 발화를 그대로 옮긴 직접 인용이고, ⊙은 영희 어머니의 발화를 풀어 쓴 간접 인용이다. 그런데 직접 인용을 간접 인용으로 바꿀 때나 간접 인용을 직접 인용으로 바꿀 때는 인용절 속의 어미, 인용 조사, 대명사, 지시 표현, 높임 표현 등에 변화가 생길 수 있다.

직접 인용	아들이 어제 저에게 "내일 사무실에 계십시오."라고 말했습니다.

⇩

간접 인용	아들이 어제 저에게 (ⓐ) 사무실에 (ⓑ) 말했습니다.

직접 인용	언니는 어제 "나의 휴대 전화에 메시지를 꼭 남겨라."라고 나에게 말했다.

⇩

간접 인용	언니는 어제 (ⓒ) 휴대 전화에 메시지를 꼭 (ⓓ) 나에게 말했다.

	ⓐ	ⓑ	ⓒ	ⓓ
①	오늘	있으라고	자기의	남기라고
②	어제	계시라고	자기의	남겨라고
③	오늘	있으라고	나의	남겨라고
④	오늘	계시라고	자기의	남겨라고
⑤	어제	계시라고	나의	남기라고

실전 문항 14

12. 〈보기〉의 (가), (나)를 중심으로 음운 변동을 이해한 내용으로 적절한 것은? [3점]

[2017학년도 수능]

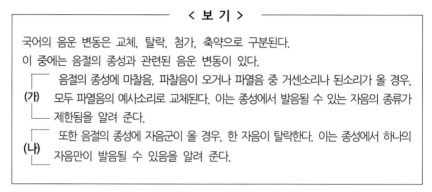

─────────── 〈 보 기 〉 ───────────

국어의 음운 변동은 교체, 탈락, 첨가, 축약으로 구분된다.
이 중에는 음절의 종성과 관련된 음운 변동이 있다.

(가) ┌─ 음절의 종성에 마찰음, 파찰음이 오거나 파열음 중 거센소리나 된소리가 올 경우,
      모두 파열음의 예사소리로 교체된다. 이는 종성에서 발음될 수 있는 자음의 종류가
      └─ 제한됨을 알려 준다.

(나) ┌─ 또한 음절의 종성에 자음군이 올 경우, 한 자음이 탈락한다. 이는 종성에서 하나의
      └─ 자음만이 발음될 수 있음을 알려 준다.

① '꽂힌 [꼬친]'에는 (가)에 해당하는 음운 변동이 있다.

② '몫이 [목씨]'에는 (나)에 해당하는 음운 변동이 있다.

③ '비옷 [비올]'에는 (나)에 해당하는 음운 변동이 있다.

④ '않고[안코]'에는 (가), (나) 모두에 해당하는 음운 변동이 있다.

⑤ '읊고[읍꼬]'에는 (가), (나) 모두에 해당하는 음운 변동이 있다.

실전 문항 15

13. 〈보기〉의 ㉠, ㉡에 해당하는 예로 적절하지 <u>않은</u> 것은? [2016학년도 6월 A형]

> ─── 〈 보 기 〉 ───
>
> 단어는 다양한 맥락에서 사용되면서 ㉠중심적 의미가 ㉡주변적 의미로 확장되어 다의 관계를 이루기도 한다. 일례로 자연과 관련된 단어가 자연물이나 자연현상을 그대로 나타내는 중심적 의미로 쓰이다가 비유적으로 확장되어 주변적 의미로 사용되기도 한다.
>
> (가) 여름이 오기 전에 홍수를 대비한다.
> (나) 우리는 정보의 홍수 시대에 살고 있다.
>
> (가)의 '홍수'는 중심적 의미로, (나)의 '홍수'는 주변적 의미로 사용되었다.

① ㉠ : 천체 망원경으로 밤하늘의 별을 관찰했다.
　㉡ : 어제 물리학계의 큰 별이 졌다.
② ㉠ : 천둥과 <u>번개</u>를 동반한 비가 내렸다.
　㉡ : 그는 도망가는 데만큼은 정말 <u>번개</u>야.
③ ㉠ : 그는 자신의 <u>뿌리</u>를 찾고자 노력한다.
　㉡ : 잡초가 다시 자라지 않도록 <u>뿌리</u>를 뽑았다.
④ ㉠ : 일출을 기다리는 우리 앞에 붉은 <u>태양</u>이 떠올랐다.
　㉡ : 그녀는 그가 자기 마음의 <u>태양</u>이라고 말했다.
⑤ ㉠ : 들판에는 풀잎마다 <u>이슬</u>이 맺혔다.
　㉡ : 그녀의 두 눈에 맺힌 <u>이슬</u>이 뜨겁게 흘러내렸다.

실전 문항 16

11. <보기>의 ㉠~㉤의 밑줄 친 부분과 동일한 음운 변동이 일어난 예가 모두 바르게 제시된 것은? **[3점]** [2016학년도 9월 A형]

< 보 기 >

국어에는 거센소리되기, 자음군 단순화, 된소리되기, 비음화, 유음화 등의 음운 변동이 있다.

㉠ 내가 좋아하는 음식은 밥하고[바파고] 떡이다.
㉡ 옷에 흙까지[흑까지] 묻히고 시내를 쏘다녔다.
㉢ 우리는 손을 잡고[잡꼬] 마냥 즐거워하였다.
㉣ 그는 고전 음악을 즐겨 듣는대[든는다].
㉤ 칼날[칼랄]에 다치지 않도록 조심하여야 한다.

---

① ㉠의 예 : 먹히다, 목걸이
② ㉡의 예 : 값싸다, 닭똥
③ ㉢의 예 : 굳세다, 솜이불
④ ㉣의 예 : 겁내다, 맨입
⑤ ㉤의 예 : 잡히다, 설날

실전 문항 17

12. 밑줄 친 부분이 〈보기〉의 ㉠에 해당하지 <u>않는</u> 것은? [2016학년도 9월 A형]

< 보 기 >

동사의 어간에 연결 어미 '-(으)며'가 결합할 때, ㉠ <u>앞 문장과 뒤 문장의 주어가 서로 같고, '-(으)며'를 연결 어미 '-(으)면서'로 바꾸어 쓸 수 있는 경우에 '-(으)며'는 앞뒤 문장의 동작이 동시에 일어남을 나타낸다.</u>

예 철수가 음악을 듣는다. + 철수가 커피를 마신다.
→ 철수가 음악을 들으며(들으면서) 커피를 마신다.

---

① 우리는 함께 걸으며 희망에 대해 이야기했다.
② 모두들 음정에 주의하며 노래를 제대로 부르자.
③ 아는 사람 하나가 미소를 지으며 내게 다가왔다.
④ 마라톤 선수가 가쁜 숨을 몰아쉬며 결승선을 통과했다.
⑤ 출근할 때, 일부는 버스를 이용하며 일부는 지하철을 이용한다.

13. 밑줄 친 부분이 〈보기〉의 ㉠에 해당하지 않는 것은? [2016학년도 9월 A형]

< 보 기 >

국어에서는 의존 명사가 수량을 표현하는 말 뒤에 쓰여 수효나 분량 따위의 단위를 나타내는 경우가 일반적이지만, ㉠자립 명사가 단위를 나타내는 경우도 있다. 예를 들어 '사람'은 자립 명사로 쓰이기도 하지만 수량을 표현하는 말 뒤에 쓰여 사람을 세는 단위를 나타낼 수도 있다.

- 의존 명사: 그 아이는 올해 아홉 살이다.
- 자립 명사: 그는 <u>사람</u>을 부리는 재주가 있다.
- 자립 명사가 단위를 나타내는 경우: 친구 다섯 <u>사람</u>과 함께 도서관에 갔다.

① 이 글에는 여러 <u>군데</u> 잘못이 있다.
② 앉은자리에서 밥 두 <u>그릇</u>을 다 먹었다.
③ 시장에서 수박 세 <u>덩어리</u>를 사 가지고 왔다.
④ 할아버지께서는 밥을 몇 <u>숟가락</u> 겨우 뜨셨다.
⑤ 나는 서너 <u>발자국</u> 뒤로 물러서다가 냅다 도망쳤다.

실전 문항 19

15. 밑줄 친 부분이 〈보기〉의 ㉠에 해당하는 예로 적절하지 않은 것은?

[2016학년도 9월 A형]

〈 보 기 〉

일반적으로 의문문은 화자가 청자에게 질문에 대한 대답을 요청하는 문장인데, 화자가 청자에게 행동을 요청할 때 쓰이기도 한다. 청유문은 화자가 청자에게 함께 행동할 것을 요청하는 문장이다. 그러므로 이 문장 유형들은 ㉠화자가 청자에게 요청을 할 때 쓰이는 것이라는 점에서 공통적이다.

---

① A : <u>괜찮다면, 우리 여기서 잠깐 기다릴래요?</u>
　 B : 좋아요. 10분만 더 기다려요.

② A : 다친 곳은 어떤가? <u>한번 보세.</u>
　 B : 보시다시피 많이 좋아졌습니다.

③ A : 저기요. <u>먼저 좀 내립시다.</u>
　 B : 아, 예. 저도 여기서 내려요.

④ A : <u>저 혹시, 모자를 벗어 주실 수 있을까요?</u>
　 B : 제가 방해가 되었군요. 미안합니다.

⑤ A : <u>어디 보자.</u> 내가 다 챙겼나?
　 B : 거기서 혼자 뭐 해요. 빨리 나와요.

실전 문항 20

11. 〈보기〉의 표준 발음법을 바르게 적용한 것은? [2016학년도 9월 B형]

< 보 기 >

㉠ 받침 'ㄷ, ㅌ'이 조사의 모음 'ㅣ'와 결합되는 경우에는, [ㅈ, ㅊ]으로 바꾸어서 뒤 음절 첫소리로 옮겨 발음한다.

[예] 밭이[바치]

㉡ 받침 'ㄷ, ㅌ(ㄾ)'이 접미사의 모음 'ㅣ'와 결합되는 경우에는, [ㅈ, ㅊ]으로 바꾸어서 뒤 음절 첫소리로 옮겨 발음한다.

[예] 미닫이[미다지]

㉢ 받침 'ㄷ' 뒤에 접미사 '히'가 결합되어 '티'를 이루는 것은 [치]로 발음한다.

[예] 묻히다[무치다]

---

① '같이 걷다'의 '같이'는 ㉠에 따라 'ㅌ'을 [ㅊ]으로 바꿔 [가치]로 발음해야겠군.

② '솥이나 냄비를 준비하다'의 '솥이나'는 ㉠에 따라 'ㅌ'을 [ㅊ]으로 바꿔 [소치나]로 발음해야겠군.

③ '그것은 팥이다'의 '팥이다'는 ㉡에 따라 'ㅌ'을 [ㅊ]으로 바꿔 [파치다]로 발음해야겠군.

④ '자전거에 받히다'의 '받히다'는 ㉡에 따라 '티'를 [치]로 바꿔 [바치다]로 발음해야겠군.

⑤ '우표를 붙이다'의 '붙이다'는 ㉢에 따라 '티'를 [치]로 바꿔 [부치다]로 발음해야겠군.

실전 문항 21

13. 〈보기〉의 @~ⓒ에 해당하는 예로 적절하지 <u>않은</u> 것은? [2016학년도 수능 A형]

─────── 〈 보 기 〉 ───────

보조 용언 구성 '–고 있–'은 크게 두 가지 의미를 지닌다.

(가) 민수는 지금 떡국을 먹고 있다.
(나) 선생님은 너를 믿고 있다.
(다) 지혜는 모자를 쓰고 있다.

(가)에서처럼 @ '어떤 동작이 진행되고 있음'을 나타내기도 하고, (나)에서처럼 ⓑ '어떤 상태가 지속되고 있음'을 나타내기도 한다. (가)의 '–고 있–'은 '–는 중이–'로 교체하여도 @의 의미가 유지되지만, (나)의 '–고 있–'은 교체하면 부자연스러운 문장이 되거나 ⓑ의 의미가 유지되지 않는다. 한편 (가), (나)에서는 특정한 문맥이 주어지지 않아도 그 의미를 확정할 수 있는 데 반해, (다)에서는 문맥이 충분히 주어지지 않으면 '–고 있–'이 ⓒ두 가지 의미 모두로 해석될 수 있다.

① @ ┌A : 아빠 들어오실 때 형은 뭐 하고 있었니?
     └B : 형은 양치질을 하고 있었어요.
② ⓑ ┌A : 오빠가 너한테 화가 많이 났나 봐.
     └B : 오빠는 지금 날 오해하고 있는 것 같아.
③ ⓑ ┌A : 내일이 고모님 생신이라고 하네.
     └B : 아, 나 그거 이미 알고 있어.
④ ⓒ ┌A : 너 안경 잃어버렸다며? 괜찮아?
     └B : 눈이 아주 나쁘진 않아서 안경 벗고 있어도 괜찮아.
⑤ ⓒ ┌A : 저 중에 신입 사원이 누구야?
     └B : 저기에 있잖아. 넥타이를 매고 있네.

실전 문항 22

11. 〈보기〉에 따라 겹받침의 표준 발음에 대하여 단계별로 학습하였다. 각 예에 적용된 내용과 그 발음이 모두 바른 것은? **[3점]** [2016학년도 수능 B형]

〈 보 기 〉

ㅇ 겹받침이 모음으로 시작된 조사나 어미, 접미사와 결합되는 경우에는 뒤엣것만을 뒤 음절 첫소리로 옮겨 발음한다. 이 경우, 'ㅅ'은 [ㅆ]으로 발음한다. ·············ⓐ
ㅇ 겹받침 'ㄳ, ㄺ', 'ㄼ', 'ㅄ'은 어말 또는 자음 앞에서 각각[ㄱ, ㄹ, ㅂ]으로 발음한다. ···ⓑ

이 후에는 다음과 같이 발음한다.
• [ㄱ, ㅂ]은 'ㄴ, ㅁ' 앞에서 각각 [ㅇ, ㅁ]으로 발음한다. ·····················ⓒ
• [ㄱ, ㅂ] 뒤에 연결되는 'ㄱ, ㄷ, ㅂ, ㅅ, ㅈ'은 각각[ㄲ, ㄸ, ㅃ, ㅆ, ㅉ]으로 발음한다.
···ⓓ
• [ㄱ, ㅂ]은 'ㅎ'과 결합되는 경우, 두 음을 합쳐서 각각 [ㅋ, ㅍ]으로 발음한다. ······ⓔ

	예	적용내용	발음
①	여덟+이	ⓐ	[여더리]
②	몫+을	ⓐ	[목슬]
③	흙+만	ⓑ, ⓒ	[흑만]
④	값+까지	ⓑ, ⓓ	[갑까지]
⑤	닭+하고	ⓑ, ⓔ	[다카고]

실전 문항 23

12. 〈보기〉는 한글 맞춤법 제1항이 파생어와 합성어에 적용된 예를 찾아본 것이다. ㉠~㉤에 들어갈 예로 적절한 것은? [2016학년도 수능 B형]

──── 〈 보 기 〉 ────

제1항 한글 맞춤법은 표준어를 ⓐ 소리대로 적되, ⓑ 어법에 맞도록 함을 원칙으로 한다.

	파생어	합성어
ⓐ만 충족한 경우	㉠	㉡
ⓑ만 충족한 경우	㉢	㉣
ⓐ, ⓑ 모두 충족한 경우	㉤	줄자(줄+자), 눈물(눈+물)

① ㉠ : 이파리(잎+아리), 얼음(얼+음)

② ㉡ : 마소(말+소), 낮잠(낮+잠)

③ ㉢ : 웃음(웃+음), 바가지(박+아지)

④ ㉣ : 옷소매(옷+소매), 밥알(밥+알)

⑤ ㉤ : 꿈(꾸+ㅁ), 사랑니(사랑+이)

<보기> 문법 실전 문항 정답 풀이

실전 문항 1 .... 의존 명사와 조사의 띄어쓰기

각 문항의 <보기>
는 정답 찾기에 필
요한 부분만 제시
한다.
(전체 문항은 앞
페이지의 실전 문
항 참고)

15. <보기>의 [A]에 들어갈 말로 적절한 것만을 있는 대로 고른 것은?

[2021학년도 6월]

―――――― < 보 기 > ――――――

양로원에 가서 봉사 활동을 했습니다. 사실 그 시간에 ㉠ 봉사 보다는 게임을 하고 싶었습
니다. 그저 작은 일을 ㉡ 도울 뿐이었는데 ㉢ 너 밖에 없다며 행복해하시는 어르신들의
말씀을 들을 ㉣ 때 만큼은 마음이 뿌듯해졌습니다.

① ㉠의 '보다', ㉢의 '밖에'
② ㉡의 '뿐', ㉢의 '밖에'
③ ㉡의 '뿐', ㉣의 '만큼'
④ ㉠의 '보다', ㉡의 '뿐', ㉣의 '만큼'
⑤ ㉠의 '보다', ㉢의 '밖에', ㉣의 '만큼'

★정답⑤

[정답 찾기 3step]

step 1. 평가요소에 해당하는 문법 지식을 이해한다.

15. <보기>의 [A]에 들어갈 말로 적절한 것만을 있는 대로 고른 것은?
　　　　 <보기>요소　　　　평가요소　　　　　　　판단요소

☞ 평가요소인 [A], 즉 앞말에 붙여 써야 하는 경우를 <보기>를 통해 이해해야 한다.

※ 단어의 띄어쓰기: 각 단어는 띄어 쓰지만, 조사는 앞말에 붙여 씀

step 2. 이해한 문법 지식을 바탕으로 선택지의 평가요소를 분석하여 정답을 확인한다.

☞ ㉠~㉣이 앞말에 붙여 써야 하는 조사인지 판단해야 한다.

> * ㉠~㉣을 띄어 쓰는 경우
>
> - 보다: 어떤 수준에 비하여 한층 더.
> 예) 보다 높이 날아라.
> - 밖에: 명사 '밖'+조사 '에'의 결합
> 예) 밖에 나가자.
> - 만큼: 앞 내용에 상당한 수량이나 정도임
> 예) 노력한 만큼 대가를 얻는다.

㉠ <u>봉사 보다는</u>: 문맥을 살펴보았을 때, 봉사에 비해 게임을 더 하고 싶었다는 의미이므로 '~에 비해서'의 뜻을 가진 격조사이므로 붙여 써야 한다. [○]

㉡ <u>도울 뿐이었는데</u>: 문맥상 작은 일을 도울 따름이었다는 의미이므로 '다만 어떠하거나 어찌할 따름'의 뜻을 가진 의존 명사이다. 따라서 띄어 써야 한다. [X]

㉢ <u>너 밖에</u>: 문맥상 너 말고 다른 사람은 없다는 의미이므로 '그것 외에는'의 뜻을 가진 보조사이다. 따라서 붙여 써야 한다. [○]

㉣ <u>때 만큼은</u>: 문맥상 '만큼'은 '앞말과 비슷한 정도나 한도임'을 나타내는 격조사이다. 따라서 붙여 써야 한다. [○]

따라서 정답은 ⑤ ㉠의 '보다', ㉢의 '밖에', ㉣의 '만큼'이다.

step 3. step 2에서 정답을 찾지 못한 경우, 2차 정답 확인을 한다.

step 2에서 정답을 찾았으므로, step 3를 진행할 필요가 없다.

실전 문항 2

11. 〈보기〉의 ㉎에 들어갈 말로 적절한 것은? [2021학년도 9월]

< 보 기 >

선생님: 우리말의 반모음은 'j'도 있으니까 반모음 'j'로 교체되는 예도 있겠죠? 그럼 용언 어간의 단모음이 '-아/어'로 시작하는 어미와 결합할 때 반모음 'j'로 교체되는 예를 들어 볼까요?

학생: 네, ㉎ 로 발음되는 예를 들 수 있어요.

---

① 어간 '뛰-'와 어미 '-어'가 결합해 [뛰여]
② 어간 '차-'와 어미 '-아도'가 결합해 [차도]
③ 어간 '잠그-'와 어미 '-아'가 결합해 [잠가]
④ 어간 '견디-'와 어미 '-어서'가 결합해 [견뎌서]
⑤ 어간 '키우-'와 어미 '-어라'가 결합해 [키워라]

★정답 ④

[정답 찾기 3step]

step 1. 평가요소에 해당하는 문법 지식을 이해한다.

11. 〈보기〉의 ㉎에 들어갈 말로 적절한 것은?

　　〈보기〉요소　　　평가요소　　　판단요소

☞ 평가요소가 ㉎에 들어갈 말, 즉 용언 어간의 단모음이 '-아/어'로 시작하는 어미와 결합할 때 반모음 'j'로 교체되는 예이므로 〈보기〉에서 해당 내용을 이해해야 한다.

※ 반모음화
– '용언 어간+어미'의 결합에서 어간 끝 단모음이 반모음으로 교체되는 현상
– 용언 어간의 단모음+어미의 단모음 → 어간 반모음+어미 단모음 → 이중모음
　'오-' + '-아' → 반모음 'w' + '-아' → '와'
　용언 어간　어미　　　　　　　　　　　　이중모음

> * 모음의 종류
>
> - 단모음: 발음할 때 입 모양이 바뀌지 않는 모음
> - 반모음: 모음과 같이 발음하지만 음절을 이루지 못하는 짧은 모음
> - 이중모음: 발음할 때 입 모양이 바뀌는 모음. 반모음+단모음

step 2. 이해한 문법 지식을 바탕으로 선택지의 평가요소를 분석하여 정답을
확인한다.

☞ 어간의 단모음이 반모음 'j'로 교체되는 사례를 찾아야 한다.

① '뛰-' + '-어' = [뛰여]
→ [뛰여]는 '뛰이어'이므로 반모음 'j'가 첨가된 사례이다. [X]

② '차-' + '-아도' = [차도]
→ 단모음 '아'가 탈락되어 [차도]로 발음되고 있다. [X]

③ '잠그-' + '-아' = [잠가]
→ 단모음 '으'가 탈락되어 [잠가]로 발음되고 있다. [X]

④ '견디-' + '-어서' = [견뎌서]
→ '디'와 '어'가 결합되어 '뎌'로 발음되고 있으므로 용언 어간의 단모음 'ㅣ'가 반모음 'j'로 교체된
사례이다. [○]

- step 2에서 정답을
찾았으므로, step 3
는 생략한다.

⑤ '키우-' + '-어라' = [키워라]
→ 단모음 '우'와 '어'가 결합되어 '워'로 발음되고 있으므로 용언 어간의 단모음 '우'가 반모음 'w'
로 교체된 사례이다. [X]

발칙한 생각

학교에서 배우는 문법 이론이 바뀐다??

학교에서 배우는 이른바 '학교 문법'은 학교 교육 테두리 안에서 통용되는 이론으로, 기술(이
론) 문법 중 학교에서 배울 만한 문법적 지식을 따로 정리한 것이다. 따라서 어디까지를 학교
문법으로 허용하느냐에 따라 학교에서 배우는 문법 이론이 달라질 수 있다.
위 문항의 반모음화도 '모음 축약으로 보아야 하는 것이 아닌가?'라는 논란이 있을 수 있다.
기출 문제를 통해 살펴보자.

11. 다음의 @에 해당하는 것을 ㉠~㉣ 중에서 고른 것은? [2015학년도 수능]

[모음의 변동]

단모음으로 끝나는 어간과 단모음으로 시작하는 어미가 결합하면 모음의 변동이 자주 일어난다. 모음 변동의 결과 두 개의 단모음 중 하나가 없어지기도 하고, @두 개의 단모음이 합쳐져 이중 모음이 되기도 하며, 단모음 사이에 반모음이 첨가되기도 한다.

[모음 변동의 사례]

㉠ 기+어 → [기여]
㉡ 살피+어 → [살펴]
㉢ 배우+어 → [배워]
㉣ 나서+어 → [나서]

① ㉠, ㉡   ② ㉠, ㉢   ③ ㉡, ㉢
④ ㉡, ㉣   ⑤ ㉢, ㉣

★정답 ③

실제 2015학년도 수능 기출 문제를 보면, '기+어 → [기여]'를 두 개의 단모음이 합쳐진다고 하여 모음 축약으로 보고 있다. 그러나 최근의 모의 평가 기출 문제는 사정이 다르다.

[11] 다음을 읽고 물음에 답하시오. [2020학년도 2학년 3월]

반모음과 관련된 대표적인 음운 현상으로 '반모음 첨가'와 '반모음화'가 있다. 현대 국어에서 반모음 첨가는 모음으로 끝나는 형태소 뒤에 모음으로 시작하는 형태소가 올 때 일어난다. 어간 '피-'에 어미 '-어'가 결합할 때 '피어'가 [피여]로 소리 나는 경우가 대표적인데 이때 어미에는 'ㅣ'계 반모음인 'j'가 첨가된다. 어미 '-어'에 'j'가 첨가되어 '되여[되여]', '쥐어[쥐여]'로 발음되는 경우도 마찬가지이다. 이렇게 어간이 'ㅣ, ㅚ, ㅟ'로 끝날 때 어미에 반모음 'j'가 첨가되어 발음되는 경우는 표준 발음으로 인정되지만 표기할 때는 음운 변동이 일어나지 않은 형태로 해야 한다.

한편 '피어'는 [펴ː]로 발음되기도 한다. '피+어 → [펴ː]'의 경우처럼 두 개의 단모음이 나란히 놓일 때 하나의 단모음이 반모음으로 교체되는 음운 현상을 반모음화라고 부른다. 반모음화는 반모음과 성질이 비슷한 단모음에 적용되는 것으로, [펴ː]의 경우 단모음 'ㅣ'가 소리가 유사한 반모음 'j'로 교체된 것이다. [펴ː]와 같이 반모음화가 일어난 경우도 규범상 표준 발음으로 인정된다.

15세기 국어 자료에서도 반모음 첨가나 반모음화가 일어난 것으로 추정되는 흔적을 찾을 수 있다. 15세기에는 표음적 표기를 지향했기 때문에 문헌의 표기 상태를 통해 당시의 음운 현상을 추론할 수 있는데, 15세기 국어 자료에서 반모음 첨가나 반모음화가 일어난 것으로 보이는 표기들이 관찰되는 것이다. 어간 '쉬-'에 어미 '-어'가 결합할 때 '쉬여'로 표기된 사례나 어간 '흐리-'에 어미 '-어'가 결합할 때 '흐리여'로 표기된 것은 반모음 첨가가 일어난 사례로 생각된다. 여기서 '쉬여'는 현대 국어의 [피여]와는 다른 음운 환경에서 반모음 첨가가 일어난 것인데, 15세기에는 'ㅟ' 표기가 'ㅜ'와 'j'가 결합한 이중 모음을 나타냈을 것으로 추정되기 때문이다. 'ㅐ, ㅔ, ㅚ, ㅢ'가 이중 모음을 나타낸 것이라고 할 경우 반모음 'j' 뒤에서 일어난 반모음 첨가의 사례인 것이다. 또한 15세기 국어에서 체언 '바' 뒤에 주격 조사 '이'가 붙을 때 '배'로 표기된 사례도 반모음화로 설명할 수 있다.

11. 윗글에 대한 이해로 적절하지 <u>않은</u> 것은?

① 현대 국어에서 '피어'를 [펴ː]로 발음하는 것은 표준 발음으로 인정된다.

② 현대 국어에서 [펴ː]로 발음할 때는 어간의 단모음이 반모음으로 교체된다.

③ 현대 국어에서 '피어'에 반모음 첨가가 일어나도 '피여'라고 적는 것은 허용되지 않는다.

④ 15세기 국어의 'ㅚ' 표기는 단모음 'ㅗ'와 반모음 'j'가 결합한 이중 모음을 나타냈을 것으로 추정된다.

⑤ 15세기 국어의 체언 '바'에 주격 조사 '이'가 붙어 '배'로 표기된 사례에서는 체언의 단모음이 반모음으로 교체되었을 것으로 추정된다.

★정답 ⑤

위 문항의 지문에서는 '두 개의 단모음이 나란히 놓일 때 하나의 단모음이 반모음으로 교체되는 음운 현상을 반모음화라고 부른다.'라고 명시하고 있다. 그렇다면, 같은 현상을 예전에는 '모음 축약(축약)', 최근에는 '반모음화(교체)'로 설명하고 있다는 것인데 수험생들은 어떻게 공부해야 할까? 해결 방법은 간단하다. 두 이론에 대해 모두 이해하고 있다가, 지문 또는 〈보기〉에서 설명하는 대로 문항의 정답을 찾으면 된다. 이렇게 논란의 여지가 있는 문법 이론은 반드시 지문 또는 〈보기〉에서 이론을 설명한다. 따라서 제시된 설명의 관점에 따라 문항을 풀면 간단히 해결할 수 있다.

15. 〈보기〉의 ㉠과 ㉡에 들어갈 말로 적절한 것은? [2021학년도 수능]

─────────── 〈 보 기 〉 ───────────

(가)

체언의 끝소리	조사의 형태	예
자음	이라	지비라[집이다]
단모음 '이'나 반모음 'ㅣ'	∅라	ㅅㅣ라[ㅅㅣ(사이)이다] 불휘라[불휘(뿌리)이다]
그 밖의 모음	ㅣ라	견치라[견츠(까닭)이다] 곡되라[곡도(꼭두각시)이다]

(나) 今(금)은 <u>이제라</u>[이제이다], 下(하)ᄂᆞᆫ <u>아래라</u>[아래이다]

학생: (가)의 ☐㉠☐ 에서처럼 (나)의 '이제'와 '아래'가 ☐㉡☐ 형태의 조사를 취하는 것을 보니 'ㅔ', 'ㅐ'가 반모음 'ㅣ'로 끝나는 이중 모음이었음을 알 수 있어요.

────────────────────────────

	㉠	㉡
①	지비라	이라
②	ㅅㅣ라	∅라
③	불휘라	∅라
④	견치라	ㅣ라
⑤	곡되라	ㅣ라

★정답 ③

[정답 찾기 3step]

step 1. 평가요소에 해당하는 문법 지식을 이해한다.

15. 〈보기〉의 ㉠과 ㉡에 들어갈 말로 적절한 것은?

〈보기〉요소   평가요소   판단요소

☞ 평가요소가 ㉠과 ㉡에 들어갈 말, 즉 중세 국어 조사의 형태이므로 〈보기〉를 통해 이 내용을 이해해야 한다.

step 2. 이해한 문법 지식을 바탕으로 선택지의 평가요소를 분석하여 정답을 확인한다.

☞ ㉠과 ㉡에 들어갈 말을 찾아야 한다.

· 今(금)은 <u>이제라</u>[이제이다] → 이제+∅라
· 下(하)는 <u>아래라</u>[아래이다] → 아래+∅라

따라서 '∅라'가 결합한 예시인 '스싀라', '불휘라' 중 반모음 'ㅣ'로 끝나는 이중 모음이 어느 것인지 확인해야 한다.

· 스싀라 → 스싀+∅라(체언의 끝소리가 단모음 '이')
· 불휘라 → 불휘+∅라(체언의 끝소리가 반모음 'ㅣ')

㉠에는 '불휘라', ㉡에는 '∅라'가 들어가야 하므로 정답은 ③이다.

실전 문항 4

15. <보기>의 ㉠, ㉡에 해당하는 예끼리 묶인 것으로 적절한 것은? [3점]

[2020학년도 6월]

─── < 보 기 > ───

[학습 활동]
다음은 국어사전의 일부이다. 제시된 단어의 의미에 유의하여 각각의 피동사와 사동사가
포함된 예를 들어 보자.

갈다¹ 图 〖…을 …으로〗 ②어떤 직책에 있는 사람을 다른 사람으로 바꾸다.
깎다 图1 〖…을〗 ③값이나 금액을 낮추어서 줄이다.
묻다¹ 图 〖…에〗 ①가루, 풀, 물 따위가 그보다 큰 다른 물체에 들러붙거나 흔적
　　　　　　　　 이 남게 되다.
물다₂ 图1 〖…을〗 ②윗니와 아랫니 사이에 끼운 상태로 상처가 날 만큼 세게
　　　　　　　　 누르다.
쓸다₂ 图 〖…〗 ①비로 쓰레기 따위를 밀어내거나 한데 모아서 버리다.

피동문	사동문
㉠	㉡

① ┌ ㉠ : 학생회 임원이 새 친구로 갈렸다.
　└ ㉡ : 삼촌이 형에게 그 텃밭을 갈렸다.

② ┌ ㉠ : 용돈이 이달에 만 원이나 깎였다.
　└ ㉡ : 나는 저번 실수로 점수를 깎였다.

③ ┌ ㉠ : 내 친구는 가래떡에 꿀만 묻혔다.
　└ ㉡ : 누나는 붓에 먹물을 듬뿍 묻혔다.

④ ┌ ㉠ : 아빠가 아이 입에 사탕을 물렸다.
　└ ㉡ : 큰형이 동네 개에게 발을 물렸다.

⑤ ┌ ㉠ : 큰 마당의 눈이 빗자루에 쓸렸다.
　└ ㉡ : 내 동생에게 거실 바닥만 쓸렸다.

★정답 ⑤

[정답 찾기 3step]

step 1. 평가요소에 해당하는 문법 지식을 이해한다.

15. 〈보기〉의 ㉠, ㉡에 해당하는 예끼리 묶인 것으로 적절한 것은?

〈보기〉요소   평가요소   판단요소

☞ 평가요소인 피동문과 사동문을 〈보기〉를 통해 이해해야 한다.

※ '쓰이다'와 '쓰다'
– '쓰이다': 피동사, 사동사 둘 다 가능
– '쓰다': 동음이의어, 다의어

- 피동 표현: 주어가 어떤 동작을 당하는 것
- 사동 표현: 주어가 다른 대상에게 어떤 동작이나 행동을 시키는 것
- 동음이의어: 소리는 같으나 뜻이 다른 단어
- 다의어: 여러 뜻을 가진 단어

step 2. 이해한 문법 지식을 바탕으로 선택지의 평가요소를 분석하여 정답을 확인한다.

* 피동과 사동의 구분

피동과 사동은 목적어의 유무로 구분할 수도 있다.

- 피동사: 자동사로 목적어 없음
- 사동사: 타동사로 목적어 없음

☞ 제시된 사전을 활용하여 밑줄 친 단어가 사동사, 피동사인지 판단해야 한다.

① ㉠ : 학생회 임원이 새 친구로 갈렸다.
→ 갈다1 ②의 의미이면서, 동작을 당하는 의미의 피동문이다. [O]

② ㉠ : 용돈이 이달에 만 원이나 깎였다.
→ 깎다① ③의 의미이면서, 동작을 당하는 의미의 피동문이다. [O]

③ ㉠ : 내 친구는 가래떡에 꿀만 묻혔다.
→ 묻다1 ①의 의미이면서, 주어인 '내 친구가' 꿀을 묻게 했으므로 사동문이다. [X]

④ ㉠ : 아빠가 아이 입에 사탕을 물렸다.
→ 물다2① ②의 의미이면서, 아빠가 아이에게 사탕을 물게 했으므로 사동문이다. [X]

⑤ ㉠ : 큰 마당의 눈이 빗자루에 쓸렸다.
→ 쓸다2 ①의 의미이면서, 눈이 동작을 당하는 의미의 피동문이다. [O]

step 3. step 2에서 정답을 찾지 못한 경우, 2차 정답 확인을 한다.

step 2에서 선택지 ③, ④가 오답임을 확인했기 때문에, ③, ④는 2차 정답 확인이 필요 없다.

① ㉡ : 삼촌이 형에게 그 텃밭을 갈렸다.
→ 삼촌이 형에게 시켰다는 의미의 사동문은 맞으나, ㉠처럼 갈다 ②의 의미로 쓰인 것이 아니다. [X]

② ㉡ : 나는 저번 실수로 점수를 깎였다.
→ 깎다① ③의 의미이면서, 동작을 당하는 의미의 피동문이다. [X]

⑤ ㉡ : 내 동생에게 거실 바닥만 쓸렸다.
→ 쓸다2 ①의 의미이면서, 동생에게 바닥을 쓸게 한다는 사동문이다. [O]

실전 문항 5

13. 〈보기〉의 ㉠~㉢에 들어갈 말로 적절한 것은? [2020학년도 6월]

> ─────────── 〈 보 기 〉 ───────────
>
> · 이 일후미 (　㉠　) [이 이름이 무엇인가?]
> · 네 엇뎨 아니 (　㉡　) [네가 어찌 안 가는가?]
> · 그듸는 보디 (　㉢　) [그대는 보지 않는가?]

	㉠	㉡	㉢
①	므스고	가느뇨	아니ᄒᆞᆫ다
②	므스고	가는다	아니ᄒᆞᆫ다
③	므스고	가느뇨	아니ᄒᆞᄂᆞ녀
④	므스가	가는다	아니ᄒᆞᆫ다
⑤	므스가	가느뇨	아니ᄒᆞᄂᆞ녀

★정답 ②

[정답 찾기 3step]

step 1. 평가요소에 해당하는 문법 지식을 이해한다.

13. 〈보기〉의 ㉠~㉢에 들어갈 말로 적절한 것은?

　　〈보기〉요소　　　　평가요소　　　　판단요소

☞ 평가요소가 ㉠~㉢에 들어갈 말, 즉 중세 국어 의문문에 쓰인 종결 어미와 보조사이므로 〈보기〉를 통해 이 내용을 이해해야 한다.

※ 중세 국어의 의문문 → 종류에 따라 종결 어미나 보조사가 달리 쓰임
－ 서술어가 용언일 때 － 판정 의문문 '－녀'
　　　　　　　　　　└ 설명 의문문 '－뇨'
－ 서술어가 체언+보조사일 때 － 판정 의문문 '가'
　　　　　　　　　　　└ 설명 의문문 '고'
－ 주어가 2인칭일 때 '－ㄴ다'

> *** 의문문의 종류**
> - 판정 의문문: '예, 아니요'의 대답을 요구하는 의문문
> - 설명 의문문: 상대방의 구체적인 설명을 요구하는 의문문

step 2. 이해한 문법 지식을 바탕으로 선택지의 평가요소를 분석하여 정답을 확인한다.

☞ ㉠~㉢에 어떠한 종결 어미와 보조사가 쓰여야 하는지 분석해야 한다.

· 이 일후미 (㉠) [이 이름이 무엇인가?]

　→ 서술어에 '무엇'이라는 체언이 결합한 설명 의문문이므로 '고'가 결합해야 한다.

· 네 엇뎨 아니 (㉡) [네가 어찌 안 가는가?]

　→ 주어가 2인칭이므로 '-ㄴ다'가 결합해야 한다.

· 그듸ᄂᆞ 보디 (㉢) [그대는 보지 않는가?]

　→ 주어가 2인칭이므로 '-ㄴ다'가 결합해야 한다.

㉠은 '고', ㉡과 ㉢은 '-ㄴ다'가 결합해야 하므로 정답은 ②이다.

---

tip 중세 국어 문항은 어떻게 접근하나요?

많은 학생들이 중세 국어 문항을 어려워한다. 우리에게 익숙하지 않기 때문이다. 그러나 이 사실을 출제자들도 알고 있다. 또한 출제자들이 원하는 것은 수험생들이 국어의 변천을 제대로 알고 있는지 파악하는 것이다. 따라서 중세 국어 문항에서는 항상 현대어 풀이를 덧붙인다.

수험생들은 중세 국어 문항을 접할 때, 이 현대어 풀이를 주의 깊게 보아야 한다. 제시된 중세 국어와 현대어 풀이가 어떻게 다른지를 파악하여 국어의 변천 과정을 파악하면 된다.

실전 문항 6

14. 〈보기〉의 ㉠과 ㉡을 모두 충족하는 예로 적절한 것은? [2020학년도 9월]

> **〈 보 기 〉**
>
> 그런데 ㉠어간이 3개 이상의 구성 요소로 이루어진 경우가 있다. 이때 ㉡직접 구성 요소가 먼저 어근과 어근으로 분석되면 합성어이고 어근과 접사로 분석되면 파생어이다. 예컨대 '밀어붙이다'는 직접 구성 요소가 먼저 어근과 어근으로 분석되므로 합성어이다.

① 밤새 거센 비바람이 내리쳤다.
② 책임을 남에게 떠넘기면 안 된다.
③ 차바퀴가 진흙 바닥에서 헛돌았다.
④ 거리에는 매일 많은 사람이 오간다.
⑤ 그들은 끊임없이 짓밟혀도 굴하지 않았다.

★정답 ②

[정답 찾기 3step]

step 1. 평가요소에 해당하는 문법 지식을 이해한다.

14. 〈보기〉의 ㉠과 ㉡을 모두 충족하는 예로 적절한 것은?

　　〈보기〉요소　　　　　　평가요소　　　　　　판단요소

☞ 평가요소인 ㉠과 ㉡을 〈보기〉에서 이해해야 한다.

※ 직접 구성 요소: 어떤 말을 둘로 나누었을 때 나누어진 두 요소

– 직접 구성 요소가 어근+어근일 때: 합성어
– 직접 구성 요소가 어근+접사일 때: 파생어
　　→ 어간이 3개 이상일 때도 동일하게 적용됨

step 2. 이해한 문법 지식을 바탕으로 선택지의 평가요소를 분석하여 정답을
확인한다.

☞ 밑줄 친 단어를 직접 구성 요소로 분석하여 3개 이상의 구성 요소로 이루어진 합성어를
찾아야 한다.

① 밤새 거센 비바람이 <u>내리쳤다</u>.
→ '내리(어근) + 치(어근)'이므로 구성 요소가 2개인 합성어이다. [X]

② 책임을 남에게 <u>떠넘기면</u> 안 된다.
→ '뜨(어근) + 넘기(어근)', '넘(어근) + 기(접사)'이므로 구성 요소가 3개이며, 직접 구성 요소가
먼저 어근과 어근으로 분석되는 합성어이다. 【○】

③ 차바퀴가 진흙 바닥에서 <u>헛돌았다</u>.
→ '헛(접사) + 돌(어근)'이므로 구성 요소가 2개인 파생어이다. [X]

④ 거리에는 매일 많은 사람이 <u>오간다</u>.
→ '오(어근) + 가(어근)'이므로 구성 요소가 2개인 합성어이다. [X]

⑤ 그들은 끊임없이 <u>짓밟혀도</u> 굴하지 않았다.
→ '짓(접사) + 밟히(어근)', '밟(어근) + 히(접사)'이므로 구성 요소가 3개이며, 직접 구성 요소가
먼저 접사와 어근으로 분석되는 파생어이다. [X]

실전 문항 7

15. 〈보기〉의 ㉠~㉤에 해당하는 문장으로 적절하지 <u>않은</u> 것은?

[2020학년도 9월]

〈 보 기 〉

㉠ 명사절을 안은 문장
㉡ 관형절을 안은 문장
㉢ 부사절을 안은 문장
㉣ 인용절을 안은 문장
㉤ 대등하게 이어진 문장

---

① ㉠ : 동생은 추운 날씨에도 얼음을 먹었다.
② ㉡ : 형은 얼음을 먹는 동생에게 불평을 했다.
③ ㉢ : 동생은 추위와 상관없이 얼음을 먹었다.
④ ㉣ : 형은 동생에게 날씨가 춥다고 불평을 했다.
⑤ ㉤ : 형은 물을 마셨지만 동생은 얼음을 먹었다.

★정답 ①

[정답 찾기 3step]

step 1. 평가요소에 해당하는 문법 지식을 이해한다.

15. 〈보기〉의 ㉠~㉤에 해당하는 문장으로 적절하지 <u>않은</u> 것은?

　〈보기〉요소　　　　　평가요소　　　　　판단요소

---

* 문장의 종류

- 홑문장: 주어와 서술어가 한 번만 나타난 문장
- 겹문장: 주어와 서술어가 두 번 이상 나타난 문장

☞ 평가요소가 ㉠~㉤, 즉 겹문장의 종류이므로 이에 대한 지식이 필요하다. 이 문항은 〈보기〉에 겹문장의 종류에 대한 설명이 없으므로, 자신의 배경지식을 동원해야 한다.

・이어진 문장: 두 문장이 나란히 놓여한 문장으로 이어진 문장
・안은 문장: 하나의 절이 전체 문장 속에 들어가 문장 성분 역할을 하는 경우

※ 겹문장의 종류

```
┌ 이어진 문장 ┌ 대등하게 이어진 문장
│              └ 종속적으로 이어진 문장
│
└ 안은 문장 ┌ 명사절을 안은 문장
            ├ 관형절을 안은 문장
            ├ 부사절을 안은 문장
            ├ 인용절을 안은 문장
            └ 서술절을 안은 문장
```

step 2. 이해한 문법 지식을 바탕으로 선택지의 평가요소를 분석하여 정답을 확인한다.

☞ 각각의 문장을 분석하여 ㉠~㉤ 중 어디에 해당하는지를 확인해야 한다.

① ㉠ : 동생은 <u>추운 날씨</u>에도 얼음을 먹었다.
  → '날씨가 춥다'는 문장이 큰 문장 속에 들어가 '날씨'를 꾸며 주므로 ㉡ 관형절을 안은 문장이다. [X]

② ㉡ : 형은 <u>얼음을 먹는</u> 동생에게 불평을 했다.
  → '동생은 얼음을 먹었다'는 문장이 큰 문장 속에 들어가 '동생'을 꾸며 주므로 ㉡ 관형절을 안은 문장이다. [O]

③ ㉢ : 동생은 <u>추위와 상관없이</u> 얼음을 먹었다.
  → '동생은 추위와 상관없다'는 문장이 큰 문장 속에 들어가 '먹었다'를 꾸며 주므로 ㉢ 부사절을 안은 문장이다. [O]

④ ㉣ : 형은 동생에게 <u>날씨가 춥다</u>고 불평을 했다.
  → '날씨가 춥다'는 문장이 큰 문장 속에 인용되고 있으므로 ㉣ 인용절을 안은 문장이다. [O]

⑤ ㉤ : 형은 물을 마셨지만 / 동생은 얼음을 먹었다.
  → '형은 물을 마셨다'와 '동생은 얼음을 먹었다'는 문장이 대등하게 이어진 문장이다. [O]

실전 문항 8

13. 〈보기〉의 [A]에 들어갈 말로 적절한 것은? [2020학년도 수능]

〈 보 기 〉

선생님: 이제 아래 단어들을 탐구해 봅시다.

> 밥상(밥+상), 집일(집+일), 의복함(의복+함),
> 국물(국+물), 화살(활+살)

학생: [A]

---

① '밥상[밥쌍]'에서의 [쌍]은 첨가의 결과이고, 음절 유형이 단일어인 '상[상]'과 달라졌어요.
② '집일[짐닐]'에서의 [닐]은 교체의 결과이고, 음절 유형 단일어인 '일[일]'과 달라졌어요.
③ '의복함[의보캄]'에서의 [캄]은 축약의 결과이고, 음절 유형이 단일어인 '함[함]'과 달라졌어요.
④ '국물[궁물]'에서의 [궁]은 교체의 결과이고, 음절 유형이 단일어인 '국[국]'과 같아요.
⑤ '화살[화살]'에서의 [화]는 탈락의 결과이고, 음절 유형이 단일어인 '활[활]'과 같아요.

★**정답 ④**

[정답 찾기 3step]

step 1. 평가요소에 해당하는 문법 지식을 이해한다.

13. 〈보기〉의 [A]에 들어갈 말로 적절한 것은?

    〈보기〉요소   평가요소   판단요소

☞ 평가요소인 [A]에 들어갈 말, 즉 음운의 변동으로 음절 유형이 바뀐다는 것을 〈보기〉를 통해 이해해야 한다.

※ 음절의 유형
– 모음
– 자음+모음
– 모음+자음

– 자음+모음+자음

※ 음운의 변동
– 교체: 한 음운이 다른 음운으로 바뀌는 현상
　　　　(음절 끝소리 규칙, 비음화, 유음화, 구개음화, 된소리되기, 반모음화)
– 탈락: 일정한 환경에 의해 음운이 사라지는 현상
　　　　(자음군 단순화, 자음 탈락, 모음 탈락)
– 축약: 두 개의 음운이 하나로 줄어드는 현상(자음축약, 모음축약)
– 첨가: 일정한 환경에서 새로운 한 음운이 추가되는 현상
　　　　('ㄴ' 첨가, 사잇소리 현상)

* <보기>에 제시된 내용만으로 문항을 해결할 수 없는 경우, 평가요소와 관련된 자신의 배경지식을 동원해야 한다.

step 2. 이해한 문법 지식을 바탕으로 선택지의 평가요소를 분석하여 정답을 확인한다.

☞ 어떤 음운 변동의 결과로 음절 유형이 어떻게 바뀌었는지를 확인해야 한다.

① '밥상[밥쌍]'에서의 [쌍]은 첨가의 결과이고, / 음절 유형이 단일어인 '상[상]'과 달라졌어요.　　　　　　　　　　　　　[X]
　→ 된소리되기 현상이므로 교체에 해당한다.

② '집일[짐닐]'에서의 [닐]은 교체의 결과이고, / 음절 유형 단일어인 '일[일]'과 달라졌어요.
　　　　　　　　　　　　　　　　[X]
　→ 'ㄴ'첨가 현상이다.

③ '의복함[의보캄]'에서의 [캄]은 축약의 결과이고, / 음절 유형이 단일어인 '함[함]'과 달라졌어요.　　　　　　　　　　　[O]
　→ 'ㄱ'과 'ㅎ'의 축약이다.

④ '국물[궁물]'에서의 [궁]은 교체의 결과이고, / 음절 유형이 단일어인 '국[국]'과 같아요.
　　　　　　　　　　　　　　　　[O]
　→ 비음화 현상이므로 교체에 해당한다.

⑤ '화살[화살]'에서의 [화]는 탈락의 결과이고, / 음절 유형이 단일어인 '활[활]'과 같아요.
　　　　　　　　　　　　　　　　[O]
　→ '활'에서 'ㄹ'이 탈락한 현상이다.

step 3. step 2에서 정답을 찾지 못한 경우, 2차 정답 확인을 한다.

③, ④, ⑤의 뒷부분만 확인하면 된다.

③ '의복함[의보캄]'에서의 [캄]은 축약의 결과이고, / 음절 유형이 단일어인 '함[함]'과 달라졌어요.   [X]

   → '④자음+모음+자음'으로 같다.

④ '국물[궁물]'에서의 [궁]은 교체의 결과이고, / 음절 유형이 단일어인 '국[국]'과 같아요.
                                                                [O]

    → '④자음+모음+자음'으로 같다.

⑤ '화살[화살]'에서의 [화]는 탈락의 결과이고, / 음절 유형이 단일어인 '활[활]'과 같아요.
                                                                [X]

    → '화'는 ②자음+모음, '활'은 ④자음+모음+자음이다.

실전 문항 9

15. 〈보기 1〉의 ㉠~㉢에 해당하는 예만을 〈보기 2〉에서 고른 것은? [2020학년도 수능]

─── < 보 기 1 > ───

· 자음 다음에는 '이'가 나타났다. ·· ㉠
· 모음 '이'나 반모음 'ㅣ' 다음에는 '∅(영형태)'로 실현되어, 나타나지 않았다. ······· ㉡
· 음운 조건에 관계없이 생략되기도 했다. ··· ㉢

─── < 보 기 2 > ───

ⓐ : 나리 져므러   [날이 저물어]
ⓑ : 太子 오ᄂᆞ다 드르시고   [태자 온다 들으시고]
ⓒ : 내해 ᄃᆞ리 업도다   [개천에 다리가 없도다]
ⓓ : 아ᄃᆞ리 孝道ᄒᆞ고   [아들이 효도하고]
ⓔ : 孔子ㅣ 드르시고   [공자가 들으시고]

① ㉠ : ⓐ, ⓓ   ② ㉠ : ⓐ, ⓔ   ③ ㉡ : ⓑ, ⓒ
④ ㉡ : ⓑ, ⓓ   ⑤ ㉢ : ⓒ, ⓔ

★정답 ①

[정답 찾기 3step]

step 1. 평가요소에 해당하는 문법 지식을 이해한다.

15. 〈보기 1〉의 ㉠~㉢에 해당하는 예만을 〈보기 2〉에서 고른 것은?

　　　〈보기〉요소　　　　　평가요소　　　　　판단요소

☞ 평가요소가 중세 국어 주격 조사의 쓰임이므로 이를 〈보기1〉에서 이해해야 한다.

※ 중세 국어의 주격 조사
— 자음 뒤: '이'

- 모음 '이', 반모음 'ㅣ' 뒤: ∅(영형태)
- 그 외의 모음 뒤: 'ㅣ'
- 생략되는 경우도 있음

step 2. 이해한 문법 지식을 바탕으로 선택지의 평가요소를 분석하여 정답을
        확인한다.

☞ 〈보기 2〉의 ⓐ~ⓔ에 어떤 주격 조사가 쓰였는지 확인해야 한다.

ⓐ : 나리 [날이] → 'ㄹ' 받침 뒤이므로 주격 조사는 '이'이다. ㉠
ⓑ : 太子 [태자] → '太子' 뒤의 주격 조사가 생략되었다. ㉢
ⓒ : ᄃ리 [다리가] → 모음 '이' 뒤이므로 '∅(영형태)'로 나타났다. ㉡
ⓓ : 아ᄃ리 [아들이] → 'ㄹ' 받침 뒤이므로 주격 조사는 '이'이다. ㉠
ⓔ : 孔子ㅣ [공자가] → 모음 '이' 이외의 모음이므로 주격 조사는 'ㅣ'이다.

실전 문항 10

13. 〈보기〉의 1가지 조건으로 적절하지 <u>않은</u> 것은? [2019학년도 6월]

〈 보 기 〉

○ **사이시옷 표기에 고려되는 조건**

ⓐ 단어 분류상 '합성 명사'일 것.

ⓑ 결합하는 두 말의 어종이 다음 중 하나일 것.
- 고유어+고유어
- 고유어+한자어
- 한자어+고유어

ⓒ 결합하는 두 말 중 앞말이 모음으로 끝날 것.

ⓓ 두 말이 결합하며 발생하는 음운 현상이 다음 중 하나일 것.
- 앞말 끝소리에 'ㄴ' 소리가 덧남.
- 앞말 끝소리와 뒷말 첫소리에 각각 'ㄴ' 소리가 덧남.
- 뒷말 첫소리가 된소리로 바뀜.

㉠~㉤ 각각의 쌍은 위 조건 ⓐ~ⓓ 중 1가지 조건 만 차이가 나서 사이시옷 표기 여부가 갈린 예이다.

	사이시옷이 없는 단어	사이시옷이 있는 단어
㉠	도매가격 [도매까격]	도맷값 [도매깝]
㉡	전세방 [전세빵]	아랫방 [아래방]
㉢	버섯국 [버섣꾹]	조갯국 [조개꾹]
㉣	인사말 [인사말]	존댓말 [존댄말]
㉤	나무껍질 [나무껍질]	나뭇가지 [나무까지]

---

① ㉠ : ⓐ   ② ㉡ : ⓑ   ③ ㉢ : ⓒ

④ ㉣ : ⓓ   ⑤ ㉤ : ⓓ

★정답 ①

[정답 찾기 3step]

step 1. 평가요소에 해당하는 문법 지식을 이해한다.

13. <보기>의 1가지 조건으로 적절하지 않은 것은?

　　　　<보기>요소　　평가요소　　　　판단요소

☞ 평가요소인 사이시옷 표기에 고려되는 조건을 정확하게 이해해야 한다.

※ **사이시옷:** 사잇소리 현상이 나타났을 때 쓰는 시옷
– 합성 명사에서
– 고유어+고유어, 고유어+한자어, 한자어+고유어의 결합에서
– 앞말이 모음으로 끝날 때
– 두 말이 결합하여 'ㄴ' 소리가 덧나거나 뒷말 첫소리가 된소리로 바뀔 때

step 2. 이해한 문법 지식을 바탕으로 선택지의 평가요소를 분석하여 정답을 확인한다.

☞ 각각의 사례가 어떤 조건에 속해 사이시옷을 표기하거나, 표기하지 않는지 분석해야 한다.

㉠ 도매가격 [도매까격]
　　→ '도매'+ '가격'이므로 합성명사(ⓐ), 앞말이 모음으로 끝나고(ⓒ), 뒷말 첫소리가 된소리로 바뀐
　　　다(ⓓ). 그러나 한자어+한자어 결합이므로 ⓑ조건에 맞지 않아 사이시옷이 표기되지 않는다.
　　　[X]

㉡ 전세방 [전세빵]
　　→ '전세'+ '방'이므로 합성명사(ⓐ), 앞말이 모음으로 끝나고(ⓒ), 뒷말 첫소리가 된소리로 바뀐다
　　　(ⓓ). 그러나 한자어+한자어 결합이므로 ⓑ조건에 맞지 않아 사이시옷이 표기되지 않았다. [○]

㉢ 버섯국 [버섣꾹]
　　→ '버섯'+ '국'이므로 합성명사(ⓐ), 고유어+고유어 결합(ⓑ), 뒷말 첫소리가 된소리로 바뀐다(ⓓ).
　　　그러나 앞말이 자음으로 끝나므로 ⓒ조건에 맞지 않아 사이시옷이 표기되지 않았다. [○]

② 인사말 [인사말]

　　→ '인사'＋ '말'이므로 합성명사(ⓐ), 한자어+고유어 결합(ⓑ), 앞말이 모음으로 끝난다(ⓒ). 그러나 ⓓ조건인 'ㄴ'소리가 덧나거나 된소리로 바뀌는 현상이 없으므로 사이시옷이 표기되지 않았다. [○]

⑩ 나무껍질 [나무껍질]

　　→ '나무'＋ '껍질'이므로 합성명사(ⓐ), 고유어+고유어 결합(ⓑ), 앞말이 모음으로 끝난다(ⓒ). 그러나 뒷말 첫소리에 이미 된소리가 있으므로 ⓓ조건에 맞지 않아 사이시옷이 표기되지 않았다. [○]

㉠은 ⓐ가 아닌 ⓑ조건에 맞지 않아 사이시옷이 표기되지 않았으므로 정답은 ①이다.

실전 문항 11 ●·····

15. 〈보기〉의 ㉠~㉤의 예로 적절하지 <u>않은</u> 것은? [3점] [2019학년도 6월]

─── 〈 보 기 〉 ───

㉠ 새삼스럽거나 새롭게 알게 된 내용이 비록 미래의 일이라도 그것을 안 시점이 과거이면 '-더-'가 쓰일 수 있다.
㉡ 본인만이 직접 느껴 알 수 있는 감정이나 감각을 표현하는 형용사가 서술어일 때, 평서문에는 1인칭 주어만이 '-더-'와 함께 쓰인다.
㉢ 이 경우, 의문문에는 2인칭 주어만이 '-더-'와 함께 쓰인다.
㉣ 이때도 수사 의문문에는 '-더-'와 함께 1인칭 주어가 나타날 수 있다.
㉤ 꿈속의 일이나 무의식중에 일어난 일을 말할 때, 화자가 자신의 행동이나 상태를 타인이 관찰하듯이 진술할 경우 '-더-'가 1인칭 주어와 쓰일 수 있다.

① ㉠ : 아까 수첩을 보니 다음 주에 약속이 있더라.
② ㉡ : 나는 그의 합격이 놀랍더라.
③ ㉢ : 영수야, 넌 내가 그리 말했는데도 안 믿더냐?
④ ㉣ : 기어이 우승한 그날, 우리 어찌 아니 기쁘더냐?
⑤ ㉤ : 내가 어제 마신 약은 생각보다 안 쓰더라.

★정답 ⑤

[정답 찾기 3step]

step 1. 평가요소에 해당하는 문법 지식을 이해한다.

15. 〈보기〉의 ㉠~㉤의 예로 적절하지 <u>않은</u> 것은?
　　〈보기〉요소　　평가요소　　　　판단요소

☞ 평가요소가 선어말 어미 '-더'의 쓰임이므로 〈보기〉를 통해 이해해야 한다.

※ 선어말 어미 '-더-'의 쓰임
– 미래의 일이라도 그것을 안 시점이 과거일 때
– 서술어가 감정이나 감각을 나타내는 형용사이고 주어가 1인칭인 평서문

– 서술어가 감정이나 감각을 나타내는 형용사이고 주어가 2인칭인 의문문
– 서술어가 감정이나 감각을 나타내는 형용사인 수사 의문문은 1인칭도 가능
– 자신의 일을 타인이 관찰하듯 진술한 경우

step 2. 이해한 문법 지식을 바탕으로 선택지의 평가요소를 분석하여 정답을
　　　　확인한다.

☞ 선어말 어미 '–더–'가 어떤 경우에 쓰였는가를 분석해야 한다.

① ㉠ : 아까 수첩을 보니 다음 주에 약속이 <u>있더라</u>. [○]
　　→ 미래의 일인 다음 주 약속을 안 시점이 아까(과거)이므로 ㉠의 예로 적절하다.

② ㉡ : 나는 그의 합격이 <u>놀랍더라</u>. [○]
　　→ 감정인 '놀랍다'가 서술어이고 주어가 1인칭인 평서문이므로 ㉡의 예로 적절하다.

③ ㉢ : 영수야, 넌 내가 그리 말했는데도 안 <u>믿더냐</u>? [○]
　　→ 감정인 '믿다'가 서술어이고 주어가 2칭인 의문문이므로 ㉢의 예로 적절하다.

④ ㉣ : 기어이 우승한 그날, 우리 어찌 아니 <u>기쁘더냐</u>? [○]
　　→ 감정인 '기쁘다'가 서술어이고 주어가 1인칭인 수사 의문문이므로 ㉣의 예로 적절하다.

⑤ ㉤ : 내가 어제 마신 약은 생각보다 안 <u>쓰더라</u>. [X]
　　→ 자신의 감각인 '쓰다'가 서술어이고 주어가 1인칭인 평서문이므로 ㉡의 예이다.

실전 문항 12

14. 〈보기〉의 ㉠과 ㉡에 들어갈 말로 바르게 짝지어진 것은?

[2019학년도 9월]

─── **〈 보 기 〉** ───

중세 국어에서는 객체를 높이기 위해 선어말 어미를 사용했는데, 이 선어말 어미는 음운 조건에 따라 다음과 같이 다양한 형태로 실현되었다.

어간 말음 조건	형태	용례
'ㄱ, ㅂ, ㅅ, ㅎ'일 때	-숩-	돕숩고
'ㄷ, ㅈ, ㅊ'일 때	-줍-	묻줍고
모음이나 'ㄴ, ㅁ, ㄹ'일 때	-숩-	보숩고

객체 높임 선어말 어미 뒤에 모음으로 시작하는 어미가 오면, 객체 높임 선어말 어미는 '-ᅀᆞᇦ-, -ᄌᆞᇦ-, -ᅀᆞᇦ-'으로 실현되었다.

· 아래 문장에서 객체 높임의 대상은 (㉠)이다.
– 王(왕)이 부텻긔 더옥 敬信(경신)ᄒᆞᆫ ᄆᆞᅀᆞᄆᆞᆯ 내ᅀᆞᄫᅡ
[왕이 부처께 더욱 공경하고 믿는 마음을 내어]
· 어간 '듣-'과 어미 '-ᄋᆞ며' 사이에 객체 높임 선어말 어미가 결합하면 다음과 같이 활용했다.
– 내 아래브터 부텻긔 이런 마를 몯 (㉡)
[내가 예전부터 부처께 이런 말을 못 들으며]

      ㉠   ㉡
① 王(왕)   듣ᄌᆞᄫᅥ며
② 王(왕)   듣ᅀᆞᄫᅥ며
③ 부텨   듣ᄌᆞᄫᅥ며
④ 부텨   듣ᄌᆞᄫᅥ며
⑤ ᄆᆞᅀᆞᆷ   듣ᅀᆞᄫᅥ며

★정답 ③

[정답 찾기 3step]

step 1. 평가요소에 해당하는 문법 지식을 이해한다.

* 객체 높임

- 문장의 목적어
  나 부사어의 대
  생(객체)을 높
  이는 표현

14. 〈보기〉의 ㉠과 ㉡에 들어갈 말로 바르게 짝지어진 것은?

<보기>요소   평가요소   판단요소

☞ 평가요소가 중세 국어의 객체 높임법이므로 〈보기〉에서 각 조건에 따른 객체 높임법 선어말
  어미의 형태를 잘 파악해야 한다.

step 2. 이해한 문법 지식을 바탕으로 선택지의 평가요소를 분석하여 정답을
       확인한다.

☞ ㉠과 ㉡에 들어갈 말을 중세 국어의 객체 높임을 고려하여 찾아야 한다.

– 王(왕)이 부텻긔 더욱 敬信(경신)ᄒᆞᆫ ᄆᆞᅀᆞᄆᆞᆯ 내ᅀᆞᄫᅡ
[왕이 부처께 더욱 공경하고 믿는 마음을 내어]

> → '내+ᅀᆞᆸ+아'의 형태이므로 모음 뒤에 '-ᅀᆞᆸ-'이 결합한 것이다. 따라서 객체 높임이 쓰이고 있으
> 므로 높임의 대상은 부사어인 '부텨'이다.

– 내 아래브터 부텻긔 이런 마ᄅᆞᆯ 몯 (㉡)
[내가 예전부터 부처께 이런 말을 못 들으며]

> → 어간 말음이 'ㄷ'이고 뒤에 모음으로 시작하는 어미(ᄋᆞ며)가 있으므로 'ᄌᆞᆸ'이 결합하여 '듣ᄌᆞᄫ
> 며'로 표기해야 한다.

㉠은 '부텨', ㉡은 '듣ᄌᆞᄫ며'이므로 정답은 ③이다.

실전 문항 13

14. 〈보기〉의 ⓐ~ⓓ에 들어갈 말을 올바르게 짝지은 것은? [3점]

[2017학년도 9월]

< 보 기 >

직접 인용	아들이 어제 저에게 "내일 사무실에 계십시오."라고 말했습니다.
간접 인용	아들이 어제 저에게 (ⓐ) 사무실에 (ⓑ) 말했습니다.

직접 인용	언니는 어제 "나의 휴대 전화에 메시지를 꼭 남겨라."라고 나에게 말했다.
간접 인용	언니는 어제 (ⓒ) 휴대 전화에 메시지를 꼭 (ⓓ) 나에게 말했다.

	ⓐ	ⓑ	ⓒ	ⓓ
①	오늘	있으라고	자기의	남기라고
②	어제	계시라고	자기의	남겨라고
③	오늘	있으라고	나의	남겨라고
④	오늘	계시라고	자기의	남겨라고
⑤	어제	계시라고	나의	남기라고

★정답 ①

[정답 찾기 3step]

step 1. 평가요소에 해당하는 문법 지식을 이해한다.

14. 〈보기〉의 ⓐ~ⓓ에 들어갈 말을 올바르게 짝지은 것은?

    〈보기〉요소   평가요소   판단요소

☞ 평가요소가 직접 인용을 간접 인용으로 바꿀 때의 변화이므로 〈보기〉를 통해 이를 이해한다.

– 직접 인용과 간접 인용을 서로 바꿀 때에는 어미, 인용 조사, 대명사, 지시 표현, 높임 표현 등이 변하므로 주의해야 한다.

※ 직접 인용
– 남의 말이나 글을 그대로 인용하는 것
– 인용의 말은 따옴표로 표시하고, 인용격 조사 '–(이)라고' 혹은 동사 '하다'의 활용형 '하고'를 붙임

※ 간접 인용
– 남의 말이나 글을 간접적으로 인용하는 것
– 따옴표를 쓰지 않고, 인용격 조사 '고'를 붙임

step 2. 이해한 문법 지식을 바탕으로 선택지의 평가요소를 분석하여 정답을 확인한다.

· 아들이 어제 저에게 "내일 사무실에 계십시오."라고 말했습니다.
  → 아들이 어제 저에게 (오늘) 사무실에 (있으라고) 말했습니다.

· 언니는 어제 "나의 휴대 전화에 메시지를 꼭 남겨라."라고 나에게 말했다.
  → 언니는 어제 (자기의) 휴대 전화에 메시지를 꼭 (남기라고) 나에게 말했다.
  ↳ '남겨라'는 어간 '남기–' + 명령형 어미 '–어라'의 결합이다.

실전 문항 14

12. <보기>의 (가), (나)를 중심으로 음운 변동을 이해한 내용으로 적절한 것은? [3점]

[2017학년도 수능]

─────── < 보 기 > ───────

(가): 음절의 종성에 마찰음, 파찰음이 오거나 파열음 중 거센소리나 된소리가 올 경우, 모두 파열음의 예사소리로 교체된다. 이는 종성에서 발음될 수 있는 자음의 종류가 제한됨을 알려 준다.

(나): 또한 음절의 종성에 자음군이 올 경우, 한 자음이 탈락한다. 이는 종성에서 하나의 자음만이 발음될 수 있음을 알려 준다.

① '꽂힌 [꼬친]'에는 (가)에 해당하는 음운 변동이 있다.
② '몫이 [목씨]'에는 (나)에 해당하는 음운 변동이 있다.
③ '비옷 [비옫]'에는 (나)에 해당하는 음운 변동이 있다.
④ '않고[안코]'에는 (가), (나) 모두에 해당하는 음운 변동이 있다.
⑤ '읊고[읍꼬]'에는 (가), (나) 모두에 해당하는 음운 변동이 있다.

★정답 ⑤

[정답 찾기 3step]

step 1. 평가요소에 해당하는 문법 지식을 이해한다.

12. <보기>의 (가), (나)를 중심으로 음운 변동을 이해한 내용으로 적절한 것은?

      <보기>요소   평가요소   판단요소

☞ 평가요소가 음운의 변동 중, (가)와 (나)에 해당하는 것이므로 이를 <보기>에서 찾아 이해해야 한다.

(가) : 음절의 끝소리 규칙(교체)

(나) : 자음군 단순화(탈락)

step 2. 이해한 문법 지식을 바탕으로 선택지의 평가요소를 분석하여 정답을 확인한다.

① '<u>꽂힌 [꼬친]</u>'에는 / (가)에 해당하는 음운 변동이 있다. [X]
'ㅈ' + 'ㅎ' = 'ㅊ'(자음 축약)

② '<u>몫이 [목씨]</u>'에는 / (나)에 해당하는 음운 변동이 있다. [X]
몫이 → [목시] → [목씨] (연음 → 된소리되기)

③ '<u>비옷 [비옫]</u>'에는 / (나)에 해당하는 음운 변동이 있다. [X]
'ㅅ' → 'ㄷ'(음절의 끝소리 규칙)

④ '<u>않고[안코]</u>'에는 / (가), (나) 모두에 해당하는 음운 변동이 있다. [X]
'ㅎ' + 'ㄱ' = 'ㅋ'(자음 축약)

⑤ '<u>읊고[읍꼬]</u>'에는 / (가), (나) 모두에 해당하는 음운 변동이 있다. [○]
읊고 → [읖고] → [읍고] → [읍꼬]
(자음군 단순화 → 음절의 끝소리 규칙 → 된소리되기)

실전 문항 15 ●

13. 〈보기〉의 ㉠, ㉡에 해당하는 예로 적절하지 않은 것은?

[2016학년도 6월 A형]

─── < 보 기 > ───

단어는 다양한 맥락에서 사용되면서 ㉠중심적 의미가 ㉡주변적 의미로 확장되어 다의 관계를 이루기도 한다. 일례로 자연과 관련된 단어가 자연물이나 자연현상을 그대로 나타 내는 중심적 의미로 쓰이다가 비유적으로 확장되어 주변적 의미로 사용되기도 한다.

① ㉠ : 천체 망원경으로 밤하늘의 별을 관찰했다.
　㉡ : 어제 물리학계의 큰 별이 졌다.
② ㉠ : 천둥과 번개를 동반한 비가 내렸다.
　㉡ : 그는 도망가는 데만큼은 정말 번개야.
③ ㉠ : 그는 자신의 뿌리를 찾고자 노력한다.
　㉡ : 잡초가 다시 자라지 않도록 뿌리를 뽑았다.
④ ㉠ : 일출을 기다리는 우리 앞에 붉은 태양이 떠올랐다.
　㉡ : 그녀는 그가 자기 마음의 태양이라고 말했다.
⑤ ㉠ : 들판에는 풀잎마다 이슬이 맺혔다.
　㉡ : 그녀의 두 눈에 맺힌 이슬이 뜨겁게 흘러내렸다.

★정답 ③

[정답 찾기 3step]

step 1. 평가요소에 해당하는 문법 지식을 이해한다.

13. 〈보기〉의 ㉠, ㉡에 해당하는 예로 적절하지 않은 것은?
　　〈보기〉요소　　　　평가요소　　　　　　판단요소

☞ 평가요소가 중심적 의미와 주변적 의미를 구분하는 것이므로, 〈보기〉의 예를 통해 이들의 개념을 확실하게 이해해야 한다.

※ 다의어: 두 가지 이상의 뜻을 가진 단어
– 중심적 의미: 가장 기본적이며 핵심적인 의미
– 주변적 의미: 중심적 의미에서 확장, 파생된 의미

step 2. 이해한 문법 지식을 바탕으로 선택지의 평가요소를 분석하여 정답을 확인한다.

☞ 선택지의 평가요소가 2개이므로, 1차 정답 확인을 먼저 한다.

① ㉠ : 천체 망원경으로 밤하늘의 별을 관찰했다. [○]
　　→ 빛을 관측할 수 있는 천체 가운데 성운처럼 퍼지는 모양을 가진 천체를 제외한 모든 천체

② ㉠ : 천둥과 번개를 동반한 비가 내렸다. [○]
　　→ 구름과 구름, 구름과 대지 사이에서 공중 전기의 방전이 일어나 번쩍이는 불꽃

③ ㉠ : 그는 자신의 뿌리를 찾고자 노력한다. [X]
　　→ 사물이나 현상을 이루는 근본을 비유적으로 이르는 말. (주변적 의미)
　　* '뿌리'의 중심적 의미: 식물의 밑동으로서 보통 땅속에 묻히거나 다른 물체에 박혀 수분과 양분을
　　　빨아올리고 줄기를 지탱하는 작용을 하는 기관

④ ㉠ : 일출을 기다리는 우리 앞에 붉은 태양이 떠올랐다. [○]
　　→ 태양계의 중심이 되는 항성. 지구에서 가장 가까운 거리에 있으며, 자전 주기는 약 25일이며 막
　　　대한 에너지를 방출하는 중심핵

⑤ ㉠ : 들판에는 풀잎마다 이슬이 맺혔다. [○]
　　→ 공기 중의 수증기가 기온이 내려가거나 찬 물체에 부딪힐 때 엉겨서 생기는 물방울

실전 문항 16

11. 〈보기〉의 ㉠~㉤의 밑줄 친 부분과 동일한 음운 변동이 일어난 예가 모두 바르게 제시된 것은? [3점] [2016학년도 9월 A형]

> ─────── 〈 보 기 〉 ───────
>
> 국어에는 거센소리되기, 자음군 단순화, 된소리되기, 비음화, 유음화 등의 음운 변동이 있다.
>
> ㉠ 내가 좋아하는 음식은 밥하고[바파고] 떡이다.
> ㉡ 옷에 흙까지[흑까지] 묻히고 시내를 쏘다녔다.
> ㉢ 우리는 손을 잡고[잡꼬] 마냥 즐거워하였다.
> ㉣ 그는 고전 음악을 즐겨 듣는대[든는다].
> ㉤ 칼날[칼랄]에 다치지 않도록 조심하여야 한다.

① ㉠의 예 : 먹히다, 목걸이
② ㉡의 예 : 값싸다, 닭똥
③ ㉢의 예 : 굳세다, 솜이불
④ ㉣의 예 : 겁내다, 맨입
⑤ ㉤의 예 : 잡히다, 설날

★정답 ②

[정답 찾기 3step]

step 1. 평가요소에 해당하는 문법 지식을 이해한다.

11. **〈보기〉의 ㉠~㉤의 밑줄 친 부분과 동일한 음운 변동이 일어난 예가 모두 바르게**
　　　　〈보기〉요소　　　　　　　　　　　　　　　　평가요소

제시된 것은?
　판단요소

☞ 평가요소가 음운 변동이므로 〈보기〉에서 이를 이해해야 한다. 이 문항도 수험생의 배경지식이 필요하다.

※ 음운 변동의 종류

- 거센소리되기: 예사소리 'ㄱ', 'ㄷ', 'ㅂ', 'ㅈ'이 'ㅎ'을 만나 거센소리 'ㅋ', 'ㅌ', 'ㅍ', 'ㅊ'으로 바뀌는 현상
- 자음군 단순화: 음절 말에 두 개의 자음이 놓일 때 둘 중 하나의 자음만 남고 나머지 자음이 탈락하는 현상
- 된소리되기: 예사소리였던 것이 된소리로 바뀌는 현상
- 비음화: 파열음이 비음 앞에서 비음으로 바뀌는 현상
- 유음화: 'ㄴ'이 'ㄹ'의 앞이나 뒤에서 'ㄹ'로 바뀌는 현상

step 2. 이해한 문법 지식을 바탕으로 선택지의 평가요소를 분석하여 정답을 확인한다.

☞ 각 단어들이 ㉠~㉤ 중 어떤 음운 변동에 해당하는가를 분석해야 한다.

㉠: 거센소리되기, ㉡: 자음군 단순화, ㉢: 된소리되기, ㉣: 비음화, ㉤: 유음화

① ㉠의 예 : 먹히다, / 목걸이

　　　　　　[○] / [X]

→ [머키다] 거센소리되기 / [목꺼리] 된소리되기

② ㉡의 예 : 값싸다, / 닭똥

　　　　　　[○] / [○]

→ [갑싸다] 자음군 단순화 / [닥똥] 자음군 단순화

③ ㉢의 예 : 굳세다, / 솜이불

　　　　　　[○] / [X]

→ [굳쎄다] 된소리되기 / [솜니불] 'ㄴ'첨가

④ ㉣의 예 : 겁내다, / 맨입

　　　　　　[○] / [X]

→ [검내다] 비음화 / [맨닙] 'ㄴ'첨가

⑤ ㉤의 예 : 잡히다, / 설날

　　　　　　[X] / [○]

→ [자피다] 거센소리되기 / [설랄] 유음화

└, 선택지 ⑤는 앞부분의 내용이 적절하지 않으므로, 뒷부분을 확인하지 않아도 오답임을 알 수 있다.

실전 문항 17

12. 밑줄 친 부분이 〈보기〉의 ㉠에 해당하지 않는 것은?

[2016학년도 9월 A형]

─── 〈 보 기 〉 ───

동사의 어간에 연결 어미 '-(으)며'가 결합할 때, ㉠ 앞 문장과 뒤 문장의 주어가 서로 같고, '-(으)며'를 연결 어미 '-(으)면서'로 바꾸어 쓸 수 있는 경우에 '-(으)며'는 앞뒤 문장의 동작이 동시에 일어남을 나타낸다.

① 우리는 함께 걸으며 희망에 대해 이야기했다.
② 모두들 음정에 주의하며 노래를 제대로 부르자.
③ 아는 사람 하나가 미소를 지으며 내게 다가왔다.
④ 마라톤 선수가 가쁜 숨을 몰아쉬며 결승선을 통과했다.
⑤ 출근할 때, 일부는 버스를 이용하며 일부는 지하철을 이용한다.

★정답 ⑤

[정답 찾기 3step]

step 1. 평가요소에 해당하는 문법 지식을 이해한다.

12. 밑줄 친 부분이 〈보기〉의 ㉠에 해당하지 않는 것은?

　　　　평가요소　　　　〈보기〉요소　　　　판단요소

☞ 평가요소가 어미 '-(으)며'의 쓰임이므로 〈보기〉에서 이를 이해한다.

※ 앞뒤 문장의 동작이 동시에 일어남을 나타내는 조건
- 앞 문장과 뒤 문장의 주어가 같을 것
- '-(으)며'를 '-(으)면서'로 바꿔 쓸 수 있을 것

step 2. 이해한 문법 지식을 바탕으로 선택지의 평가요소를 분석하여 정답을 확인한다.

① 우리는 함께 걸<u>으며</u> 희망에 대해 이야기했다. [○]
　　→ 앞뒤 문장의 주어가 '우리'로 같고, 걷는 것과 동시에 이야기했다는 의미가 통한다.

② 모두들 음정에 주의하<u>며</u> 노래를 제대로 부르자. [○]
　　→ 앞뒤 문장의 주어가 '모두들'로 같고, 음정에 주의함과 동시에 노래를 부르자는 의미가 통한다.

③ 아는 사람 하나가 미소를 지<u>으며</u> 내게 다가왔다. [○]
　　→ 앞뒤 문장의 주어가 '아는 사람 하나'로 같고, 미소를 지음과 동시에 내게 다가왔다는 의미가 통한다.

④ 마라톤 선수가 가쁜 숨을 몰아쉬<u>며</u> 결승선을 통과했다. [○]
　　→ 앞뒤 문장의 주어가 '마라톤 선수'로 같고, 가쁜 숨을 몰아쉬는 동시에 결승선을 통과했다는 의미가 통한다.

⑤ 출근할 때, 일부는 버스를 이용하<u>며</u> 일부는 지하철을 이용한다. [X]
　　→ 앞 문장과 뒤 문장의 주어가 '일부'로 같아 보이지만, 실제로는 동일한 대상이 아니다. 즉 의미상으로 볼 때, 앞 문장과 뒤 문장의 주어가 같지 않고, '일부는 버스를 이용하면서 동시에 지하철을 이용한다'는 문장이 어색하다.

실전 문항 18

13. 밑줄 친 부분이 〈보기〉의 ㉠에 해당하지 않는 것은?

[2016학년도 9월 A형]

> ── 〈 보 기 〉 ──
>
> 국어에서는 의존 명사가 수량을 표현하는 말 뒤에 쓰여 수효나 분량 따위의 단위를 나타내는 경우가 일반적이지만, ㉠자립 명사가 단위를 나타내는 경우도 있다. 예를 들어 '사람'은 자립 명사로 쓰이기도 하지만 수량을 표현하는 말 뒤에 쓰여 사람을 세는 단위를 나타낼 수도 있다.

① 이 글에는 여러 <u>군데</u> 잘못이 있다.
② 앉은자리에서 밥 두 <u>그릇</u>을 다 먹었다.
③ 시장에서 수박 세 <u>덩어리</u>를 사 가지고 왔다.
④ 할아버지께서는 밥을 몇 <u>숟가락</u> 겨우 뜨셨다.
⑤ 나는 서너 <u>발자국</u> 뒤로 물러서다가 냅다 도망쳤다.

★정답 ①

[정답 찾기 3step]

step 1. 평가요소에 해당하는 문법 지식을 이해한다.

13. 밑줄 친 부분이 〈보기〉의 ㉠에 해당하지 않는 것은?

        평가요소   〈보기〉요소   판단요소

☞ 평가요소가 단위를 나타내는 자립 명사이므로 〈보기〉에서 이를 이해한다.

※ 자립성 유무에 따른 국어의 명사

– 자립 명사: 다른 말의 도움을 받지 아니하고 단독으로 쓰일 수 있는 명사
– 의존 명사: 의미가 형식적이어서 다른 말 아래에 기대어 쓰이는 명사
• 형식성 의존 명사: 실질적 의미가 불분명하여 앞의 관형어가 있어야만 그 의미가 분명해지는 명사(것, 데, 바, 따위 등)
• 단위성 의존 명사: 수효나 분량 따위의 단위를 나타내는 의존 명사(근, 되, 켤레 등)

step 2. 이해한 문법 지식을 바탕으로 선택지의 평가요소를 분석하여 정답을
확인한다.

☞ 밑줄 친 단어가 단위를 나타내는 자립 명사인지를 확인해야 한다.

① 이 글에는 여러 <u>군데</u> 잘못이 있다. [X]
  → '군데'는 단독으로 쓰일 수 없고 반드시 앞에 수량을 표현하는 말이 있어야 하므로 자립 명사가
     아닌 의존 명사이다.
  * 선택지 '군데'의 뜻: [의존 명사] 낱낱의 곳을 세는 단위.

② 앉은자리에서 밥 두 <u>그릇</u>을 다 먹었다. [○]
  → '그릇'은 단독으로 쓰일 수 있는 자립 명사이다.
  * 선택지 '그릇'의 뜻: 음식이나 물건을 그릇에 담아 그 분량을 세는 단위

③ 시장에서 수박 세 <u>덩어리</u>를 사 가지고 왔다. [○]
  → '덩어리'는 단독으로 쓰일 수 있는 자립 명사이다.
  * '덩어리'의 뜻: 부피가 큰 것이나 크게 뭉쳐서 이루어진 것을 세는 단위.

④ 할아버지께서는 밥을 몇 <u>숟가락</u> 겨우 뜨셨다. [○]
  → '숟가락'은 단독으로 쓰일 수 있는 자립 명사이다.
  * 선택지 '숟가락'의 뜻: 밥 따위의 음식물을 '숟가락'으로 떠 그 분량을 세는 단위.

⑤ 나는 서너 <u>발자국</u> 뒤로 물러서다가 냅다 도망쳤다. [○]
  → '발자국'은 단독으로 쓰일 수 있는 자립 명사이다.
  * 선택지 '발자국'의 뜻: 발을 한 번 떼어 놓는 걸음을 세는 단위

실전 문항 19

15. 밑줄 친 부분이 〈보기〉의 ㉠에 해당하는 예로 적절하지 않은 것은?

[2016학년도 9월 A형]

―――――― 〈 보 기 〉 ――――――

일반적으로 의문문은 화자가 청자에게 질문에 대한 대답을 요청하는 문장인데, 화자가 청자에게 행동을 요청할 때 쓰이기도 한다. 청유문은 화자가 청자에게 함께 행동할 것을 요청하는 문장이다. 그러므로 이 문장 유형들은 ㉠화자가 청자에게 요청을 할 때 쓰이는 것이라는 점에서 공통적이다.

① A : 괜찮다면, 우리 여기서 잠깐 기다릴래요?
　 B : 좋아요. 10분만 더 기다려요.
② A : 다친 곳은 어떤가? 한번 보세.
　 B : 보시다시피 많이 좋아졌습니다.
③ A : 저기요. 먼저 좀 내립시다.
　 B : 아, 예. 저도 여기서 내려요.
④ A : 저 혹시, 모자를 벗어 주실 수 있을까요?
　 B : 제가 방해가 되었군요. 미안합니다.
⑤ A : 어디 보자. 내가 다 챙겼나?
　 B : 거기서 혼자 뭐 해요. 빨리 나와요.

★정답 ⑤

[정답 찾기 3step]

step 1. 평가요소에 해당하는 문법 지식을 이해한다.

15. 밑줄 친 부분이 〈보기〉의 ㉠에 해당하는 예로 적절하지 않은 것은?
　　　　　　〈보기〉 요소　　　평가요소　　　　　판단요소

☞ 평가요소가 요청의 의미가 담긴 문장을 찾는 것이므로 〈보기〉에서 이를 이해해야 한다.

＊ 직접 발화와 간접 발화

－ 직접 발화: 담화의 형식과 내용이 일치하는 발화

step 2. 이해한 문법 지식을 바탕으로 선택지의 평가요소를 분석하여 정답을 확인한다.

☞ 선택지의 밑줄 친 문장이 요청의 의미인지를 판단해야 한다.

① A : <u>괜찮다면, 우리 여기서 잠깐 기다릴래요?</u> [○]
　　B : 좋아요. 10분만 더 기다려요.
　　→ 잠깐 기다려 달라는 요청의 의미이다.

② A : 다친 곳은 어떤가? <u>한번 보세.</u> [○]
　　B : 보시다시피 많이 좋아졌습니다.
　　→ 다친 곳을 보여 달라는 요청의 의미이다.

③ A : 저기요. <u>먼저 좀 내립시다.</u> [○]
　　B : 아, 예. 저도 여기서 내려요.
　　→ 먼저 내리도록 비켜 달라는 요청의 의미이다.

④ A : <u>저 혹시, 모자를 벗어 주실 수 있을까요?</u> [○]
　　B : 제가 방해가 되었군요. 미안합니다.
　　→ 모자를 벗어 달라는 요청의 의미이다.

⑤ A : <u>어디 보자.</u> 내가 다 챙겼나? [X]
　　B : 거기서 혼자 뭐 해요. 빨리 나와요.
　　→ 단순한 혼잣말이다.

실전 문항 20

11. 〈보기〉의 표준 발음법을 바르게 적용한 것은? [2016학년도 9월 B형]

─────────── 〈 보 기 〉 ───────────

㉠ 받침 'ㄷ, ㅌ'이 조사의 모음 'ㅣ'와 결합되는 경우에는, [ㅈ, ㅊ]으로 바꾸어서 뒤 음절 첫소리로 옮겨 발음한다. 예) 밭이[바치]

㉡ 받침 'ㄷ, ㅌ(ㄾ)'이 접미사의 모음 'ㅣ'와 결합되는 경우에는, [ㅈ, ㅊ]으로 바꾸어서 뒤 음절 첫소리로 옮겨 발음한다. 예) 미닫이[미다지]

㉢ 받침 'ㄷ' 뒤에 접미사 '히'가 결합되어 '티'를 이루는 것은 [치]로 발음한다. 예) 묻히다 [무치다]

① '같이 걷다'의 '같이'는 ㉠에 따라 'ㅌ'을 [ㅊ]으로 바꿔 [가치]로 발음해야겠군.
② '솥이나 냄비를 준비하다'의 '솥이나'는 ㉠에 따라 'ㅌ'을 [ㅊ]으로 바꿔 [소치나]로 발음해야겠군.
③ '그것은 팥이다'의 '팥이다'는 ㉡에 따라 'ㅌ'을 [ㅊ]으로 바꿔 [파치다]로 발음해야겠군.
④ '자전거에 받히다'의 '받히다'는 ㉡에 따라 '티'를 [치]로 바꿔 [바치다]로 발음해야겠군.
⑤ '우표를 붙이다'의 '붙이다'는 ㉢에 따라 '티'를 [치]로 바꿔 [부치다]로 발음해야겠군.

★정답 ②

[정답 찾기 3step]

step 1. 평가요소에 해당하는 문법 지식을 이해한다.

11. 〈보기〉의 표준 발음법을 바르게 적용한 것은?

〈보기〉요소   평가요소   판단요소

☞ 평가요소가 구개음화의 발음이므로 〈보기〉에서 이를 이해한다.

step 2. 이해한 문법 지식을 바탕으로 선택지의 평가요소를 분석하여 정답을
       확인한다.

☞ 해당 단어가 ㉠~㉢에 적용되는 예가 맞는지 판단해야 한다.

* 구개음화

- 혀 끝 소리 인 'ㄷ, ㅌ'이 전 설모음 'ㅣ'를 만나 센입 천장소리인 'ㅈ, ㅊ'으로 바뀌는 현상
- 'ㄷ' 뒤에 형식 형태소 '히'가 오면 'ㅎ'과 결합하여 이루어진 'ㅌ'이 'ㅊ'이 됨

① '같이 걷다'의 '같이'는 ㉠에 따라 / 'ㅌ'을 [ㅊ]으로 바꿔 [가치]로 발음해야겠군.

　　　　　　　[X]

　→ '같이'는 부사이므로 같(어근) + 이(접사)이다. 따라서 ㉡에 해당한다.

② '솥이나 냄비를 준비하다'의 '솥이나'는 ㉠에 따라 / 'ㅌ'을 [ㅊ]으로 바꿔 [소치나]로 발음해야겠군.　　　　　[○]

　→ 솥(체언) + 이나(조사)이다. 따라서 ㉠에 해당한다.

③ '그것은 팥이다'의 '팥이다'는 ㉡에 따라 / 'ㅌ'을 [ㅊ]으로 바꿔 [파치다]로 발음해야겠군.

　　　　　　　[X]

　→ 팥(체언) + 이다(조사)이다. 따라서 ㉠에 해당한다.

④ '자전거에 받히다'의 '받히다'는 ㉡에 따라 / '티'를 [치]로 바꿔 [바치다]로 발음해야겠군.

　　　　　　　[X]

　→ 받(어간) + 히(접사)이다. 접미사 '히'와 결합했으므로 ㉢에 해당한다.

⑤ '우표를 붙이다'의 '붙이다'는 ㉢에 따라 / '티'를 [치]로 바꿔 [부치다]로 발음해야겠군.

　　　　　　　[X]

　→ 붙(어간) + 이(접사)이다. 접미사의 모음 'ㅣ'와 결합했으므로 ㉡에 해당한다.

실전 문항 21

13. 〈보기〉의 ⓐ~ⓒ에 해당하는 예로 적절하지 않은 것은?

[2016학년도 수능 A형]

ⓐ '어떤 동작이 진행되고 있음'
ⓑ '어떤 상태가 지속되고 있음'
ⓒ 두 가지 의미 모두

① ⓐ ┌A : 아빠 들어오실 때 형은 뭐 하고 있었니?
　　　└B : 형은 양치질을 하고 있었어요.
② ⓑ ┌A : 오빠가 너한테 화가 많이 났나 봐.
　　　└B : 오빠는 지금 날 오해하고 있는 것 같아.
③ ⓑ ┌A : 내일이 고모님 생신이라고 하네.
　　　└B : 아, 나 그거 이미 알고 있어.
④ ⓒ ┌A : 너 안경 잃어버렸다며? 괜찮아?
　　　└B : 눈이 아주 나쁘진 않아서 안경 벗고 있어도 괜찮아.
⑤ ⓒ ┌A : 저 중에 신입 사원이 누구야?
　　　└B : 저기에 있잖아. 넥타이를 매고 있네.

★정답 ④

[정답 찾기 3step]

step 1. 평가요소에 해당하는 문법 지식을 이해한다.

13. 〈보기〉의 ⓐ~ⓒ에 해당하는 예로 적절하지 않은 것은?
　　　　〈보기〉요소　　　　평가요소　　　　　판단요소

☞ 평가요소가 '-고 있-'의 의미이므로 이를 〈보기〉에서 이해해야 한다.

※ 상황적 중의성: 동작의 진행과 완료에 따라 생기는 문장의 중의성. 동작의 진행과 완료된 상태의 두 가지 의미를 모두 지님 → 〈보기〉의 ⓒ에 해당

step 2. 이해한 문법 지식을 바탕으로 선택지의 평가요소를 분석하여 정답을
확인한다.

☞ 밑줄 친 '-고 있-'의 의미가 ⓐ~ⓒ에 해당하는 예인지 판단하면 된다.

① ⓐ ┌A : 아빠 들어오실 때 형은 뭐 하고 있었니?
　　└B : 형은 양치질을 하고 있었어요. [○]
　→ '양치질을 하는 중이었어요.'로 교체가 가능하므로 ⓐ의 예로 적절하다.

② ⓑ ┌A : 오빠가 너한테 화가 많이 났나 봐.
　　└B : 오빠는 지금 날 오해하고 있는 것 같아. [○]
　→ '오해하고 있는 중이다'의 의미는 부자연스럽고, '오해하는 상태가 지속되고 있음'의 의미이므로
　　ⓑ의 예로 적절하다.

③ ⓑ ┌A : 내일이 고모님 생신이라고 하네.
　　└B : 아, 나 그거 이미 알고 있어. [○]
　→ '아는 중이다'의 의미는 부자연스럽고, '알고 있는 상태가 지속되고 있음'의 의미이므로 ⓑ의 예
　　로 적절하다.

④ ⓒ ┌A : 너 안경 잃어버렸다며? 괜찮아?
　　└B : 눈이 아주 나쁘진 않아서 안경 벗고 있어도 괜찮아. [X]
　→ 안경을 잃어버린 뒤의 상황이므로 진행의 의미는 부자연스럽다. 따라서 ⓑ '어떤 상태가 지속되
　　고 있음'의 예로 적절하다.

⑤ ⓒ ┌A : 저 중에 신입 사원이 누구야?
　　└B : 저기에 있잖아. 넥타이를 매고 있네. [○]
　→ '넥타이를 매고 있는 중이다'와 '넥타이를 매고 있는 상태이다' 둘 다 가능하므로 ⓒ의 예로 적절
　　하다.

실전 문항 22

11. 〈보기〉에 따라 겹받침의 표준 발음에 대하여 단계별로 학습하였다. 각 예에 적용된 내용과 그 발음이 모두 바른 것은? [3점] [2016학년도 수능 B형]

〈 보 기 〉

○ 겹받침이 모음으로 시작된 조사나 어미, 접미사와 결합되는 경우에는 뒤엣것만을 뒤 음절 첫소리로 옮겨 발음한다. 이 경우, 'ㅅ'은 [ㅆ]으로 발음한다.··············ⓐ
○ 겹받침 'ㄺ', 'ㄼ', 'ㄿ'은 어말 또는 자음 앞에서 각각 [ㄱ, ㄹ, ㅂ]으로 발음한다.
··ⓑ
이 후에는 다음과 같이 발음한다.
· [ㄱ, ㅂ]은 'ㄴ, ㅁ' 앞에서 각각 [ㅇ, ㅁ]으로 발음한다.······························ⓒ
· [ㄱ, ㅂ] 뒤에 연결되는 'ㄱ, ㄷ, ㅂ, ㅅ, ㅈ'은 각각 [ㄲ, ㄸ, ㅃ, ㅆ, ㅉ]으로 발음한다.
··ⓓ
· [ㄱ, ㅂ]은 'ㅎ'과 결합되는 경우, 두 음을 합쳐서 각각[ㅋ, ㅍ]으로 발음한다.···ⓔ

	예	적용내용	발음
①	여덟+이	ⓐ	[여더리]
②	몫+을	ⓐ	[목슬]
③	흙+만	ⓑ, ⓒ	[흑만]
④	값+까지	ⓑ, ⓓ	[갑까지]
⑤	닭+하고	ⓑ, ⓔ	[다카고]

★정답 ⑤

[정답 찾기 3step]

step 1. 평가요소에 해당하는 문법 지식을 이해한다.

11. 〈보기〉에 따라 겹받침의 표준 발음에 대하여 단계별로 학습하였다.
　　　　〈보기〉요소

각 예에 적용된 내용과 그 발음이 모두 바른 것은?
　　　　평가요소　　　　　　　　판단요소

☞ 평가요소가 겹받침의 발음이므로 〈보기〉에서 이를 이해한다.

step 2. 이해한 문법 지식을 바탕으로 선택지의 평가요소를 분석하여 정답을 확인한다.

	예	적용내용	평가요소 분석
①	여덟+이	ⓐ[○]	'ㄼ'이 모음으로 시작된 조사 앞에 왔으므로 ⓐ가 적용된다.
②	몫+을	ⓐ[○]	'ㄳ'이 모음으로 시작된 조사 앞에 왔으므로 ⓐ가 적용된다.
③	흙+만	ⓑ, ⓒ [○]	'ㄺ'이 자음 앞에 와 'ㄱ'으로 발음되고(ⓑ), 이 [ㄱ]은 'ㅁ' 앞에 있으므로 ⓒ가 적용된다.
④	값+까지	ⓑ, ⓓ [X]	'ㅄ'이 자음 앞에 왔으므로 ⓑ가 적용된다. 그러나 뒤에 예사소리가 아닌 된소리 'ㄲ'이 연결되므로 ⓓ는 적용되지 않는다.
⑤	닭+하고	ⓑ, ⓔ [○]	'ㄺ'이 자음 앞에 와 'ㄱ'으로 발음되고(ⓑ) 이 [ㄱ]은 'ㅎ'과 결합하므로 ⓔ가 적용된다.

step 3. step 2에서 정답을 찾지 못한 경우, 2차 정답 확인을 한다.

1차 정답 확인에서 ④가 오답임을 확인했으므로, ④는 2차 정답 확인을 할 필요가 없다.

	예	발음	평가요소 분석
①	여덟+이	[여더리] [X]	뒤엣것만을 뒤 음절 첫소리로 옮겨 발음하면 [여덜비]이다.
②	몫+을	[목슬] [X]	'ㅅ'은 [ㅆ]으로 발음해야 하므로 [목쓸]이다.
③	흙+만	[흑만] [X]	[ㄱ]은 'ㅁ' 앞에서 [ㅇ]으로 발음해야 하므로 [흥만]이다. ([흑만] → [흥만])
⑤	닭+하고	[다카고] [○]	'ㄺ'이 자음 앞에 와 'ㄱ'으로 발음되고, 'ㅎ'과 결합해 [ㅋ]이 되므로 [다카고]로 발음된다. ([닥하고] → [다카고])

---

tip 표준 발음이 적용된 문항을 빠르게 푸는 법

표준 발음이 적용된 문항은 자신이 직접 정확하게 발음하여 정답을 빠르게 찾을 수도 있다. 실제 위 문항의 예시들을 발음해 보면, ④, ⑤만이 정확하게 발음된 것임을 알 수 있다.

	예	표준 발음	일치 여부
①	여덟+이	[여덜비]	X
②	몫+을	[목쓸]	X
③	흙+만	[흥만]	X
④	값+까지	[갑까지]	○
⑤	닭+하고	[다카고]	○

다만, 주의할 점은 자신이 표준 발음을 정확하게 해야 한다는 것이다. 만약 정확한 발음이 헷갈린다면, 위의 [정답 찾기 3step]을 따라 하는 것이 더 효과적이다.

실전 문항 23

12. 〈보기〉는 한글 맞춤법 제1항이 파생어와 합성어에 적용된 예를 찾아본 것이다. ㉠~㉤에 들어갈 예로 적절한 것은? [2016학년도 수능 B형]

< 보 기 >

제1항 한글 맞춤법은 표준어를 ⓐ <u>소리대로 적되</u>, ⓑ <u>어법에 맞도록</u> 함을 원칙으로 한다.

	파생어	합성어
ⓐ만 충족한 경우	㉠	㉡
ⓑ만 충족한 경우	㉢	㉣
ⓐ, ⓑ 모두 충족한 경우	㉤	줄자(줄+자), 눈물(눈+물)

---

① ㉠ : 이파리(잎+아리), 얼음(얼+음)

② ㉡ : 마소(말+소), 낮잠(낮+잠)

③ ㉢ : 웃음(웃+음), 바가지(박+아지)

④ ㉣ : 옷소매(옷+소매), 밥알(밥+알)

⑤ ㉤ : 꿈(꾸+ㅁ), 사랑니(사랑+이)

★정답 ③

[정답 찾기 3step]

step 1. 평가요소에 해당하는 문법 지식을 이해한다.

* 한글 맞춤법 제1항

: 한글 맞춤법은 표준어를 소리대로 적되, 어법에 맞도록 함을 원칙으로 한다.
→ 소리대로 적되, 의미 파악을 쉽게 하기 위해 어법에 맞도록 형태소의 본 모양을 밝혀 적음.

12. 〈보기〉는 한글 맞춤법 제1항이 파생어와 합성어에 적용된 예를 찾아본 것이다. <u>㉠~㉤</u>에 <u>들어갈 예로 적절한 것은?</u> 〈보기〉요소

평가요소   판단요소

☞ 평가요소인 파생어와 합성어가 한글 맞춤법 제1항에 어떻게 적용되는지를 〈보기〉를 통해 이해한다.

step 2. 이해한 문법 지식을 바탕으로 선택지의 평가요소를 분석하여 정답을
       확인한다.

☞ 평가요소가 2개이므로, 앞의 단어부터 1차 정답 확인을 한다.

① ㉠ : 이파리(잎+아리) [○]
   → 어근+접사 결합의 파생어이면서 소리대로 적었다.

② ㉡ : 마소(말+소) [○]
   → 어근+어근 결합의 합성어이면서 소리대로 적었다.

③ ㉢ : 웃음(웃+음) [○]
   → 어근+접사 결합의 파생어이면서 '우슴'으로 적지 않고 어근과 접사의 원형을 그대로 살려 어법
     에 맞게 적었다.

④ ㉣ : 옷소매(옷+소매) [○]
   → 어근+어근 결합의 합성어이면서 어근의 원형을 그대로 살려 어법에 맞게 적었다.

⑤ ㉤ : 꿈(꾸+ㅁ) [○]
   → 어근+접사 결합의 파생어이면서 어근과 접사의 원형을 그대로 살려 어법에 맞게 적었다.

step 3. step 2에서 정답을 찾지 못한 경우, 2차 정답 확인을 한다.

① ㉠ : 얼음(얼+음) [X]
   → 어근+접사 결합의 파생어이면서 어근과 접사의 원형을 그대로 살려 어법에 맞게 적었으므로 ㉢
     에 해당한다.

산뜻한 마무리

제1법칙 <보기> 문법

step 1. 평가요소에 해
당하는 문법지식을 이
해한다.

step 2. 이해한 문법
지식을 바탕으로 선택
지의 평가요소를 분석
하여 정답을 확인한다.

step 3. step 2에서 정
답을 찾지 못한 경우,
2차 정답 확인을 한다.

② ㉡ : 낮잠(낮+잠) [X]
   → 어근+어근 결합의 합성어이며, 어법에 맞으면서 소리대로 적었으므로 줄자(줄+자), 눈물(눈+물)
     과 같은 사례에 해당한다.

③ ㉢ : 바가지(박+아지) [X]
   → 어근+접사 결합의 파생어이면서 소리대로 적었으므로 ㉠에 해당한다.

④ ㉣ : 밥알(밥+알) [○]
   → 어근+어근 결합의 합성어이면서 소리대로 '바발'로 적지 않고 어근의 원형을 그대로 살려 어법
     에 맞게 적었으므로 ㉣에 해당하는 예이다.

⑤ ㉤ : 사랑니(사랑+이) [X]
   → 어근+어근의 합성어이면서 소리대로 적었으므로 ㉡에 해당한다.

<보기> 사례 문법

    <보기> 사례 문법이란, <보기>에서 문법 사례를 제시하고, 선택지에서 이 사례를 분석하는 유형이다. 따라서 이 유형 역시 '발문 + <보기> + 선택지'로 구성된다.

    <보기>가 2개 등장하는 경우도 있는데, <보기 1>에서 평가요소와 관련된 문법 이론을 설명하고, <보기 2>에서 그에 따른 사례를 제시한다. 이 경우에는 '문법이론 - 사례', 또는 '사례 - 사례 분석'이 타당하게 연결되었는가를 살펴야 한다.

    <보기> 사례 문법 유형은 아래의 '정답 찾기 3step'을 적용하여 정답을 찾으면 된다.

<보기> 사례 문법의 정답 찾기 3step

step 1. 평가요소에 해당하는 문법 지식을 이해한다.
      – 앞서 배운 '정답 찾기의 비밀 code'를 각 문항에 적용한다.

step 2. 이해한 문법 지식을 바탕으로 〈보기〉의 사례를 분석한다.

step 3. 〈보기〉 사례 분석이 선택지에 타당하게 연결되었는지 판단한다.

예시 문항

∘발문

14. 〈보기 1〉의 중세 국어의 특징을 바탕으로 〈보기 2〉의 ⓐ~ⓓ를 탐구하는 활동을 수행하였다. 학생들이 탐구한 내용으로 적절하지 **않은** 것은? **[3점]** [2018학년도 9월]

∘<보기 1>: 평가요소와 관련된 문법 이론 설명

> ──────────── < 보 기 > ────────────
> ㉠ 설명 의문문과 판정 의문문에서 쓰이는 종결 어미가 서로 달랐다.
> ㉡ 체언에 결합하는 조사의 형태는 모음 조화에 따라 결정되었다.
> ㉢ 높임의 호격 조사로서 현대 국어에 없는 형태가 있었다.
> ㉣ 선어말 어미의 결합 순서가 현대 국어와 다른 경우가 있었다.
> ㉤ 듣는 이를 높이기 위한 선어말 어미가 사용되었다.

∘<보기 2>: 사례 제시

> ──────────── < 보 기 > ────────────
> ⓐ 므슴 마룰 니르ᄂ뇨 [무슨 말을 말하느냐?]
> ⓑ 져므며 늘구미 잇ᄂ녀 [젊으며 늙음이 있느냐?]
> ⓒ 虛空과 벼를 보더시니 [허공과 별을 보시더니]
> ⓓ 世尊하 내 堂中에 이셔 몬져 如來 보ᅀᆞ고
>   [세존이시여, 내가 집 안에서 먼저 여래 뵙고]

∘선택지: <보기>에 제시된 사례 분석

① ⓐ의 '니르ᄂ뇨'와 ⓑ의 '잇ᄂ녀'를 비교해 보면, ㉠을 확인할 수 있군.
② ⓐ의 '마룰'과 ⓒ의 '벼를'을 비교해 보면, ㉡을 확인할 수 있군.
③ ⓓ의 '世尊하'를 보면, ㉢을 확인할 수 있군.
④ ⓒ의 '보더시니'를 보면, ㉣을 확인할 수 있군.
⑤ ⓓ의 '보ᅀᆞ고'를 보면, ㉤을 확인할 수 있군.

[정답 찾기 3step]

step 1. 평가요소에 해당하는 문법 지식을 이해한다.

14. <u>〈보기 1〉의 중세 국어의 특징을 바탕으로 〈보기 2〉의 ⓐ~ⓓ를 탐구하는</u>

　　　　　　　　　　　　　〈보기〉요소

　　<u>활동을 수행하였다.</u> <u>학생들이 탐구한 내용으로 적절하지 않은 것은?</u>

　　　　　　　　　　　　　　평가요소　　　　　　　　　　판단요소

☞ 평가요소인 학생들이 탐구한 내용을 알기 위해 〈보기 1〉의 내용을 이해해야 한다.

step 2. 이해한 문법 지식을 바탕으로 〈보기〉의 사례를 분석한다.

☞ 〈보기〉요소인 중세 국어의 의문문, 조사, 선어말 어미를 바탕으로 〈보기 2〉의 사례를
　분석한다.

ⓐ <u>므슴 마롤 니르ᄂᆞ뇨</u> [무슨 말을 말하느냐?]
　　→ 목적격 조사로 '롤'이 쓰였으며, 설명 의문문의 형태이다.

ⓑ 져므며 늘구미 <u>잇ᄂᆞ녀</u> [젊으며 늙음이 <u>있느냐?</u>]
　　→ 판정 의문문의 형태이다.

ⓒ <u>虛空과 벼를 보더시니</u> [허공과 별을 <u>보시더니</u>]
　　→ 목적격 조사로 '를'이 쓰였으며, 선어말 어미가 '–더시–'의 순서로 결합되었다.

ⓓ <u>世尊하</u> 내 堂中에 이셔 몬져 如來 <u>보ᅀᆞᆸ고</u>
　　　　　　　　　　　　　　　[세존이시여, 내가 집 안에서 먼저 여래 뵙고]
　　→ '世尊'을 높이는 호격 조사로 '하'가 쓰이고 있으며, '如來'를 높이기 위해 'ᅀᆞᆸ'이 쓰였다.

step 3. 〈보기〉 사례 분석이 선택지에 타당하게 연결되었는지 판단한다.

① ⓐ의 '니르ᄂᆞ뇨'와 ⓑ의 '잇ᄂᆞ녀'를 비교해 보면, / ㉠을 확인할 수 있군.
　　　　　　　　　　　　　〈보기 2〉의 사례　/　〈보기 1〉의 문법 지식
　　→ 설명 의문문 '뇨', 판정 의문문 '녀' / 종결 어미가 서로 다르다. [○]

② ⓐ의 '마룰'과 ⓒ의 '벼를'을 비교해 보면, / ⓛ을 확인할 수 있군.
　　　　　　　 〈보기 2〉의 사례　 /　〈보기 1〉의 문법 지식
　→ '마룰'은 양성모음의 조합, '벼를'은 음성모음의 조합 / 모음 조화가 지켜졌다. [○]

③ ⓓ의 '世尊하'를 보면, / ⓒ을 확인할 수 있군.
　　　　　　 〈보기 2〉의 사례　 /　〈보기 1〉의 문법 지식
　→ 호격조사 '하'는 현대어 '이시여' / 현대국어에 없는 조사 '하'가 있었다. [○]

④ ⓒ의 '보더시니'를 보면, / ⓔ을 확인할 수 있군.
　　　　　　 〈보기 2〉의 사례　 /　〈보기 1〉의 문법 지식
　→ '보더시니'는 현대어 '보시더니' / 선어말 어미 결합 순서가 현대와 다르다. [○]

⑤ ⓓ의 '보ᅀᅡᆸ고'를 보면, / ⓜ을 확인할 수 있군.
　　　　　　 〈보기 2〉의 사례　 /　〈보기 1〉의 문법 지식
　→ '보ᅀᅡᆸ고'는 현대어 '뵙고' / 'ᅀᅡᆸ'은 듣는 이가 아닌 객체 '여래'를 높이는 선어말 어미이다. [X]

따라서 정답은 ⑤이다.

---

tip '〈보기〉 문법'과 '〈보기〉 사례 문법'은 어떻게 구분하나요?

〈보기〉 문법은 〈보기〉에서 문법 지식을 설명한 후 선택지에서 이를 적용한 사례가 적절한 것인가 판단하는 문제 유형이다. 반면 〈보기〉 사례 문법은 〈보기〉에서 사례를 제시하고 선택지에서 사례 분석이 적절한 것인가 판단하는 문제 유형이다.

– 〈보기〉 문법: 〈보기〉에 지식 설명 + 선택지에 사례
– 〈보기〉 사례 문법: 〈보기〉에 사례 제시 + 선택지에 사례 분석

적용 1

15. 〈보기 1〉을 참고할 때, 〈보기 2〉의 ㉮~㉰에 들어갈 말로 적절한 것은?

[2018학년도 6월]

─────── 〈 보 기 〉 ───────

일반적으로 중세 국어에서는 서술격 조사가 앞에 결합하는 체언의 끝소리에 따라 달리 나타났다.

먼저 체언의 끝소리가 자음일 때 '이'가 나타났다.

ㅇ 샹녜 쓰는 힛 일후미라(일훔+이라) (보통 쓰는 해의 이름이다)

체언의 끝소리가 모음 '이'이거나 반모음 'ㅣ'일 때는 아무런 형태가 나타나지 않았다.

ㅇ 牛頭는 쇠 머리라(머리+라) (우두는 소의 머리이다)

그리고 체언의 끝소리가 모음 '이'도, 반모음 'ㅣ'도 아닌 모음일 때는 'ㅣ'가 나타났다.

ㅇ 生佛은 사라 겨신 부톄시니라(부텨+ㅣ시니라) (생불은 살아계신 부처이시다)

─────── 〈 보 기 〉 ───────

ㅇ 齒는 　㉮　 (치는 이이다)

ㅇ 所는 　㉯　 (소는 바이다)

ㅇ 樓는 　㉰　 (누는 다락이다)

	㉮	㉯	㉰
①	니이라	바이라	다락라
②	니라	배라	다락ㅣ라
③	니이라	바라	다락ㅣ라
④	니라	배라	다라기라
⑤	니ㅣ라	바이라	다라기라

[정답 찾기 3step]을 적용한 풀이

step 1. 평가요소에 해당하는 문법 지식을 이해한다.

15. 〈보기 1〉을 참고할 때, 〈보기 2〉의 ㉮~㉰에 들어갈 말로 적절한 것은?

〈보기〉요소	평가요소	판단요소

☞ 평가요소인 ㉮~㉰에 들어갈 말을 알기 위해 〈보기 1〉의 중세 국어의 서술격 조사를 이해해야 한다.

※ 중세 국어의 서술격 조사
– 체언의 끝소리에 따라 달리 나타남
– 체언의 끝소리가 자음일 때: '이'
– 체언의 끝소리가 모음 '이'이거나 반모음 'ㅣ'일 때: 나타나지 않음
– 체언의 끝소리가 모음 '이'이거나 반모음 'ㅣ'를 제외한 모음일 때: 'ㅣ'

step 2. 이해한 문법 지식을 바탕으로 〈보기〉의 사례를 분석한다.

㉮ 의 + 이다   →   체언의 끝소리가 모음 '이'
㉯ 바 + 이다   →   체언의 끝소리가 모음
㉰ 다락 + 이다   →   체언의 끝소리가 자음

step 3. 〈보기〉 사례 분석이 선택지에 타당하게 연결되었는지 판단한다.

㉮ 의 + 이다   →   니라: 주격 조사는 없다
㉯ 바 + 이다   →   배라: 주격 조사는 'ㅣ'
㉰ 다락 + 이다   →   다라기라: 주격 조사는 '이'

따라서 정답은 ④이다.

15. 〈보기〉는 사전의 개정 내용을 정리한 자료의 일부이다. ㉠~㉤에 대한 이해로 적절하지 **않은** 것은? [2018학년도 6월]

< 보 기 >

	개정 전	개정 후
㉠	**긁다** 동 「1」 손톱이나 뾰족한 기구 따위로 바닥이나 거죽을 문지르다. ⋮ 「9」 ……	**긁다** 동 「1」 손톱이나 뾰족한 기구로 바닥이나 거죽을 문지르다. ⋮ 「9」 …… 「10」 물건 따위를 구매할 때 카드로 결제하다.
㉡	**김·밥**[김:밥] 명 ……	**김·밥**[김:밥/김:빱] 명 ……
㉢	**냄새** 명 「1」 코로 맡을 수 있는 온갖 기운. 「2」 어떤 사물이나 분위기 따위에서 느껴지는 특이한 성질이나 낌새.	**냄새** 명 「1」 코로 맡을 수 있는 온갖 기운. 「2」 어떤 사물이나 분위기 따위에서 느껴지는 특이한 성질이나 낌새.
	내음 명 '냄새'의 방언(경상).	**내음** 명 코로 맡을 수 있는 나쁘지 않거나 향기로운 기운. 주로 문학적 표현에 쓰인다.
㉣	**태양-계** 명 태양과 그것을 중심으로 공전하는 천체의 집합. 태양, 9개의 행성, ……	**태양-계** 명 태양과 그것을 중심으로 공전하는 천체의 집합. 태양, 8개의 행성, ……
㉤	(표제어 없음)	**스마트-폰** 명 휴대 전화에 여러 컴퓨터 지원 기능을 추가한 지능형 단말기.

① ㉠: 표제어의 뜻풀이가 추가되어 다의어의 중심적 의미가 수정되었군.
② ㉡: 표준 발음이 추가로 인정되어 기존의 표준 발음과 함께 제시되었군.
③ ㉢: 방언이었던 단어가 표준어의 지위를 얻고 뜻풀이도 새롭게 제시되었군.
④ ㉣: 과학적 정보를 반영하여 뜻풀이 일부가 갱신되었군.
⑤ ㉤: 새로운 문물을 지칭하는 신어가 표제어로 추가되었군.

[정답 찾기 3step]을 적용한 풀이

step 1. 평가요소에 해당하는 문법 지식을 이해한다.

15. 〈보기〉는 사전의 개정 내용을 정리한 자료의 일부이다. ㉠~㉤에 대한
　　　　　　　〈보기〉요소　　　　　　　　　　　　　　　평가요소

　　이해로 적절하지 않은 것은?
　　　　　　판단요소

☞ 〈보기〉에서 사전의 개정 전, 개정 후를 비교하여 이해해야 한다.

step 2. 이해한 문법 지식을 바탕으로 〈보기〉의 사례를 분석한다.

㉠ **굵다**「10」물건 따위를 구매할 때 카드로 결제하다. → 뜻이 추가되었다.

㉡ **김-밥** [김 : 밥/김 : 빱] → 표준 발음이 추가로 인정되었다.

㉢ **냄새** → 변화 없음
　　내음 → '방언'이 표준어로 인정되었다.

㉣ **태양-계** 8개의 행성 → 행성의 개수가 변화했다.

㉤ **스마트-폰** → 새로운 표제어로 등재되었다.

step 3. 〈보기〉 사례 분석이 선택지에 타당하게 연결되었는지 판단한다.

① ㉠ : 표제어의 뜻풀이가 추가되어 / 다의어의 중심적 의미가 수정되었군.
　　　　　〈보기〉요소 [○]　　　　　　　　　　　평가요소 [X]
　　→ 중심적 의미인 '굵다 圖「1」은 수정되지 않았다. 주변적 의미인 「10」이 추가된 것이다.

② ㉡ : 표준 발음이 추가로 인정되어 / 기존의 표준 발음과 함께 제시되었군.
　　　　　〈보기〉요소 [○]　　　　　　　　　　　평가요소 [○]

③ ㉢ : 방언이었던 단어가 표준어의 지위를 얻고 / 뜻풀이도 새롭게 제시되었군.
　　　　　〈보기〉요소 [○]　　　　　　　　　　　평가요소 [○]

④ ㉣ : 과학적 정보를 반영하여 / 뜻풀이 일부가 갱신되었군.
　　　　　〈보기〉요소 [○]　　　　　　　평가요소 [○]

⑤ ㉤ : 새로운 문물을 지칭하는 신어가 / 표제어로 추가되었군.
　　　　　〈보기〉요소 [○]　　　　　　　평가요소 [○]

실전 문항 1

14. 〈보기〉의 ㉠~㉤과 관련된 설명으로 적절한 것은? **[3점]** [2021학년도 6월]

> **〈 보 기 〉**
>
> 주기적으로 운동하기가 ㉠<u>건강의 첫걸음이다.</u> 그것을 꾸준하게 ㉡<u>실천하기</u> ㉢<u>원한다면</u> 제대로 ㉣<u>된</u> 계획 세우기가 ㉤<u>선행되어야 한다.</u>

① ㉠이 서술어인 문장에서 명사절이 주어 기능을 하고 있다.

② ㉡이 서술어인 문장에서 명사절이 목적어 기능을 하고 있다.

③ ㉢이 서술어인 문장에서 명사절이 부사어 기능을 하고 있다.

④ ㉣이 서술어인 문장에서 명사절이 보어 기능을 하고 있다.

⑤ ㉤이 서술어인 문장에서 명사절이 관형어 기능을 하고 있다.

15. 〈보기〉에 대한 이해로 적절한 것은? [2021학년도 9월]

< 보 기 >

나·랏 :말〻·미 中듕國·귁·에 달·아 文문字〻·와·로 서르 〻〻·디 아·니
〇·〃 ·이런 젼·〻·로 어·린 百·빅姓·셩·이 니르·고·져 ·홇 ·배 이·셔·
도 〃·〃:내 제 ·〻·들 시·러 펴·디 :몯〻 ·노·미 하·니·라 ·내 ·이·를
爲·윙·〇·야 :어엿·비 너·겨 ·새·로 ·스·믈여·듧 字〻·〇·를 밍·〇노·니
:사〃:마·다 :〇·〇:수·〇 니·겨 ·날·로 ·〇·메 便뼌安한·킈 〇·고·져 〃
〃·미니·라

– 『훈민정음』 언해, 세조 5년(1459) –

○현대어 풀이
우리나라의 말이 중국과 달라 문자와 서로 통하지 아니하여서 이런 까닭으로 어리석은
백성이 말하고자 하는 바가 있어도 마침내 제 뜻을 능히 펴지 못하는 사람이 많다. 내가
이를 위하여 가엾게 여겨 새로 스물여덟 자를 만드니, 모든 사람들로 하여금 쉽게 익혀
날마다 쓰는 데 편하게 하고자 할 따름이다.

① ':말〻·미'와 '·홇 ·배'에 쓰인 주격 조사는 그 형태가 동일하군.
② '하·니·라'의 '하다'는 현대 국어의 동사 '하다'와 품사가 동일하군.
③ '·이·를'과 '·새·로'에는 동일한 강약을 표시하는 방점이 쓰였군.
④ ':〇·〇'와 '便뼌安한·킈 〇·고·져'에는 모두 피동 표현이 쓰였군.
⑤ '·〇·메'에는 '사용하다'라는 의미를 지닌 동사 '쓰다'가 쓰였군.

실전 문항 3

14. 〈학습 활동〉을 수행한 결과로 적절하지 <u>않은</u> 것은? [3점] [2021학년도 수능]

〈 보 기 〉

겹문장은 다른 문장 속에 들어가 안긴문장으로 쓰일 수 있다. 또한 겹문장은 안은문장에서 다양한 문장 성분으로도 쓰인다. 다음 밑줄 친 겹문장 ⓐ~ⓔ의 쓰임을 설명해 보자.

○ 기상청은 ⓐ<u>내일은 따뜻하지만 비가 온다는</u> 예보를 했다.
○ 시민들은 ⓑ<u>공원이 많고 거리가 깨끗한</u> 도시를 만들었다.
○ ⓒ<u>바람이 거세지고 어둠이 내리기</u> 전에 산에서 내려갔다.
○ 나는 나중에야 ⓓ<u>그녀는 왔으나 그가 안 왔음을</u> 깨달았다.
○ 삼촌은 주말에 ⓔ<u>꽃이 피고 새가 지저귀는</u> 들판을 거닐었다.

---

① ⓐ는 인용절로 쓰이고 있다.
② ⓑ는 관형절로 쓰이고 있다.
③ ⓒ는 명사절로 쓰이고 있다.
④ ⓓ는 조사와 결합하여 주성분으로 쓰이고 있다.
⑤ ⓔ는 조사와 결합 없이 부속 성분으로 쓰이고 있다.

실전 문항 4

14. <보기>에 대한 이해로 적절하지 <u>않은</u> 것은? [2020학년도 6월]

< 보 기 >

  ㉠ 풀잎[풀립]   ㉡ 읊네[음네]   ㉢ 벼훑이[벼훌치]

---

① ㉠, ㉡에서는 음운 변동이 각각 세 번씩 일어났군.

② ㉠, ㉡에서는 인접한 자음과 조음 방법이 같아지는 음운 변동이 일어났군.

③ ㉠에서 첨가된 음운과 ㉡에서 탈락된 음운은 서로 다르군.

④ ㉠, ㉢에서는 음운 개수가 달라지는 음운 변동이 일어났군.

⑤ ㉠은 'ㄹ'로 인해, ㉢은 모음 'ㅣ'로 인해 동화되는 음운 변동이 일어났군.

실전 문항 5

13. <보기>의 ㉠에 들어갈 말로 적절한 것은? [3점] [2020학년도 6월]

─── < 보 기 > ───

선생님: 오늘은 일상생활에서 흔하게 들을 수 있는 부정확한 발음에 대해 알아볼까요? 우선 아래 표에서 부정확한 발음과 정확한 발음을 확인해 보세요.

예	찰흙이	안팎을	넋이	끝을	숲에
부정확한 발음	[찰흐기]	[안파글]	[너기]	[끄츨]	[수베]
	↓	↓	↓	↓	↓
정확한 발음	[찰흘기]	[안파끌]	[넉씨]	[끄틀]	[수페]

다 봤나요? 그럼 정확한 발음을 참고하여, 부정확한 발음을 하게 된 이유를 말해 볼까요?

학생: | ㉠ |

선생님: 네 맞아요. 그럼 이제 정확한 발음을 일상생활에서 실천해 보세요.

① '찰흙이'는 자음군 단순화를 적용하고 연음해야 하는데, [찰흐기]는 자음군 단순화를 적용하지 않고 연음을 했습니다.

② '안팎을'은 음절의 끝소리 규칙을 적용하지 않고 연음해야 하는데, [안파글]은 음절의 끝소리 규칙을 적용하고 연음을 했습니다.

③ '넋이'는 연음을 하고 된소리되기를 적용해야 하는데, [너기]는 음절의 끝소리 규칙을 적용하고 연음을 했습니다.

④ '끝을'은 연음을 하고 구개음화를 적용해야 하는데, [끄츨]은 구개음화를 적용하고 연음을 했습니다.

⑤ '숲에'는 거센소리되기를 적용하지 않고 연음해야 하는데, [수베]는 거센소리되기를 적용하고 연음을 했습니다.

실전 문항 6

14. 〈학습 활동〉을 해결한 내용으로 적절한 것은? [2020학년도 수능]

―――――――――― < 보 기 > ――――――――――

관형사형 어미의 형태는 시제 및 단어의 품사에 의해 결정된다. [자료]에서 밑줄 친 단어의
품사와 시제를 분석하여 그 단어에 쓰인 어미가 [표]의 ㉠~㉢ 중 어느 것에 해당하는지
확인해 보자.

[자료]

ⓐ 하늘에 뜬 태양 ⓑ 우리가 즐겨 부르던 노래
ⓒ 늘 푸르던 하늘 ⓓ 운동장에 남은 아이들
ⓔ 네가 읽는 소설 ⓕ 이미 아이들로 가득 찬 교실
ⓖ 달리기가 제일 빠른 친구

[표] 관형사형 어미 체계

	동사	형용사
현재	-는	㉠
과거	㉡	㉢
	-던	
미래	-(으)ㄹ	-(으)ㄹ

① ⓐ의 '뜬'에 쓰인 어미 '-(으)ㄴ'은 ㉠에 해당한다.
② ⓑ의 '부르던'과 ⓒ의 '푸르던'에 쓰인 어미 '-던'은 ㉢에 해당한다.
③ ⓓ의 '남은'과 ⓕ의 '찬'에 쓰인 어미 '-(으)ㄴ'은 ㉡에 해당한다.
④ ⓔ의 '읽는'에 쓰인 어미 '-는'은 ㉡에 해당한다.
⑤ ⓖ의 '빠른'에 쓰인 어미 '-(으)ㄴ'은 ㉢에 해당한다.

실전 문항 7

14. 〈보기〉의 ⓐ~ⓒ에 들어갈 말로 적절한 것은? [2019학년도 6월]

< 보 기 >

○ **탐구 과제**

겹받침을 가진 용언을 발음할 때 어떤 음운 변동이 나타나야 표준 발음에 맞는지 혼동되는 경우가 있다. 자음군 단순화, 된소리되기, 비음화, 유음화, 거센소리되기 등의 음운 변동으로 비표준 발음과 표준 발음을 설명해 보자.

○ **탐구 자료**

	비표준 발음	표준 발음
㉠ 긁는	[글른]	[긍는]
㉡ 짧네	[짬네]	[짤레]
㉢ 끊기고	[끈기고]	[끈키고]
㉣ 뚫지	[뚤찌]	[뚤치]

○ **탐구 내용**

㉠의 비표준 발음과 ㉡의 표준 발음에는 자음군 단순화 후 (ⓐ)가 나타난다. 이에 비해, ㉠의 표준 발음과 ㉡의 비표준 발음에 자음군 단순화 후 (ⓑ)가 나타난다. ㉢과 ㉣의 표준 발음은 (ⓒ)만 일어난 발음이다.

	ⓐ	ⓑ	ⓒ
①	유음화	비음화	거센소리되기
②	유음화	비음화	된소리되기
③	비음화	유음화	거센소리되기
④	비음화	유음화	된소리되기
⑤	비음화	된소리되기	거센소리되기

13. 〈보기〉의 ㉠~㉤에 대한 설명으로 적절한 것은? **[3점]** [2019학년도 9월]

─────── < 보 기 > ───────

〈로마자 표기 한글 대조표〉

자음		ㄱ	ㄷ	ㅂ	ㄸ	ㄴ	ㅁ	ㅇ	ㅈ	ㅊ	ㅌ	ㅎ
표기	모음 앞	g	d	b	tt	n	m	ng	j	ch	t	h
	그 외	k	t	p								

모음	ㅏ	ㅐ	ㅗ	ㅣ
표기	a	ae	o	i

〈로마자 표기의 예〉

	한글 표기	발음	로마자 표기
㉠	같이	[가치]	gachi
㉡	잡다	[잡따]	japda
㉢	놓지	[노치]	nochi
㉣	맨입	[맨닙]	maennip
㉤	백미	[뱅미]	baengmi

① ㉠에서 일어나는 음운 변동은 '땀받이[땀바지]'에서도 일어나고, 로마자 표기에 반영되었다.
② ㉡에서 일어나는 음운 변동은 '삭제[삭쩨]'에서도 일어나고, 로마자 표기에 반영되었다.
③ ㉢에서 일어나는 음운 변동은 '닳아[다라]'에서도 일어나고, 로마자 표기에 반영되었다.
④ ㉣에서 일어나는 음운 변동은 '한여름[한녀름]'에서도 일어나고, 로마자 표기에 반영되지 않았다.
⑤ ㉤에서 일어나는 음운 변동은 '밥물[밤물]'에서도 일어나고, 로마자 표기에 반영되지 않았다.

실전 문항 9

15. <보기>의 자료를 탐구한 결과로 적절한 것은? [2019학년도 9월]

―――――― < 보 기 > ――――――

○ 탐구 과제
하나의 문장이 안긴문장으로 다른 문장에 안길 때, 원래 있던 문장 성분이 생략되는 경우가 있다. 아래의 각 문장에서 안긴문장을 파악한 후, 생략된 문장 성분이 있다면 무엇인지 확인해 보자.

○ 자료
㉠ 부모님은 자식이 건강하기를 바란다.
㉡ 그 친구는 연락도 없이 그곳에 안 왔다.
㉢ 동생은 자신의 판단이 옳았음을 깨달았다.
㉣ 그는 내가 늘 쉬던 공원에서 산책을 했다.
㉤ 그 사람들은 아주 어려운 과제를 금방 끝냈다.

		안긴문장의 종류	생략된 문장 성분
①	㉠	부사절	없음
②	㉡	명사절	없음
③	㉢	명사절	주어
④	㉣	관형절	부사어
⑤	㉤	관형절	목적어

11. 〈보기〉의 ㉠에 들어갈 말로 적절하지 <u>않은</u> 것은? [2019학년도 수능]

─── 〈 보 기 〉 ───

선생님 : 최소 대립쌍이란 하나의 소리로 인해 뜻이 구별되는 단어의 짝을 말해요. 가령 최소 대립쌍 '살'과 '쌀'은 'ㅅ'과 'ㅆ'으로 인해 뜻이 달라지는데, 이때의 'ㅅ', 'ㅆ'은 음운의 자격을 얻게 되죠. 이처럼 최소 대립쌍을 이용해 음운들을 추출하면 음운 체계를 수립할 수 있어요. 이제 고유어들을 모은 [A]에서 최소 대립쌍들을 찾아 음운들을 추출하고, 그 음운들을 [B]에서 확인해 봅시다.

[A] | 쉬리, 마루, 구실, 모래, 소리, 구슬, 머루 |

[B] 국어의 단모음 체계

혀의 위치 입술 모양 혀의 높낮이	전설모음		후설모음	
	평순모음	원순모음	평순모음	원순모음
고모음	ㅣ	ㅟ	ㅡ	ㅜ
중모음	ㅔ	ㅚ	ㅓ	ㅗ
저모음	ㅐ		ㅏ	

[학생의 탐구 내용]

추출된 음운들 중 [㉠   ]을 확인할 수 있군.

① 2개의 전설 모음
② 2개의 중모음
③ 3개의 평순 모음
④ 3개의 고모음
⑤ 4개의 후설 모음

실전 문항 11

14. 〈보기〉의 ⓐ~ⓒ를 이해한 내용으로 적절하지 **않은** 것은? [2019학년도 수능]

< 보 기 >

ⓐ 그는 위기를 좋은 기회로 삼았다.
ⓑ 바다가 눈이 부시게 파랗다.
ⓒ 동주는 반짝이는 별을 응시했다.

① ⓐ의 '삼았다'는 주어 이외에도 두 개의 문장 성분을 필수적으로 요구하는군.
② ⓑ의 '바다가'와 '눈이'는 각각 다른 서술어의 주어이군.
③ ⓒ의 '별을'은 안긴문장의 목적어이면서 안은문장의 목적어이군.
④ ⓐ의 '좋은'과 ⓒ의 '반짝이는'은 안긴문장의 서술어이군.
⑤ ⓑ의 '눈이 부시게'와 ⓒ의 '반짝이는'은 수식의 기능을 하는군.

실전 문항 12

15. <보기>를 활용하여 국어사전을 만드는 활동을 하였다. 표제어 ⓐ와 예문 ⓑ, ⓒ에 들어갈 말로 적절한 것은? [2019학년도 수능]

< 보 기 >

㉠ 약속 날짜를 너무 <u>밭게</u> 잡았다.
㉡ 서로 <u>밭게</u> 앉아 더위를 참기 어려웠다.
㉢ 시간이 더 필요한데 제출 기한을 너무 <u>바투</u> 잡았다.
㉣ 어머니는 아들에게 <u>바투</u> 다가가 두 손을 움켜쥐었다.

⋮

ⓐ

① 두 대상이나 물체의 사이가 썩 가깝게
 ¶ ⓑ
② 시간이나 길이가 아주 짧게

⋮

밭다 형

① 시간이나 공간이 다붙어 몹시 가깝다.
 ¶ ⓒ
② 길이가 매우 짧다.
 ¶ 새로 산 바지가 **밭아** 발목이 다 보인다.
③ 음식을 가려 먹는 것이 심하거나 먹는 양이 적다.
 ¶ 우리 아들은 입이 너무 **밭아서** 큰일이다.

⋮

	ⓐ	ⓑ	ⓒ
①	밭게 閈	㉠	㉡
②	밭게 閈	㉡	㉢
③	밭게 閈	㉡	㉣
④	바투 閈	㉢	㉠
⑤	바투 閈	㉣	㉠

담화 상황에서 '우리'의 의미

13. 〈보기〉의 담화 상황에서 ⓐ~ⓔ가 가리키는 대상이 같은 것끼리 바르게 짝지은 것은?

[2018학년도 9월]

─── 〈 보 기 〉 ───

(수빈, 나경, 세은이 대화를 하고 있다.)

수빈 : 나경아, 머리핀 못 보던 거네. 예쁘다.

나경 : 고마워. ⓐ우리 엄마가 얼마 전 새로 생긴 선물 가게에서 사 주셨어.

세은 : 너희 어머니 참 자상하시네. 나도 그런 머리핀 하나 사고 싶은데 ⓑ우리 셋이 지금 사러 갈까?

수빈 : 미안해. 나도 같이 가고 싶은데 ⓒ우리 집에 일이 있어 못 갈 것 같아.

세은 : 그래? 그럼 할 수 없네. ⓓ우리끼리 가지, 뭐.

나경 : 그래, 수빈아. 다음엔 꼭 ⓔ우리 다 같이 가자.

① ⓐ - ⓑ   ② ⓐ - ⓓ   ③ ⓑ - ⓔ   ④ ⓒ - ⓓ   ⑤ ⓒ - ⓔ

실전 문항 14

15. 밑줄 친 말에 주목하여 <보기>의 ㉠~㉤에 대해 탐구한 결과로 적절하지 않은 것은?

[2018학년도 9월]

< 보 기 >

㉠ 거기에는 눈이 <u>왔겠다.</u> / 지금 거기에는 눈이 <u>오겠지.</u>

㉡ 그가 집에 <u>갔다.</u> / 막차를 놓쳤으니 나는 집에 다 <u>갔다.</u>

㉢ 내가 <u>떠날</u> 때 비가 올 것이다. / 내가 <u>떠날</u> 때 비가 왔다.

㉣ 그는 지금 학교에 <u>간다.</u> / 그는 내년에 <u>진학한다고</u> 한다.

㉤ 오늘 보니 그는 키가 <u>작다.</u> / 작년에 그는 키가 <u>작았다.</u>

① ㉠을 보니, 선어말 어미 '-겠-'이 미래의 사건을 추측하는 데에 쓰이고 있군.

② ㉡을 보니, 선어말 어미 '-았-'이 과거 시제를 나타내지 않는 경우도 있군.

③ ㉢을 보니, 관형사형 어미 '-ㄹ'이 붙을 때 미래의 사건을 나타내지 않는 경우도 있군.

④ ㉣을 보니, 현재 시제 선어말 어미 '-ㄴ-'이 미래의 사건을 나타낼 때도 쓰이고 있군.

⑤ ㉤을 보니, 형용사에서 현재 시제를 나타낼 때 시제 선어말 어미가 나타나지 않고 있군.

실전 문항 15

14. 〈보기〉의 음운 변동을 분석한 것으로 적절하지 <u>않은</u> 것은? [2018학년도 수능]

─────────── 〈 보 기 〉 ───────────

㉠ 흙일 → [흥닐]
㉡ 닳는 → [달른]
㉢ 발야구 → [발랴구]

① ㉠~㉢은 각각 2회 이상의 음운 변동이 일어났다.
② ㉠~㉢에 공통적으로 일어난 음운 변동은 첨가이다.
③ 음운 변동의 결과 음운의 개수에 변화가 없는 것은 ㉠이다.
④ ㉡과 ㉢에서 일어난 음운 변동의 횟수는 같다.
⑤ ㉢에서 첨가된 음운은 ㉠에서 첨가된 음운과 같다.

실전 문항 16

13. 〈보기〉의 ㉠~㉣에 대한 설명으로 적절하지 <u>않은</u> 것은? [3점] [2017학년도 6월]

―――――――――― 〈 보 기 〉 ――――――――――

㉠ 맑+네 → [망네]
㉡ 낮+일 → [난닐]
㉢ 꽃+말 → [꼰말]
㉣ 굵+고 → [글꼬]

① ㉠ : '값+도 → [갑또]'에서처럼 음절 끝에 둘 이상의 자음이 오지 못하기 때문에 일어난 음운 변동이 있다.

② ㉠, ㉢ : '입+니 → [임니]'에서처럼 인접하는 자음과 조음 방법이 같아진 음운 변동이 있다.

③ ㉡ : '물+약 → [물략]'에서처럼 자음이 교체된 음운 변동이 있다.

④ ㉡, ㉢ : '팥+죽 → [팓쭉]'에서처럼 음절 끝에 올 수 있는 자음이 제한되어 있기 때문에 일어난 음운 변동이 있다.

⑤ ㉣ : '잃+지 → [일치]'에서처럼 자음이 축약된 음운 변동이 있다.

실전 문항 17

13. 〈보기〉의 ㉠~㉢에 쓰인 ⓐ, ⓑ에 대한 설명으로 옳지 <u>않은</u> 것은?

[2017학년도 9월]

〈 보 기 〉

용언은 어간에 어미가 붙어 다양한 의미를 나타내며 활용된다. 어미는 ⓐ<u>선어말 어미</u>와 ⓑ<u>어말 어미</u>로 나뉜다. 어말 어미는 다시 종결 어미, 연결 어미, 전성 어미로 나뉜다. 용언의 활용형에서 선어말 어미는 없는 경우가 있어도 어말 어미는 반드시 있어야 한다.

㉠ 민수가 그 나무를 <u>심었구나</u>!
㉡ 저기서 <u>청소하는</u> 아이가 내 동생이야.
㉢ 그 친구가 설마 그 음식을 다 <u>먹었겠니</u>?
㉣ 그가 나에게 권한 책은 이미 <u>읽은</u> 책이다.
㉤ 주말에 바람은 <u>불겠지만</u> 비는 오지 않을 것이다.

---

① ㉠에는 과거 시제를 나타내는 '-었-'이 ⓐ로 쓰였고, 감탄형 종결 어미 '-구나'가 ⓑ로 쓰였다.
② ㉡에는 ⓐ는 없고 동사의 현재 시제를 나타내는 관형사형 전성 어미 '-는'이 ⓑ로 쓰였다.
③ ㉢에는 과거 시제를 나타내는 '-었-'과 주체의 의지를 나타내는 '-겠-'이 ⓐ로 쓰였고, 의문형 종결 어미 '-니'가 ⓑ로 쓰였다.
④ ㉣에는 ⓐ는 없고 동사의 과거 시제를 나타내는 관형사형 전성 어미 '-은'이 ⓑ로 쓰였다.
⑤ ㉤에는 추측의 의미를 나타내는 '-겠-'이 ⓐ로 쓰였고, 대등적 연결 어미 '-지만'이 ⓑ로 쓰였다.

실전 문항 18

15. 〈보기〉의 밑줄 친 부분에서 알 수 있는 중세 국어의 문법적 특징을 설명한 것으로 적절하지 **않은** 것은? [2017학년도 9월]

〈 보 기 〉

(가) 하늜벼리 눈 곧 디니이다 〈용비어천가〉
   (현대어 풀이 : 하늘의 별이 눈과 같이 떨어집니다.)

(나) 王이 부텨를 <u>請ᄒᅀᆞᄫᅡᆼ쇼셔</u> 〈석보상절〉
   (현대어 풀이 : 왕이 부처를 청하십시오.)

(다) 어마니ᇜ <u>아라보리로소니잇가</u> 〈월인석보〉
   (현대어 풀이: 어머님을 알아보겠습니까?)

(라) 내 이ᄅᆞᆯ 위ᄒᆞ야 〈훈민정음언해〉
   (현대어 풀이 : 내가 이를 위해서)

(마) 그 믈 <u>미틔</u> 金몰애 잇ᄂ니 〈월인석보〉
   (현대어 풀이 : 그 물 밑에 금모래가 있는데)

---

① (가) : 무정 명사에 결합되는 관형격 조사 'ㅅ'이 쓰였다.
② (나) : 객체를 높이는 선어말 어미 '-ᅀᆞ-'이 쓰였다.
③ (다) : 판정 의문문의 '-아' 계열 의문형 어미가 쓰였다.
④ (라) : 모음으로 끝나는 체언 뒤에 주격 조사 'ㅣ'가 쓰였다.
⑤ (마) : 높이지 않는 유정 명사에 결합되는 관형격 조사 '의'가 쓰였다.

실전 문항 19

13. 〈학습 활동〉의 (가)에 들어갈 내용으로 적절한 것은? [2017학년도 수능]

─────────── **〈 학습 활동 〉** ───────────

동사는 목적어 필요 여부에 따라 타동사와 자동사로 구분된다. ⓐ와 ⓑ를 보고, 중세 국어 '열다', '흩다'의 타동사, 자동사로서의 쓰임과 이에 대응하는 현대 국어 동사들의 쓰임을 비교하여 그 변화를 탐구해 보자.

ⓐ

> [중세 국어] 큰 ᄆᆞᅀᆞᄆᆞᆯ 여러
> [현대 국어] 큰 마음을 열어

> [중세 국어] 自然히 ᄆᆞᅀᆞ미 여러
> [현대 국어] 자연히 마음이 열리어

ⓑ

> [중세 국어] 번게 구르믈 흐터
> [현대 국어] 번개가 구름을 흩어

> [중세 국어] 散心은 흐튼 ᄆᆞᅀᆞ미라
> [현대 국어] 산심은 흩어진 마음이다.

탐구 결과 : ⓐ와 ⓑ를 보니, _____ (가) _____

① 중세 국어 '열다', '흩다'는 타동사로만 쓰였고, 현대 국어 '열다', '흩다'도 타동사로만 쓰인다.

② 중세 국어 '열다', '흩다'는 자동사로만 쓰였고, 현대 국어 '열다', '흩다'도 자동사로만 쓰인다.

③ 중세 국어 '열다', '흩다'는 타동사 및 자동사로 쓰였고, 현대 국어 '열다', '흩다'는 타동사로만 쓰인다.

④ 중세 국어 '열다', '흩다'는 타동사 및 자동사로 쓰였고, 현대 국어 '열다', '흩다'는 자동사로만 쓰인다.

⑤ 중세 국어 '열다', '흩다'는 타동사 및 자동사로 쓰였고, 현대 국어 '열다', '흩다'도 타동사 및 자동사로 쓰인다.

제2법칙

<보기> 사례 문법 실전 문항 정답 풀이

실전 문항 1   명사절을 안은 문장

14. <보기>의 ㉠~㉤과 관련된 설명으로 적절한 것은? [3점] [2021학년도 6월]

< 보 기 >

주기적으로 운동하기가 ㉠건강의 첫걸음이다. 그것을 꾸준하게 ㉡실천하기 ㉢원한다면 제대로 ㉣된 계획 세우기가 ㉤선행되어야 한다.

① ㉠이 서술어인 문장에서 명사절이 주어 기능을 하고 있다.
② ㉡이 서술어인 문장에서 명사절이 목적어 기능을 하고 있다.
③ ㉢이 서술어인 문장에서 명사절이 부사어 기능을 하고 있다.
④ ㉣이 서술어인 문장에서 명사절이 보어 기능을 하고 있다.
⑤ ㉤이 서술어인 문장에서 명사절이 관형어 기능을 하고 있다.

★정답 ①

[정답 찾기 3step]

step 1. 평가요소에 해당하는 문법 지식을 이해한다.

14. <보기>의 ㉠~㉤과 관련된 설명으로 적절한 것은?

　　　<보기>요소　　　　　평가요소　　　　　판단요소

☞ 선택지를 살펴보면, 명사절로 안긴 문장이 각각 어떤 기능을 하고 있는지가 평가요소이다. 따라서 이와 관련된 문법 지식을 알고 있어야 한다.

※ 명사절로 안긴 문장

– 하나의 절이 다른 문장 속에 들어가 주로 주어, 목적어로 쓰이는 문장
– 서술어에 명사형 어미 '-(으)ㅁ, -기'가 결합

step 2. 이해한 문법 지식을 바탕으로 〈보기〉의 사례를 분석한다.

① ㉠이 서술어인 문장에서 / 명사절이 주어 기능을 하고 있다. [○]

　　→ ㉠이 서술어인 문장은 '주기적으로 운동하기가 건강의 첫걸음이다.'이다.
　　　이 문장의 주어는 '주기적으로 운동하기가'이며, 명사형 어미 '-기'가 결합한 명사절이다.

② ㉡이 서술어인 문장에서 / 명사절이 목적어 기능을 하고 있다. [X]

　　→ ㉡이 서술어인 문장은 '그것을 꾸준하게 실천하다.'이다.
　　　이 문장의 목적어는 '그것을'이므로 명사절이 아니다.

③ ㉢이 서술어인 문장에서 / 명사절이 부사어 기능을 하고 있다. [X]

　　→ ㉢이 서술어인 문장은 '그것을 꾸준하게 실천하기 원한다.'이다.
　　　이 문장의 부사어는 '꾸준하게'이므로 명사절이 아니다. 명사절은 '실천하기(를)'이므로 목적어
　　　기능을 하고 있다.

④ ㉣이 서술어인 문장에서 / 명사절이 보어 기능을 하고 있다. [X]

　　→ ㉣이 서술어인 문장은 '계획 세우기가 제대로 되다.'이다.
　　　이 문장에서 명사절 '계획 세우기'는 조사 '가'와 결합하여 주어 기능을 하고 있다.

⑤ ㉤이 서술어인 문장에서 / 명사절이 관형어 기능을 하고 있다. [X]

　　→ ㉤이 서술어인 문장은 '계획 세우기가 선행되어야 한다.'이다.
　　　이 문장에서 명사절 '계획 세우기'는 조사 '가'와 결합하여 주어 기능을 하고 있다.

> **tip** 〈보기〉 사례 분석의 요령
>
> 문제를 풀다 보면, 간혹 〈보기〉의 사례를 어떻게 분석해야 할지 애매할 때가 있다. 이런
> 경우에는 선택지를 훑어 보자. 위 문항은 ㉠~㉤의 무엇을 분석해야 할지 찾기 어렵다.
> 하지만 선택지를 훑어보면, 평가요소가 '명사절이 어떤 문장 성분의 기능을 하고 있는가'
> 임을 알 수 있다. 이에 따라 step 1에서는 명사절을 안은 문장에 대한 배경지식을 떠올려
> 야 하며, step 2에서는 ㉠~㉤을 서술어로 하는 문장에서 명사절이 어떤 문장 성분인지
> 분석해야 한다.

15. 〈보기〉에 대한 이해로 적절한 것은? [2021학년도 9월]

— 〈 보 기 〉 —

나·랏 :말ᄊ·미 中듕國·귁·에 달·아 文문字·ᄍ·와·로 서르 ᄉᄆᆺ·디 아·니
ᄒ·씨 ·이런 젼·ᄎ·로 어·린 百·ᄇᆡᆨ姓·셩·이 니르·고·져 ·홇 ·배 이·셔·
도 ᄆᆞ·ᄎᆞᆷ:내 제 ·ᄠ·들 시·러 펴·디 :몯홇 ·노·미 하·니·라 ·내 ·이·를
爲·윙·ᄒ·야 :어엿·비 너·겨 ·새·로 ·스·믈여·듧 字·ᄍ·ᄅᆞᆯ 밍·ᄀᆞ노·니
:사ᄅᆞᆷ:마·다 :ᄒᆡ·여:수·비 니·겨 ·날·로 ·ᄡᅮ·메 便ᄈᅠᆫ安한·킈 ᄒ·고·져 홇
ᄯᆞᄅᆞ·미니·라

– 『훈민정음』 언해, 세조 5년(1459) –

○**현대어 풀이**
우리나라의 말이 중국과 달라 문자와 서로 통하지 아니하여서 이런 까닭으로 어리석은
백성이 말하고자 하는 바가 있어도 마침내 제 뜻을 능히 펴지 못하는 사람이 많다. 내가
이를 위하여 가엾게 여겨 새로 스물여덟 자를 만드니, 모든 사람들로 하여금 쉽게 익혀
날마다 쓰는 데 편하게 하고자 할 따름이다.

① ':말ᄊ·미'와 '·홇 ·배'에 쓰인 주격 조사는 그 형태가 동일하군.
② '하·니·라'의 '하다'는 현대 국어의 동사 '하다'와 품사가 동일하군.
③ '·이·를'과 '·새·로'에는 동일한 강약을 표시하는 방점이 쓰였군.
④ ':ᄒᆡ·여'와 '便ᄈᅠᆫ安한·킈 ᄒ·고·져'에는 모두 피동 표현이 쓰였군.
⑤ '·ᄡᅮ·메'에는 '사용하다'라는 의미를 지닌 동사 '쓰다'가 쓰였군.

★정답 ⑤

[정답 찾기 3step]

step 1. 평가요소에 해당하는 문법 지식을 이해한다.

15. 〈보기〉에 대한 이해로 적절한 것은?
　　〈보기〉요소　　평가요소　　판단요소

☞ 선택지를 살펴보면, 중세 국어의 문장 성분, 품사, 방점, 피동 표현, 단어의 의미 등 중세
국어와 관련된 전반적인 문법 지식을 묻고 있음을 알 수 있다.

step 2. 이해한 문법 지식을 바탕으로 〈보기〉의 사례를 분석한다.

① '말ㅆ·미'와 '·홇 ·배'에 쓰인 주격 조사
  → 말ㅆ·미: 믈씀+이
    ·홇 ·배: 홇 바+ㅣ

② '하·니·라'의 '하다'
  → '하다'는 현대어 '많다'

③ '·이·룰'과 '·새·로'
  → 방점을 찍어 성조(소리의 높고 낮음)을 나타내고 있음

④ ':히·여'와 '便뼌安한·킈 ㅎ·고·져'
  → 히·여: 현대어 '하여금' (사람들로 하여금 쉽게 익히게 한다.)
    便뼌安한·킈 ㅎ·고·져: 현대어 '편하게 하고자'

⑤ '·뿌·메'
  → '쓰+움+에', 현대어 '쓰는 데'.

step 3. 〈보기〉 사례 분석이 선택지에 타당하게 연결되었는지 판단한다.

① ':말ㅆ·미'와 '·홇 ·배'에 쓰인 주격 조사는 / 그 형태가 동일하군. [X]
  → 주격 조사 '이'와 'ㅣ'로 형태가 다르다.

② '하·니·라'의 '하다'는 / 현대 국어의 동사 '하다'와 품사가 동일하군. [X]
  → 현대 국어 '많다'의 의미이므로 형용사이다.

③ '·이·룰'과 '·새·로'에는 / 동일한 강약을 표시하는 방점이 쓰였군. [X]
  → 방점은 강약이 아니라 소리의 높고 낮음을 표시하는 것이다.

④ ':히·여'와 '便뼌安한·킈 ㅎ·고·져'에는 / 모두 피동 표현이 쓰였군. [X]
  → 현대어 풀이로 보아 사동 표현이다.

⑤ '·뿌·메'에는 '사용하다'라는 의미를 지닌 / 동사 '쓰다'가 쓰였군. [○]
  → '쓰+움+에'에 동사 어간 '쓰'가 쓰였다.

실전 문항 3

14. 〈학습 활동〉을 수행한 결과로 적절하지 않은 것은? [3점]

[2021학년도 수능]

○ 기상청은 ⓐ내일은 따뜻하지만 비가 온다는 예보를 했다.
○ 시민들은 ⓑ공원이 많고 거리가 깨끗한 도시를 만들었다.
○ ⓒ바람이 거세지고 어둠이 내리기 전에 산에서 내려갔다.
○ 나는 나중에야 ⓓ그녀는 왔으나 그가 안 왔음을 깨달았다.
○ 삼촌은 주말에 ⓔ꽃이 피고 새가 지저귀는 들판을 거닐었다.

① ⓐ는 인용절로 쓰이고 있다.
② ⓑ는 관형절로 쓰이고 있다.
③ ⓒ는 명사절로 쓰이고 있다.
④ ⓓ는 조사와 결합하여 주성분으로 쓰이고 있다.
⑤ ⓔ는 조사와 결합 없이 부속 성분으로 쓰이고 있다.

★정답 ①

[정답 찾기 3step]

step 1. 평가요소에 해당하는 문법 지식을 이해한다.

14. 〈학습 활동〉을 수행한 결과로 적절하지 않은 것은?
　　　〈보기〉요소　　　평가요소　　　판단요소

☞ 〈학습 활동〉과 선택지를 통해 안긴 문장의 종류에 대한 지식이 필요함을 알 수 있다.

step 2. 이해한 문법 지식을 바탕으로 〈보기〉의 사례를 분석한다.

☞ ⓐ~ⓔ의 문장 구조와 문장 성분을 분석해야 한다.

○ 기상청은 ⓐ내일은 따뜻하지만 비가 온다는 예보를 했다.
　→ ⓐ는 체언 '예보'를 꾸며 주고 있으므로 관형절로 안긴 문장이다.

○ 시민들은 ⓑ공원이 많고 거리가 깨끗한 도시를 만들었다.

　→ ⓑ는 체언 '도시'를 꾸며 주고 있으므로 관형절로 안긴 문장이다.

○ ⓒ바람이 거세지고 어둠이 내리기 전에 산에서 내려갔다.

　→ ⓒ는 명사형 어미 '-기'가 결합한, 명사절로 안긴 문장이다.

○ 나는 나중에야 ⓓ그녀는 왔으나 그가 안 왔음을 깨달았다.

　→ ⓓ는 명사형 어미 '-음'이 결합하여 목적격 조사 '을'과 함께 전체 문장에서 목적어 역할을 하고 있다.

○ 삼촌은 주말에 ⓔ꽃이 피고 새가 지저귀는 들판을 거닐었다.

　→ ⓔ는 체언 '들판'을 꾸며 주고 있으므로 관형절로 안긴 문장이다.

step 3. 〈보기〉 사례 분석이 선택지에 타당하게 연결되었는지 판단한다.

① ⓐ는 / 인용절로 쓰이고 있다. [X]

　→ ⓐ는 관형절로 쓰이고 있다.

② ⓑ는 / 관형절로 쓰이고 있다. [○]

　→ ⓑ는 체언을 꾸며 주는 관형절이다.

③ ⓒ는 / 명사절로 쓰이고 있다. [○]

　→ ⓒ는 명사형 어미가 결합하여 명사절로 쓰이고 있다.

④ ⓓ는 / 조사와 결합하여 주성분으로 쓰이고 있다. [○]

　→ ⓓ는 목적격 조사와 결합하였으며, 목적어로 쓰이고 있기 때문에 주성분이다.

⑤ ⓔ는 / 조사와 결합 없이 부속 성분으로 쓰이고 있다. [○]

　→ ⓔ는 조사와 결합하지 않았으며, 관형절로 쓰이고 있기 때문에 부속 성분이다.

실전 문항 4

14. 〈보기〉에 대한 이해로 적절하지 <u>않은</u> 것은? [2020학년도 6월]

> **〈 보 기 〉**
>
> ㉠ 풀잎[풀립]　　　㉡ 읊네[음네]　　　㉢ 벼훑이[벼훌치]

① ㉠, ㉡에서는 음운 변동이 각각 세 번씩 일어났군.
② ㉠, ㉡에서는 인접한 자음과 조음 방법이 같아지는 음운 변동이 일어났군.
③ ㉠에서 첨가된 음운과 ㉡에서 탈락된 음운은 서로 다르군.
④ ㉠, ㉢에서는 음운 개수가 달라지는 음운 변동이 일어났군.
⑤ ㉠은 'ㄹ'로 인해, ㉢은 모음 'ㅣ'로 인해 동화되는 음운 변동이 일어났군.

★정답 ④

[정답 찾기 3step]

step 1. 평가요소에 해당하는 문법 지식을 이해한다.

14. 〈보기〉에 대한 이해로 적절하지 <u>않은</u> 것은?
　　　〈보기〉요소　평가요소　　　판단요소

☞ 선택지를 살펴보면, 음운 변동에 대한 이해가 평가요소이다. 따라서 자신의 배경지식을
활용하여 각 사례의 음운 변동을 분석해야 한다.

step 2. 이해한 문법 지식을 바탕으로 〈보기〉의 사례를 분석한다.

㉠ 풀잎[풀립] → [풀닙] → [풀립]
　　　　　　('ㄴ'첨가, 음절의 끝소리 규칙, 유음화)

㉡ 읊네[음네] → [읖네] → [읍네] → [음네]
　　　　　　(자음군 단순화, 음절의 끝소리 규칙, 비음화)

㉢ 벼훑이[벼훌치] (구개음화)

step 3. 〈보기〉 사례 분석이 선택지에 타당하게 연결되었는지 판단한다.

① ㉠, ㉡에서는 / 음운 변동이 각각 세 번씩 일어났군. [○]
→ ㉠에서는 'ㄴ'첨가, 음절의 끝소리 규칙, 유음화가, ㉡에서는 자음군 단순화, 음절의 끝소리 규칙, 비음화가 일어났으므로 음운 변동이 각각 세 번씩 일어났다.

② ㉠, ㉡에서는 / 인접한 자음과 조음 방법이 같아지는 음운 변동이 일어났군. [○]
→ 유음화와 비음화는 인접한 자음의 영향을 받아 조음 방법이 같아지는 음운 변동이다.

③ ㉠에서 첨가된 음운과 / ㉡에서 탈락된 음운은 서로 다르군. [○]
→ ㉠에서 첨가된 음운은 'ㄴ', ㉡에서 탈락된 음운은 자음군 단순화 현상에 의해 'ㄹ'로 서로 다르다.

④ ㉠, ㉢에서는 / 음운 개수가 달라지는 음운 변동이 일어났군. [X]
→ ㉠의 'ㄴ'첨가는 음운 개수가 늘어나는 음운 변동이지만, ㉢의 구개음화는 음운 개수에 변화가 없다.

⑤ ㉠은 'ㄹ'로 인해, / ㉢은 모음 'ㅣ'로 인해 동화되는 음운 변동이 일어났군. [○]
→ ㉠은 뒷말 'ㄹ'의 영향을 받아 앞말의 'ㄴ'이 'ㄹ'로 바뀌는 유음화가 일어났으며, ㉢은 모음 'ㅣ'로 인해 'ㅌ'이 구개음인 'ㅈ'으로 바뀌는 구개음화가 일어났다. 따라서 두 음운 변동 모두 동화이다.

실전 문항 5

13. 〈보기〉의 ㉠에 들어갈 말로 적절한 것은? [3점] [2020학년도 6월]

─ 〈 보 기 〉 ─

선생님: 우선 아래 표에서 부정확한 발음과 정확한 발음을 확인해 보세요.

예	찰흙이	안팎을	넋이	끝을	숲에
부정확한 발음	[찰흐기]	[안파글]	[너기]	[끄츨]	[수베]
	↓	↓	↓	↓	↓
정확한 발음	[찰흘기]	[안파끌]	[넉씨]	[끄틀]	[수페]

다 봤나요? 그럼 정확한 발음을 참고하여, 부정확한 발음을 하게 된 이유를 말해 볼까요?

학생: ㉠

① '찰흙이'는 자음군 단순화를 적용하고 연음해야 하는데, [찰흐기]는 자음군 단순화를 적용하지 않고 연음을 했습니다.

② '안팎을'은 음절의 끝소리 규칙을 적용하지 않고 연음해야 하는데, [안파글]은 음절의 끝소리 규칙을 적용하고 연음을 했습니다.

③ '넋이'는 연음을 하고 된소리되기를 적용해야 하는데, [너기]는 음절의 끝소리 규칙을 적용하고 연음을 했습니다.

④ '끝을'은 연음을 하고 구개음화를 적용해야 하는데, [끄츨]은 구개음화를 적용하고 연음을 했습니다.

⑤ '숲에'는 거센소리되기를 적용하지 않고 연음해야 하는데, [수베]는 거센소리되기를 적용하고 연음을 했습니다.

★정답②

[정답 찾기 3step]

step 1. 평가요소에 해당하는 문법 지식을 이해한다.

13. 〈보기〉의 ㉠에 들어갈 말로 적절한 것은?

　　　〈보기〉요소　　　평가요소　　　　판단요소

☞ 〈보기〉와 선택지를 통해 음절의 끝소리 규칙, 자음군 단순화 등의 음운 변동에 대한 지식이 필요함을 알 수 있다.

step 2. 이해한 문법 지식을 바탕으로 〈보기〉의 사례를 분석한다.

찰흙이 [찰흐기] X
　　　[찰흘기] ○
→ 모음으로 시작하는 형식 형태소와 결합했으므로, 단순 연음을 한다.

안팎을 [안파글] X
　　　[안파끌] ○
→ 모음으로 시작하는 형식 형태소와 결합했으므로, 단순 연음을 한다.

넋이 [너기] X
　　[넉씨] ○
→ 모음으로 시작하는 형식 형태소와 결합하여 연음 한 후, 된소리 되기가 적용되었다.

끝을 [끄츨] X
　　[끄틀] ○
→ 'ㅣ'모음이 아닌 'ㅡ'모음이므로 구개음화가 일어나지 않고 연음을 한다.

숲에 [수베] X
　　[수페] ○
→ 모음으로 시작하는 형식 형태소와 결합했으므로, 단순 연음을 한다.

step 3. 〈보기〉 사례 분석이 선택지에 타당하게 연결되었는지 판단한다.

① '찰흙이'는 자음군 단순화를 적용하고 연음해야 하는데, / [찰흐기]는 자음군 단순화를 적용하지 않고 연음을 했습니다. [X]
　　→ 겹받침이 모음으로 시작하는 형식 형태소와 결합할 때, 자음군 단순화를 적용하지 않고 연음하는 것이 맞다.

② '안팎을'은 음절의 끝소리 규칙을 적용하지 않고 연음해야 하는데, / [안파글]은 음절의 끝소리 규칙을 적용하고 연음을 했습니다. [○]
　　→ 모음으로 시작하는 형식 형태소와 결합했으므로 그대로 연음하는 것이 맞다. 그러나 [안파글]은 'ㄲ'을 음절의 끝소리 규칙에 따라 'ㄱ'으로 교체한 부정확한 발음이다.

③ '넋이'는 연음을 하고 된소리되기를 적용해야 하는데, / [너기]는 음절의 끝소리 규칙을 적용하고 연음을 했습니다. [X]
　　→ [너기]는 겹받침 'ㄳ'에서 'ㅅ'을 탈락시킨 자음군 단순화를 적용하여 발음한 것이다.

④ '끝을'은 연음을 하고 구개음화를 적용해야 하는데, / [끄츨]은 구개음화를 적용하고 연음을 했습니다. [X]

→ 'ㅣ'모음이 없으므로 구개음화를 적용할 수 없다.

⑤ '숲에'는 거센소리되기를 적용하지 않고 연음해야 하는데, [수베]는 거센소리되기를 적용하고 연음을 했습니다. [X]

→ [수베]는 음절의 끝소리 규칙을 적용하여 'ㅍ'을 'ㅂ'으로 교체한 것이다.

실전 문항 6

14. 〈학습 활동〉을 해결한 내용으로 적절한 것은? [2020학년도 수능]

＜ 보 기 ＞

[자료]

ⓐ 하늘에 뜬 태양 ⓑ 우리가 즐겨 부르던 노래
ⓒ 늘 푸르던 하늘 ⓓ 운동장에 남은 아이들
ⓔ 네가 읽는 소설 ⓕ 이미 아이들로 가득 찬 교실
ⓖ 달리기가 제일 빠른 친구

[표] 관형사형 어미 체계

	동사	형용사
현재	-는	㉠
과거	㉡	㉢
과거	-던	㉢
미래	-(으)ㄹ	-(으)ㄹ

① ⓐ의 '뜬'에 쓰인 어미 '-(으)ㄴ'은 ㉠에 해당한다.
② ⓑ의 '부르던'과 ⓒ의 '푸르던'에 쓰인 어미 '-던'은 ㉢에 해당한다.
③ ⓓ의 '남은'과 ⓕ의 '찬'에 쓰인 어미 '-(으)ㄴ'은 ㉡에 해당한다.
④ ⓔ의 '읽는'에 쓰인 어미 '-는'은 ㉡에 해당한다.
⑤ ⓖ의 '빠른'에 쓰인 어미 '-(으)ㄴ'은 ㉢에 해당한다.

★정답③

[정답 찾기 3step]

step 1. 평가요소에 해당하는 문법 지식을 이해한다.

14. 〈학습 활동〉을 해결한 내용으로 적절한 것은?

　　〈보기〉요소　　　평가요소　　　판단요소

☞ 〈보기〉요소인 관형사형 어미의 체계를 이해해야 한다.

※ 관형사형 어미
– 용언의 어간에 결합하여 체언을 수식하는 기능을 하게 해 주는 어미

step 2. 이해한 문법 지식을 바탕으로 〈보기〉의 사례를 분석한다.

ⓐ 하늘에 뜬 태양 ⓑ 우리가 즐겨 부르던 노래
　　→ 동사/현재 → 동사/과거

ⓒ 늘 푸르던 하늘 ⓓ 운동장에 남은 아이들
　　→ 형용사/과거 → 동사/과거

ⓔ 네가 읽는 소설 ⓕ 이미 아이들로 가득 찬 교실
　　→ 동사/현재 → 동사/과거

ⓖ 달리기가 제일 빠른 친구
　　→ 형용사/현재

step 3. 〈보기〉 사례 분석이 선택지에 타당하게 연결되었는지 판단한다.

① ⓐ의 '뜬'에 쓰인 어미 '–(으)ㄴ'은 ㉠에 해당한다. [X]
　　→ '뜨다'는 동사이다.

② ⓑ의 '부르던'과 ⓒ의 '푸르던'에 쓰인 어미 '–던'은 ㉢에 해당한다. [X]
　　→ '부르다'는 동사이므로 '푸르던'만 ㉢에 해당한다.

③ ⓓ의 '남은'과 ⓕ의 '찬'에 쓰인 어미 '–(으)ㄴ'은 ㉡에 해당한다. [O]
　　→ 과거이면서 동사이므로 ㉡에 해당한다.

④ ⓔ의 '읽는'에 쓰인 어미 '–는'은 ㉡에 해당한다. [X]
　　→ '읽는'은 현재에 해당한다.

⑤ ⓖ의 '빠른'에 쓰인 어미 '–(으)ㄴ'은 ㉢에 해당한다. [X]
　　→ '빠른'은 현재에 해당한다.

tip 동사, 형용사의 구분

동사는 사람이나 사물의 동작을 나타내는 말이며, 형용사는 사람이나 사물의 성질을 나타내는 말이다.

동사와 형용사는 의미상 '성질'을 나타내느냐, '동작'을 나타내느냐로 구별할 수도 있지만, 다음과 같이 현재 시제 선어말 어미의 결합, 청유형과 명령형으로의 사용 여부를 가지고도 구분할 수 있다.

	현재 시제 선어말 어미 '-는/-ㄴ'	명령형	청유형	
달리다	달리는 중이다.	지희야 달려라	지희야 달리자	⇒ 동사
예쁘다	*예쁘는 중이다.	지희야 *예뻐라	지희야 *예쁘자	⇒ 형용사

동사는 현재 시제 선어말 어미와 결합이 가능하고 명령형, 청유형 문장의 서술어로 쓰인다. 하지만 형용사는 세 경우가 모두 불가능하다.

실전 문항 7

14. 〈보기〉의 ⓐ∼ⓒ에 들어갈 말로 적절한 것은? [2019학년도 6월]

― 〈 보 기 〉 ―

○ **탐구 자료**

	비표준 발음	표준 발음
㉠ 긁는	[글른]	[긍는]
㉡ 짧네	[짬네]	[짤레]
㉢ 끊기고	[끈기고]	[끈키고]
㉣ 뚫지	[뚤찌]	[뚤치]

○ **탐구 내용**

㉠의 비표준 발음과 ㉡의 표준 발음에는 자음군 단순화 후 (ⓐ)가 나타난다. 이에 비해, ㉠의 표준 발음과 ㉡의 비표준 발음에 자음군 단순화 후 (ⓑ)가 나타난다. ㉢과 ㉣의 표준 발음은 (ⓒ)만 일어난 발음이다.

	ⓐ	ⓑ	ⓒ
①	유음화	비음화	거센소리되기
②	유음화	비음화	된소리되기
③	비음화	유음화	거센소리되기
④	비음화	유음화	된소리되기
⑤	비음화	된소리되기	거센소리되기

★정답 ①

[정답 찾기 3step]

step 1. 평가요소에 해당하는 문법 지식을 이해한다.

14. 〈보기〉의 ⓐ∼ⓒ에 들어갈 말로 적절한 것은?

　　　〈보기〉요소　　　평가요소　　　판단요소

☞ 〈보기〉의 사례를 분석하기 위해 겹받침의 발음과 음운의 변동을 이해해야 한다.

* 겹받침의 발음

겹받침의 발음을 쉽게
외우는 방법이 있다.
바로 227 법칙이다.
- 뒤 자음 발음 2개
  '밝, 밟'
- 환경에 따라 다른
  발음 2개 '밝, 밟'
- 앞 자음 발음 7개
(박종석, 임소라, 스피
드-수능 국어의 답 문
법 편 23쪽 참고)

※ 겹받침의 발음

– 모음으로 시작하는 형식 형태소와 결합할 때: 연음

– 자음으로 시작하는 형식 형태소와 결합하거나 체언 단독일 때: 겹받침의 종류에 따라 다름

・앞의 자음이 발음: 'ㄳ, ㄵ, ㄶ, ㄺ, ㄽ, ㅄ'

・뒤의 자음이 발음: 'ㄺ, ㄻ'

・'ㄺ'의 발음 - 뒤의 자음이 발음

　　　　　　　└ 'ㄱ'으로 시작하는 어미가 올 때: 앞 자음이 발음

・'ㄼ'의 발음 - 앞의 자음이 발음

　　　　　　├ 어간 '밟-': 뒤의 자음이 발음

　　　　　　└ 넓죽하다 [넙쭈카다], 넓둥글다 [넙뚱글다]

step 2. 이해한 문법 지식을 바탕으로 〈보기〉의 사례를 분석한다.

㉠ 긁는 [글른]X : [글는]→ [글른] 자음군 단순화, 유음화

　　 [긍는]○ : [극는]→ [긍는] 자음군 단순화, 비음화

　　 ('ㄺ'은 뒤의 자음인 'ㄱ'이 발음되어야 한다.)

㉡ 짧네 [짬네]X : [짭네]→ [짬네] 자음군 단순화, 비음화

　　 [짤레]○ : [짤네]→ [짤레] 자음군 단순화, 유음화

　　 ('ㄼ'은 앞 자음인 'ㄹ'이 발음되어야 한다.)

㉢ 끊기고 [끈기고]X : 자음군 단순화

　　　 [끈키고]○ : 거센소리되기

　　 ('ㄶ'은 앞 자음인 'ㄴ'이 발음되어야 한다.)

㉣ 뚫지 [뚤찌]X : [뚤지]→ [뚤찌] 자음군 단순화, 된소리되기

　　　 [뚤치]○ : 거센소리되기

　　 ('ㅀ'은 앞 자음인 'ㄹ'이 발음되어야 한다.)

step 3. 〈보기〉 사례 분석이 선택지에 타당하게 연결되었는지 판단한다.

㉠의 비표준 발음과 ㉡의 표준 발음에는 자음군 단순화 후 (유음화)가 나타난다. 이에 비해,
㉠의 표준 발음과 ㉡의 비표준 발음에 자음군 단순화 후 (비음화)가 나타난다. ㉢과 ㉣의
표준 발음은 (거센소리되기)만 일어난 발음이다.

따라서 정답은 ①이다.

실전 문항 8

13. 〈보기〉의 ㉠~㉤에 대한 설명으로 적절한 것은? [3점] [2019학년도 9월]

	한글 표기	발음	로마자 표기
㉠	같이	[가치]	gachi
㉡	잡다	[잡따]	japda
㉢	놓지	[노치]	nochi
㉣	맨입	[맨닙]	maennip
㉤	백미	[뱅미]	baengmi

① ㉠에서 일어나는 음운 변동은 '땀받이[땀바지]'에서도 일어나고, 로마자 표기에 반영되었다.
② ㉡에서 일어나는 음운 변동은 '삭제[삭쩨]'에서도 일어나고, 로마자 표기에 반영되었다.
③ ㉢에서 일어나는 음운 변동은 '닳아[다라]'에서도 일어나고, 로마자 표기에 반영되었다.
④ ㉣에서 일어나는 음운 변동은 '한여름[한녀름]'에서도 일어나고, 로마자 표기에 반영되지 않았다.
⑤ ㉤에서 일어나는 음운 변동은 '밥물[밤물]'에서도 일어나고, 로마자 표기에 반영되지 않았다.

★정답 ①

[정답 찾기 3step]

step 1. 평가요소에 해당하는 문법 지식을 이해한다.

13. 〈보기〉의 ㉠~㉤에 대한 설명으로 적절한 것은?

　　〈보기〉요소　　　평가요소　　　판단요소

☞ 평가요소인 음운의 변동에 대해 이해해야 한다.

step 2. 이해한 문법 지식을 바탕으로 〈보기〉의 사례를 분석한다.

㉠ 같이[가치] → 구개음화, 로마자 표기에 반영됨

㉡ 잡다[잡따] → 된소리되기, 로마자 표기에 반영되지 않음
　　　　　　　　　(발음은 '따', 표기는 'da')

ⓒ 놓지[노치] → 거센소리되기, 로마자 표기에 반영됨

ⓔ 맨입[맨닙] → 'ㄴ'첨가, 로마자 표기에 반영됨

ⓜ 백미[뱅미] → 비음화, 로마자 표기에 반영됨

step 3. 〈보기〉 사례 분석이 선택지에 타당하게 연결되었는지 판단한다.

① ㉠에서 일어나는 음운 변동은 '땀받이[땀바지]'에서도 일어나고, / 로마자 표기에 반영되
   었다.   구개음화 [○]   [○]

② ㉡에서 일어나는 음운 변동은 '삭제[삭쩨]'에서도 일어나고, / 로마자 표기에 반영되었
   다. 된소리되기   [○]   [X]

③ ㉢에서 일어나는 음운 변동은 '닳아[다라]'에서도 일어나고, / 로마자 표기에 반영되었
   다.   'ㅎ'탈락 [X]   [○]

④ ㉣에서 일어나는 음운 변동은 '한여름[한녀름]'에서도 일어나고, / 로마자 표기에 반영되
   지 않았다.   'ㄴ'첨가 [○]   [X]

⑤ ㉤에서 일어나는 음운 변동은 '밥물[밤물]'에서도 일어나고, / 로마자 표기에 반영되지
   않았다.   비음화 [○]   [X]

실전 문항 9

15. 〈보기〉의 자료를 탐구한 결과로 적절한 것은? [2019학년도 9월]

〈 보 기 〉

○ 자료

㉠ 부모님은 자식이 건강하기를 바란다.

㉡ 그 친구는 연락도 없이 그곳에 안 왔다.

㉢ 동생은 자신의 판단이 옳았음을 깨달았다.

㉣ 그는 내가 늘 쉬던 공원에서 산책을 했다.

㉤ 그 사람들은 아주 어려운 과제를 금방 끝냈다.

		안긴문장의 종류	생략된 문장 성분
①	㉠	부사절	없음
②	㉡	명사절	없음
③	㉢	명사절	주어
④	㉣	관형절	부사어
⑤	㉤	관형절	목적어

★정답 ④

[정답 찾기 3step]

step 1. 평가요소에 해당하는 문법 지식을 이해한다.

15. 〈보기〉의 자료를 탐구한 결과로 적절한 것은?

　　〈보기〉요소　　　　평가요소　　　　　판단요소

☞ 안긴 문장과 문장 성분을 이해해야 한다.

※ 안긴문장 문장의 종류

– 명사절로 안긴 문장: 문장에서 명사처럼 쓰여 주어, 목적어, 보어 등의 기능을 하는 문장

- 관형절로 안긴 문장: 문장에서 관형어처럼 쓰인 문장
- 부사절로 안긴 문장: 문장에서 부사어처럼 쓰인 문장
- 서술절로 안긴 문장: 문장에서 서술어처럼 쓰인 문장
- 인용절로 안긴 문장: 다른 사람의 말을 직접 또는 간접으로 인용한 문장

※ 문장 성분의 종류
- 주어: 동작, 상태, 성질의 주체
- 목적어: 서술어의 대상
- 서술어: 주어의 동작, 상태 성질 설명
- 보어: 문장의 의미를 보충, '되다, 아니다' 앞의 말
- 관형어: 체언 수식
- 부사어: 용언 수식
- 독립어: 다른 문장 성분과 직접적 관련 없이 독립적

step 2. 이해한 문법 지식을 바탕으로 〈보기〉의 사례를 분석한다.

㉠ 부모님은 <u>자식이 건강하기</u>를 바란다.

　　→ '자식이 건강하다'는 절이 문장 안에서 목적어 역할을 하므로 명사절로 안긴 문장이며 생략된 문장 성분은 없다.

㉡ 그 친구는 <u>연락도 없이</u> 그곳에 안 왔다.

　　→ '연락도 없다'는 절이 문장 안에서 부사어 역할을 하므로 부사절로 안긴 문장이며 생략된 문장 성분은 없다.

㉢ 동생은 <u>자신의 판단이 옳았음</u>을 깨달았다.

　　→ '자신의 판단이 옳다'는 절이 문장 안에서 목적어 역할을 하므로 명사절로 안긴 문장이며 생략된 문장 성분은 없다.

㉣ 그는 <u>내가 늘 쉬던</u> 공원에서 산책을 했다.

　　→ '내가 공원에서 늘 쉬다'는 절이 문장 안에서 관형어 역할을 하므로 관형절로 안긴 문장이며, 부사어 '공원에서'가 중복되므로 생략되었다.

㉤ 그 사람들은 <u>아주 어려운</u> 과제를 금방 끝냈다.

　　→ '과제가 아주 어렵다'는 절이 문장 안에서 관형어 역할을 하므로 관형절로 안긴 문장이며, 주어 '과제'가 중복되므로 생략되었다.

step 3. 〈보기〉 사례 분석이 선택지에 타당하게 연결되었는지 판단한다.

〈보기〉의 사례 분석을 통해 ④가 정답임을 찾을 수 있다.

11. <보기>의 ㉠에 들어갈 말로 적절하지 <u>않은</u> 것은? [2019학년도 수능]

─────── **< 보 기 >** ───────

선생님 : 고유어들을 모은 [A]에서 최소 대립쌍들을 찾아 음운들을 추출하고, 그 음운들을 [B]에서 확인해 봅시다.

[A] 쉬리, 마루, 구실, 모래, 소리, 구슬, 머루

[B] 국어의 단모음 체계

혀의 위치 입술 모양 혀의 높낮이	전설모음		후설모음	
	평순모음	원순모음	평순모음	원순모음
고모음	ㅣ	ㅟ	ㅡ	ㅜ
중모음	ㅔ	ㅚ	ㅓ	ㅗ
저모음	ㅐ		ㅏ	

[학생의 탐구 내용]

추출된 음운들 중 [㉠   ]을 확인할 수 있군.

① 2개의 전설 모음   ② 2개의 중모음
③ 3개의 평순 모음   ④ 3개의 고모음
⑤ 4개의 후설 모음

★정답 ③

[정답 찾기 3step]

step 1. 평가요소에 해당하는 문법 지식을 이해한다.

11. <보기>의 ㉠에 들어갈 말로 적절하지 <u>않은</u> 것은?

　　<보기>요소　　　평가요소　　　　　판단요소

☞ 최소 대립쌍과 국어의 단모음 체계를 이해해야 한다.

※ **최소 대립쌍:** 하나의 소리로 인해 뜻이 구별되는 단어의 짝. 즉, 단 하나의 음운만이 달라져 단어의 뜻이 다른 단어

step 2. 이해한 문법 지식을 바탕으로 〈보기〉의 사례를 분석한다.

☞ 〈보기〉의 사례에서 최소 대립쌍을 찾아야 한다.

쉬리 - 소리 (모음 'ㅟ'와 'ㅗ')
마루 - 머루 (모음 'ㅏ'와 'ㅓ') / 구실 - 구슬 (모음 'ㅣ'와 'ㅡ')

step 3. 〈보기〉 사례 분석이 선택지에 타당하게 연결되었는지 판단한다.

〈보기〉 분석 결과 모음 'ㅟ', 'ㅗ', 'ㅏ', 'ㅓ', 'ㅣ', 'ㅡ'를 확인할 수 있다. 이들을 단모음 체계에서 찾아보면 3개의 고모음, 2개의 중모음, 1개의 저모음 / 2개의 전설 모음, 4개의 후설 모음 / 4개의 평순 모음, 2개의 원순모음임을 알 수 있다. 따라서 정답은 ③이다.

실전 문항 11

14. 〈보기〉의 ⓐ~ⓒ를 이해한 내용으로 적절하지 않은 것은?

[2019학년도 수능]

< 보 기 >

ⓐ 그는 위기를 좋은 기회로 삼았다.

ⓑ 바다가 눈이 부시게 파랗다.

ⓒ 동주는 반짝이는 별을 응시했다.

---

① ⓐ의 '삼았다'는 주어 이외에도 두 개의 문장 성분을 필수적으로 요구하는군.

② ⓑ의 '바다가'와 '눈이'는 각각 다른 서술어의 주어이군.

③ ⓒ의 '별을'은 안긴문장의 목적어이면서 안은문장의 목적어이군.

④ ⓐ의 '좋은'과 ⓒ의 '반짝이는'은 안긴문장의 서술어이군.

⑤ ⓑ의 '눈이 부시게'와 ⓒ의 '반짝이는'은 수식의 기능을 하는군.

★정답 ③

[정답 찾기 3step]

step 1. 평가요소에 해당하는 문법 지식을 이해한다.

14. 〈보기〉의 ⓐ~ⓒ를 이해한 내용으로 적절하지 않은 것은?

  〈보기〉요소   평가요소   판단요소

☞ 안은 문장의 종류, 문장 성분에 대해 이해해야 한다.

step 2. 이해한 문법 지식을 바탕으로 〈보기〉의 사례를 분석한다.

ⓐ 그는 위기를 <u>좋은</u> 기회로 삼았다.

  → '기회가 좋다'는 절이 문장 안에서 부사어의 역할을 하는 부사절을 안은 문장이다. 이 부사어는 필수 부사어로, '삼았다'는 주어, 목적어, 부사어가 필요한 세 자리 서술어이다.

ⓑ 바다가 <u>눈이</u> 부시게 파랗다.

  → '눈이 부시다'는 절이 문장 안에서 부사어의 역할을 하는 부사절을 안은 문장이다.

ⓒ 동주는 <u>반짝이는</u> 별을 응시했다.

    → '별이 반짝이다'는 절이 문장 안에서 관형어의 역할을 하는 관형절을 안은 문장이다.

step 3. 〈보기〉 사례 분석이 선택지에 타당하게 연결되었는지 판단한다.

① ⓐ의 '삼았다'는 / 주어 이외에도 두 개의 문장 성분을 필수적으로 요구하는군. [○]

    → '삼았다'는 세 자리 서술어이다.

② ⓑ의 '바다가'와 '눈이'는 / 각각 다른 서술어의 주어이군. [○]

    → '바다가'는 '파랗다'의 서술어, '눈이'는 '부시다'의 서술어이다.

③ ⓒ의 '별을'은 / 안긴문장의 목적어이면서 안은문장의 목적어이군. [X]

    → '별을'은 안긴문장의 목적어가 아닌 주어이다.

④ ⓐ의 '좋은'과 ⓒ의 '반짝이는'은 / 안긴문장의 서술어이군. [○]

    → '기회가 좋다', '별이 반짝이다'에서 확인할 수 있다.

⑤ ⓑ의 '눈이 부시게'와 ⓒ의 '반짝이는'은 / 수식의 기능을 하는군. [○]

    → 각각 부사어, 관형어의 역할을 하므로 수식의 기능이 있다.

실전 문항 12

15. 〈보기〉를 활용하여 국어사전을 만드는 활동을 하였다. 표제어 ⓐ와 예문 ⓑ, ⓒ에 들어갈 말로 적절한 것은? [2019학년도 수능]

< 보 기 >

⊙ 약속 날짜를 너무 <u>밭게</u> 잡았다.
⊙ 서로 <u>밭게</u> 앉아 더위를 참기 어려웠다.
⊙ 시간이 더 필요한데 제출 기한을 너무 <u>바투</u> 잡았다.
② 어머니는 아들에게 <u>바투</u> 다가가 두 손을 움켜쥐었다.

ⓐ
① 두 대상이나 물체의 사이가 썩 가깝게
¶   ⓑ
② 시간이나 길이가 아주 짧게
                    ⋮

밭다 형
① 시간이나 공간이 다붙어 몹시 가깝다.
¶   ⓒ
② 길이가 매우 짧다.
¶ 새로 산 바지가 **밭아** 발목이 다 보인다.

	ⓐ	ⓑ	ⓒ
①	밭게 閈	⊙	⊙
②	밭게 閈	⊙	⊙
③	밭게 閈	⊙	②
④	바투 閈	⊙	⊙
⑤	바투 閈	②	⊙

★정답 ⑤

[정답 찾기 3step]

step 1. 평가요소에 해당하는 문법 지식을 이해한다.

15. 〈보기〉를 활용하여 국어사전을 만드는 활동을 하였다. 표제어 ⓐ와 예문

　　　　　〈보기〉요소　　　　　　　　　　　　　　　　　　평가요소

ⓑ, ⓒ에 들어갈 말로 적절한 것은?

　　　　　판단요소

☞ 사전에서 두 단어의 품사, 예문을 이해해야 한다.

step 2. 이해한 문법 지식을 바탕으로 〈보기〉의 사례를 분석한다.

㉠ 약속 날짜를 너무 <u>밭게</u> 잡았다.

　→ '밭게'는 형용사이다. 또한 의미상 '밭다 ①'에 해당하므로 ⓒ에 들어갈 예문이다.

㉡ 서로 <u>밭게</u> 앉아 더위를 참기 어려웠다.

　→ '밭게'는 형용사이다. 또한 의미상 '밭다 ①'에 해당하므로 ⓒ에 들어갈 예문이다.

㉢ 시간이 더 필요한데 제출 기한을 너무 <u>바투</u> 잡았다.

　→ '바투'는 서술어 '잡았다'를 수식하고 있으므로 부사이다. 또한 의미상 '② 시간이나 길이가 아주 짧게'에 해당한다.

㉣ 어머니는 아들에게 <u>바투</u> 다가가 두 손을 움켜쥐었다.

　→ '바투'는 서술어 '다가가다'를 수식하고 있으므로 부사이다. 또한 의미상 ①에 해당하므로 ⓑ에 들어갈 예문이다.

step 3. 〈보기〉 사례 분석이 선택지에 타당하게 연결되었는지 판단한다.

ⓐ는 바투 🅟 ⓑ는 ㉣, ⓒ는 ㉠과 ㉡이 되므로 정답은 ⑤이다.

실전 문항 13

13. 〈보기〉의 담화 상황에서 ⓐ~ⓔ가 가리키는 대상이 같은 것끼리 바르게 짝지은 것은?

[2018학년도 9월]

─── < 보 기 > ───

(수빈, 나경, 세은이 대화를 하고 있다.)
수빈 : 나경아, 머리핀 못 보던 거네. 예쁘다.
나경 : 고마워. ⓐ우리 엄마가 얼마 전 새로 생긴 선물 가게에서 사 주셨어.
세은 : 너희 어머니 참 자상하시네. 나도 그런 머리핀 하나 사고 싶은데 ⓑ우리 셋이
　　　지금 사러 갈까?
수빈 : 미안해. 나도 같이 가고 싶은데 ⓒ우리 집에 일이 있어 못 갈 것 같아.
세은 : 그래? 그럼 할 수 없네. ⓓ우리끼리 가지, 뭐.
나경 : 그래, 수빈아. 다음엔 꼭 ⓔ우리 다 같이 가자.

① ⓐ-ⓑ　　② ⓐ-ⓓ　　③ ⓑ-ⓔ　　④ ⓒ-ⓓ　　⑤ ⓒ-ⓔ

★정답 ③

[정답 찾기 3step]

step 1. 평가요소에 해당하는 문법 지식을 이해한다.

13. 〈보기〉의 담화 상황에서 ⓐ~ⓔ가 가리키는 대상이 같은 것끼리 바르게 짝지은 것은?
　　　　〈보기〉요소　　　　　　　　　　평가요소　　　　　　　　　판단요소

☞ 앞뒤 맥락을 잘 살펴 담화 상황 전체를 이해해야 한다.

step 2. 이해한 문법 지식을 바탕으로 〈보기〉의 사례를 분석한다.

ⓐ우리 → 나경이(의 엄마)

　　　　(나경이가 우리 엄마라고 했으므로 나경이의 엄마이다.)

ⓑ우리 → 나경, 세은, 수진

　　　　('우리 셋'이라고 했으므로 담화 상황에 함께 있는 셋을 의미한다.)

ⓒ우리 → 수빈이(의 집)

    (수빈이가 '우리 집에 일이 있다'고 했으므로 수빈이의 집을 의미한다.)

ⓓ우리 → 세은, 나경

    (수빈이를 제외하고 '우리끼리 간다'고 했으므로 세경, 나경 둘만을 의미한다.)

ⓔ우리 → 나경, 세은, 수진

    ('우리 다 같이 가자'고 했으므로 담화 상황에 함께 있는 셋을 의미한다.)

step 3. 〈보기〉 사례 분석이 선택지에 타당하게 연결되었는지 판단한다.

ⓐ~ⓔ가 가리키는 대상이 같은 것끼리 연결한 선택지는 '③ ⓑ - ⓔ'이다.

실전 문항 14

15. 밑줄 친 말에 주목하여 〈보기〉의 ㉠~㉤에 대해 탐구한 결과로 적절하지 않은 것은?

[2018학년도 9월]

─────────────── < 보 기 > ───────────────

㉠ 거기에는 눈이 <u>왔겠다.</u> / 지금 거기에는 눈이 <u>오겠지.</u>

㉡ 그가 집에 <u>갔다.</u> / 막차를 놓쳤으니 나는 집에 다 <u>갔다.</u>

㉢ 내가 <u>떠날</u> 때 비가 올 것이다. / 내가 <u>떠날</u> 때 비가 왔다.

㉣ 그는 지금 학교에 <u>간다.</u> / 그는 내년에 <u>진학한다고</u> 한다.

㉤ 오늘 보니 그는 키가 <u>작다.</u> / 작년에 그는 키가 <u>작았다.</u>

─────────────────────────────────────

① ㉠을 보니, 선어말 어미 '–겠–'이 미래의 사건을 추측하는 데에 쓰이고 있군.

② ㉡을 보니, 선어말 어미 '–았–'이 과거 시제를 나타내지 않는 경우도 있군.

③ ㉢을 보니, 관형사형 어미 '–ㄹ'이 붙을 때 미래의 사건을 나타내지 않는 경우도 있군.

④ ㉣을 보니, 현재 시제 선어말 어미 '–ㄴ–'이 미래의 사건을 나타낼 때도 쓰이고 있군.

⑤ ㉤을 보니, 형용사에서 현재 시제를 나타낼 때 시제 선어말 어미가 나타나지 않고 있군.

★정답 ①

[정답 찾기 3step]

step 1. 평가요소에 해당하는 문법 지식을 이해한다.

15. 밑줄 친 말에 주목하여 〈보기〉의 ㉠~㉤에 대해 탐구한 결과로 적절하지 않은 것은?

　　　　　　　〈보기〉요소　　　　　　평가요소　　　　　　판단요소

☞ 〈보기〉와 선택지를 통해 국어의 시제 표현이 평가요소임을 알 수 있다.

※ 국어의 시제 표현
– 과거시제: 선어말 어미 '–았–, –었–, –더–', '어제, 옛날, 지난' 등의 단어, 관형사형
　　　　　　어미 '–(으)ㄴ, –던'
– 현재시제: 선어말 어미 '–는–, –(으)ㄴ–', '지금'과 같은 단어, 관형사형 어미 '–는'
– 미래시제: 선어말 어미 '–겠–, –(으)리–', '내일'과 같은 단어, 관형사형 어미 '–(으)ㄹ'

step 2. 이해한 문법 지식을 바탕으로 〈보기〉의 사례를 분석한다.

ⓐ 거기에는 눈이 왔겠다. / 지금 거기에는 눈이 오겠지.
　　→ 선어말 어미 '-겠-'이 쓰임

ⓑ 그가 집에 갔다. / 막차를 놓쳤으니 나는 집에 다 갔다.
　　→ 선어말 어미 '-았-'이 쓰임

ⓒ 내가 떠날 때 비가 올 것이다. / 내가 떠날 때 비가 왔다.
　　→ 관형사형 어미 '-ㄹ'이 쓰임

ⓓ 그는 지금 학교에 간다. / 그는 내년에 진학한다고 한다.
　　→ 현재 시제 선어말 어미 '-ㄴ-'이 쓰임

ⓔ 오늘 보니 그는 키가 작다. / 작년에 그는 키가 작았다.
　　→ 선어말 어미 '-았-'이 쓰임

step 3. 〈보기〉 사례 분석이 선택지에 타당하게 연결되었는지 판단한다.

① ⓐ을 보니, / 선어말 어미 '-겠-'이 / 미래의 사건을 추측하는 데에 쓰이고 있군. [X]
　　→ '눈이 왔겠다'는 과거 사건의 추측, '눈이 오겠지'는 현재 사건의 추측이다.

② ⓑ을 보니, / 선어말 어미 '-았-'이 / 과거 시제를 나타내지 않는 경우도 있군. [○]
　　→ '막차를 놓쳤으니 나는 집에 다 갔다.'에서의 '-았-'은 아직 일어나지 않은 사건에 대한 확신을
　　　나타낸다.

③ ⓒ을 보니, / 관형사형 어미 '-ㄹ'이 붙을 때 / 미래의 사건을 나타내지 않는 경우도
있군. [○]
　　→ '내가 떠날 때 비가 왔다.'의 '-ㄹ'은 '-았-'과 함께 쓰여 과거의 사건을 나타낸다.

④ ⓓ을 보니, / 현재 시제 선어말 어미 '-ㄴ-'이 / 미래의 사건을 나타낼 때도 쓰이고
있군. [○]
　　→ '그는 내년에 진학한다고 한다.'의 '-ㄴ-'은 '내년'과 함께 쓰여 미래의 사건을 나타낸다.

⑤ ⓔ을 보니, / 형용사에서 현재 시제를 나타낼 때 / 시제 선어말 어미가 나타나지 않고
있군. [○]
　　→ '오늘 보니 그는 키가 작다.'는 '오늘'이 쓰여 현재 시제인데, 시제 선어말 어미가 없다.

14. 〈보기〉의 음운 변동을 분석한 것으로 적절하지 <u>않은</u> 것은?

[2018학년도 수능]

< 보 기 >

㉠ 흙일 → [흥닐]

㉡ 닳는 → [달른]

㉢ 발야구 → [발랴구]

① ㉠~㉢은 각각 2회 이상의 음운 변동이 일어났다.

② ㉠~㉢에 공통적으로 일어난 음운 변동은 첨가이다.

③ 음운 변동의 결과 음운의 개수에 변화가 없는 것은 ㉠이다.

④ ㉡과 ㉢에서 일어난 음운 변동의 횟수는 같다.

⑤ ㉢에서 첨가된 음운은 ㉠에서 첨가된 음운과 같다.

★정답 ②

[정답 찾기 3step]

step 1. 평가요소에 해당하는 문법 지식을 이해한다.

14. <u>〈보기〉의 음운 변동을 분석한 것으로 적절하지 않은 것은?</u>

　〈보기〉요소　　　　　　평가요소　　　　　　판단요소

☞ 평가요소가 음운 변동을 분석하는 것이므로 음운 변동에 대한 이해가 필요하다.

step 2. 이해한 문법 지식을 바탕으로 〈보기〉의 사례를 분석한다.

㉠ 흙일: [흑일] → [흑닐] → [흥닐]
　　　　　(자음군 단순화, 'ㄴ'첨가, 비음화)

㉡ 닳는: [달는] → [달른]
　　　　　(자음군 단순화, 유음화)

ⓒ 발야구: [발냐구] → [발랴구]

(‘ㄴ’첨가, 유음화)

step 3. 〈보기〉 사례 분석이 선택지에 타당하게 연결되었는지 판단한다.

① ㄱ~ⓒ은 / 각각 2회 이상의 음운 변동이 일어났다. [○]

→ ㄱ은 3회, ⓑ과 ⓒ은 2회의 음운 변동이 일어났다.

② ㄱ~ⓒ에 / 공통적으로 일어난 음운 변동은 첨가이다. [X]

→ 비음화, 유음화가 일어났으므로 공통적으로 일어난 음운 변동은 교체이다.

③ 음운 변동의 결과 / 음운의 개수에 변화가 없는 것은 ㄱ이다. [○]

→ 흙일(6개), [흥닐](6개)로 음운의 개수에 변화가 없다.

④ ⓑ과 ⓒ에서 / 일어난 음운 변동의 횟수는 같다. [○]

→ ⓑ과 ⓒ은 음운 변동 횟수가 각각 2회로 같다.

⑤ ⓒ에서 첨가된 음운은 / ㄱ에서 첨가된 음운과 같다. [○]

→ ⓒ과 ㄱ 모두 ‘ㄴ’이 첨가되었다.

실전 문항 16

13. 〈보기〉의 ㉠~㉢에 대한 설명으로 적절하지 <u>않은</u> 것은? [3점]

─────── 〈 보 기 〉 ───────

㉠ 맑+네 → [망네]
㉡ 낮+일 → [난닐]
㉢ 꽃+말 → [꼰말]
㉣ 묽+고 → [물꼬]

① ㉠ : '값+도 → [갑또]'에서처럼 음절 끝에 둘 이상의 자음이 오지 못하기 때문에 일어난 음운 변동이 있다.

② ㉠, ㉢ : '입+니→[임니]'에서처럼 인접하는 자음과 조음 방법이 같아진 음운 변동이 있다.

③ ㉡ : '물+약 → [물략]'에서처럼 자음이 교체된 음운 변동이 있다.

④ ㉡, ㉢ : '팥+죽 → [팓쭉]'에서처럼 음절 끝에 올 수 있는 자음이 제한되어 있기 때문에 일어난 음운 변동이 있다.

⑤ ㉣ : '잃+지 → [일치]'에서처럼 자음이 축약된 음운 변동이 있다.

★정답 ⑤

[정답 찾기 3step]

step 1. 평가요소에 해당하는 문법 지식을 이해한다.

13. 〈보기〉의 ㉠~㉣에 대한 설명으로 적절하지 <u>않은</u> 것은?

　　　　〈보기〉요소　　　　　평가요소　　　　　　　판단요소

☞ 〈보기〉와 선택지를 통해 평가요소가 음운 변동임을 알 수 있다.

step 2. 이해한 문법 지식을 바탕으로 〈보기〉의 사례를 분석한다.

㉠ 맑+네 → [망네]
　: 맑네 → [막네] → [망네] (자음군단순화 → 비음화)

ⓛ 낯+일 → [난닐]

: 낯일 → [낟닐] → [난닐] (끝소리규칙 → 비음화)

ⓒ 꽃+말 → [꼰말]

: 꽃말 → [꼰말] → [꼰말] (끝소리규칙 → 비음화)

ⓔ 긁+고 → [글꼬]

: 긁고 → [긁꼬] → [글꼬] (된소리되기 → 자음군단순화)

step 3. 〈보기〉 사례 분석이 선택지에 타당하게 연결되었는지 판단한다.

① ㉠ : '값+도 → [갑또]'에서처럼 / 음절 끝에 둘 이상의 자음이 오지 못하기 때문에 일어난 음운 변동이 있다. [○]

: 값도 → [갑또] → [갑또] (자음군 단순화 → 된소리되기)
음절 끝에 둘 이상의 자음이 오지 못해 자음군 단순화가 일어나고 있다.

② ㉠, ⓒ : '입+니→[임니]'에서처럼 / 인접하는 자음과 조음 방법이 같아진 음운 변동이 있다. [○]

: 입니 → [임니] (비음화)
파열음이 인접하는 비음에 동화되어 일어나는 비음화가 있다.

③ ⓛ : '물+약 → [물략]'에서처럼 / 자음이 교체된 음운 변동이 있다. [○]

: 물약 → [물냑] → [물략] ('ㄴ'첨가 → 유음화)
비음화와 유음화는 파열음인 자음이 각각 비음, 유음으로 교체되는 음운 변동이다.

④ ⓛ, ⓒ : '팥+죽 → [팓쭉]'에서처럼 / 음절 끝에 올 수 있는 자음이 제한되어 있기 때문에 일어난 음운 변동이 있다. [○]

: 팥죽 → [팓죽] → [팓쭉] (음절의 끝소리 규칙 → 된소리되기)
음절 끝에 7개의 자음만 올 수 있는 음절의 끝소리 규칙이 일어나고 있다.

⑤ ⓔ : '잃+지 → [일치]'에서처럼 / 자음이 축약된 음운 변동이 있다. [X]

: 잃지 → [일지] → [일치] (자음군 단순화 → 자음 축약)
ⓔ에는 자음 축약이 없다.

실전 문항 17

13. 〈보기〉의 ㉠~㉤에 쓰인 ⓐ, ⓑ에 대한 설명으로 옳지 <u>않은</u> 것은?

[2017학년도 9월]

> **〈 보 기 〉**
>
> 용언은 어간에 어미가 붙어 다양한 의미를 나타내며 활용된다. 어미는 ⓐ<u>선어말 어미</u>와 ⓑ<u>어말 어미</u>로 나뉜다.
>
> ㉠ 민수가 그 나무를 <u>심었구나</u>!
> ㉡ 저기서 <u>청소하는</u> 아이가 내 동생이야.
> ㉢ 그 친구가 설마 그 음식을 다 <u>먹었겠니</u>?
> ㉣ 그가 나에게 권한 책은 이미 <u>읽은</u> 책이다.
> ㉤ 주말에 바람은 <u>불겠지만</u> 비는 오지 않을 것이다.

① ㉠에는 과거 시제를 나타내는 '-었-'이 ⓐ로 쓰였고, 감탄형 종결 어미 '-구나'가 ⓑ로 쓰였다.
② ㉡에는 ⓐ는 없고 동사의 현재 시제를 나타내는 관형사형 전성 어미 '-는'이 ⓑ로 쓰였다.
③ ㉢에는 과거 시제를 나타내는 '-었-'과 주체의 의지를 나타내는 '-겠-'이 ⓐ로 쓰였고, 의문형 종결 어미 '-니'가 ⓑ로 쓰였다.
④ ㉣에는 ⓐ는 없고 동사의 과거 시제를 나타내는 관형사형 전성 어미 '-은'이 ⓑ로 쓰였다.
⑤ ㉤에는 추측의 의미를 나타내는 '-겠-'이 ⓐ로 쓰였고, 대등적 연결 어미 '-지만'이 ⓑ로 쓰였다.

★정답 ③

[정답 찾기 3step]

step 1. 평가요소에 해당하는 문법 지식을 이해한다.

13. 〈보기〉의 ㉠~㉤에 쓰인 ⓐ, ⓑ에 대한 설명으로 옳지 <u>않은</u> 것은?

〈보기〉요소	평가요소	판단요소

☞ 평가요소인 선어말 어미, 어말 어미에 대한 이해가 필요하다.

※ 선어말 어미: 어말 어미 앞에 나타나는 어미. 높임법, 시제 관련 어미

※ 어말 어미: 단어의 맨 마지막에 나타나는 어미
– 종결 어미: 문장을 끝맺는 어미

　　(평서형, 감탄형, 의문형, 명령형, 청유형 어미)

– 연결 어미: 문장과 문장을 연결해 주는 어미

　　(대등적, 종속적, 보조적 연결 어미)

– 전성 어미: 용언을 다른 기능으로 바꾸어 주는 어미

　　(관형사형, 명사형, 부사형 전성 어미)

step 2. 이해한 문법 지식을 바탕으로 〈보기〉의 사례를 분석한다.

㉠ 심었구나!: 심–(어간) + –었–(과거시제 선어말 어미) + –구나(감탄형 종결 어미)

㉡ 청소하는: 청소하–(어간) + –는(관형사형 전성 어미)

㉢ 먹었겠니?
　: 먹–(어간) + –었–(과거시제 선어말 어미) + –겠–(추측의 선어말 어미) + –니(의문형
　　종결 어미)

㉣ 읽은: 읽–(어간) + –은(관형사형 전성 어미)

㉤ 불겠지만: 불–(어간) + –겠–(추측의 선어말 어미) + –지만(대등적 연결 어미)

step 3. 〈보기〉 사례 분석이 선택지에 타당하게 연결되었는지 판단한다.

① ㉠에는 / 과거 시제를 나타내는 '–었–'이 ⓐ로 쓰였고, / 감탄형 종결 어미 '–구나'가
　ⓑ로 쓰였다.　　　　　[○]　　　　　　　　　/　　　　　　　[○]

② ㉡에는 / ⓐ는 없고 / 동사의 현재 시제를 나타내는 관형사형 전성 어미 '–는'이 ⓑ로
　쓰였다.　[○]　/　　　　　　　　　[○]

③ ㉢에는 / 과거 시제를 나타내는 '–었–'과 주체의 의지를 나타내는 '–겠–'이 ⓐ로 쓰였
　고, / 의문형 종결 어미 '–니'가 ⓑ로 쓰였다.　　　　　[X]
　　　　　　　　　[○]
　→ '–겠–'은 주체의 의지를 나타내는 것이 아니라, 추측의 의미를 나타내고 있다.

④ ㄹ에는 / ⓐ는 없고 / 동사의 과거 시제를 나타내는 관형사형 전성 어미 '-은'이 ⓑ로
쓰였다.　　 [○]　 /　　　　　　　　　　 [○]

⑤ ㅁ에는 / 추측의 의미를 나타내는 '-겠-'이 ⓐ로 쓰였고, / 대등적 연결 어미 '-지만'
이 ⓑ로 쓰였다.　　　　　 [○]　　　　　　 /　　　　 [○]

실전 문항 18

15. 〈보기〉의 밑줄 친 부분에서 알 수 있는 중세 국어의 문법적 특징을 설명한 것으로 적절하지 **않은** 것은? [2017학년도 9월]

> ─────── 〈 보 기 〉 ───────
>
> (가) 하놃벼리 눈 곹 디니이다 〈용비어천가〉
>   (현대어 풀이 : 하늘의 별이 눈과 같이 떨어집니다.)
>
> (나) 王이 부텨를 <u>請ᄒᆞᅀᆞᄫᆞ쇼셔</u> 〈석보상절〉
>   (현대어 풀이 : 왕이 부처를 청하십시오.)
>
> (다) 어마니믈 <u>아라보리로소니잇가</u> 〈월인석보〉
>   (현대어 풀이: 어머님을 알아보겠습니까?)
>
> (라) <u>내</u> 이를 위ᄒᆞ야 〈훈민정음언해〉
>   (현대어 풀이 : 내가 이를 위해서)
>
> (마) 그 믈 <u>미틔</u> 숲몰애 잇ᄂᆞ니 〈월인석보〉
>   (현대어 풀이 : 그 물 밑에 금모래가 있는데)

① (가) : 무정 명사에 결합되는 관형격 조사 'ㅅ'이 쓰였다.
② (나) : 객체를 높이는 선어말 어미 '−ᅀᆞᆸ−'이 쓰였다.
③ (다) : 판정 의문문의 '−아' 계열 의문형 어미가 쓰였다.
④ (라) : 모음으로 끝나는 체언 뒤에 주격 조사 'ㅣ'가 쓰였다.
⑤ (마) : 높이지 않는 유정 명사에 결합되는 관형격 조사 '의'가 쓰였다.

★정답 ⑤

[정답 찾기 3step]

step 1. 평가요소에 해당하는 문법 지식을 이해한다.

15. <u>〈보기〉의 밑줄 친 부분</u>에서 알 수 있는 <u>중세 국어의 문법적 특징을 설명한</u>
     〈보기〉요소   평가요소

것으로 적절하지 않은 것은?

판단요소

☞ 평가요소인 중세 국어의 문법적 특징을 격조사, 어미를 중심으로 이해해야 한다.

※ 중세 국어의 격조사
- 주격 조사: '이/ㅣ/∅', 씌셔, 겨오셔, 이이셔, 셔 등
- 목적격 조사: '올/룰', '을/를'
- 관형격 조사: 'ㅅ', '익', '의'
- 호격 조사 : '하', '아/야', '여/이여'
- 부사격 조사: '애/에/예'

※ 중세 국어의 높임 선어말 어미
- 주체 높임 선어말 어미: '-시-/-샤-'
- 객체 높임 선어말 어미: '쉽/즙/쉽'

※ 중세 국어의 의문형 종결 어미
- 판정 의문문 종결 어미: '-가', '-니여/녀', '-ㄴ다, -ㅭ다'
- 설명 의문문 종결 어미: '-고', '뇨'

step 2. 이해한 문법 지식을 바탕으로 〈보기〉의 사례를 분석한다.

현대어 풀이와 1대1 대응하여 분석한다.
(가) 하늜 : 하늘의
(나) 請ᄒᅀᆸᄫᅥ쇼셔 : 청하십시오
(다) 아라보리로소니잇가 : 알아보겠습니까?
(라) 내 : 내가
(마) 미틔 : 밑에

step 3. 〈보기〉 사례 분석이 선택지에 타당하게 연결되었는지 판단한다.

① (가) : 무정 명사에 결합되는 / 관형격 조사 'ㅅ'이 쓰였다. [○]
   → 하늘(무정 명사) + ㅅ(관형격 조사)

② (나) : 객체를 높이는 선어말 어미 / '-쉽-'이 쓰였다. [○]
   → 請ᄒ + 쉽 + ᄋ쇼셔
   목적어인 '부텨'를 높이므로 객체 높임 선어말 어미이다.

③ (다) : 판정 의문문의 / '-아' 계열 의문형 어미가 쓰였다. [○]
   → '예, 아니오'의 대답을 요구하는 의문문이므로, 판정 의문문의 의문형 어미이다.

④ (라) : 모음으로 끝나는 체언 뒤에 / 주격 조사 'ㅣ'가 쓰였다. [○]
   → '나 + ㅣ'

⑤ (마) : 높이지 않는 유정 명사에 결합되는 / 관형격 조사 '의'가 쓰였다. [X]
   → '밑'은 무정 명사이다. (밑+의)

실전 문항 19

13. 〈학습 활동〉의 (가)에 들어갈 내용으로 적절한 것은? [2017학년도 수능]

─── 〈 보 기 〉 ───

동사는 목적어 필요 여부에 따라 타동사와 자동사로 구분된다.

ⓐ

| [중세 국어] 큰 ᄆᆞᅀᆞᆯ 여러 |
| [현대 국어] 큰 마음을 열어 |

| [중세 국어] 自然히 ᄆᆞᅀᆞ미 여러 |
| [현대 국어] 자연히 마음이 열리어 |

ⓑ

| [중세 국어] 번게 구르믈 흐터 |
| [현대 국어] 번개가 구름을 흩어 |

| [중세 국어] 散心은 흐튼 ᄆᆞᅀᆞ미라 |
| [현대 국어] 산심은 흩어진 마음이다. |

탐구 결과 : ⓐ와 ⓑ를 보니, _____ (가)

① 중세 국어 '열다', '흩다'는 타동사로만 쓰였고, 현대 국어 '열다', '흩다'도 타동사로만 쓰인다.

② 중세 국어 '열다', '흩다'는 자동사로만 쓰였고, 현대 국어 '열다', '흩다'도 자동사로만 쓰인다.

③ 중세 국어 '열다', '흩다'는 타동사 및 자동사로 쓰였고, 현대 국어 '열다', '흩다'는 타동사로만 쓰인다.

④ 중세 국어 '열다', '흩다'는 타동사 및 자동사로 쓰였고, 현대 국어 '열다', '흩다'는 자동사로만 쓰인다.

⑤ 중세 국어 '열다', '흩다'는 타동사 및 자동사로 쓰였고, 현대 국어 '열다', '흩다'도 타동사 및 자동사로 쓰인다.

★정답 ③

[정답 찾기 3step]

step 1. 평가요소에 해당하는 문법 지식을 이해한다.

13. 〈학습 활동〉의 (가)에 들어갈 내용으로 적절한 것은?

〈보기〉요소   평가요소   판단요소

☞ 현대 국어와 중세 국어의 자동사, 타동사에 대해 이해해야 한다.

※ 자동사
– 동사가 나타내는 동작이나 작용이 주어에만 미치는 동사
– 목적어가 필요 없음

※ 타동사
– 동작의 대상인 목적어를 필요로 하는 동사

step 2. 이해한 문법 지식을 바탕으로 〈보기〉의 사례를 분석한다.

[중세 국어] : ᄆᆞᅀᆞᄆᆞᆯ <u>여러</u> / ᄆᆞᅀᆞ미 <u>여러</u>
→ 중세국어 '열어'는 타동사, 자동사 모두 가능

[현대 국어] : 마음<u>을</u> 열어 / 마음<u>이</u> <u>열리어</u>
→ 현대국어 '열다'는 목적어가 필요하거나 피동 접사와 결합하여 타동사로만 쓰임

[중세 국어] : 구르믈 <u>흐터</u> / <u>흐튼</u> ᄆᆞᅀᆞ미라
→ 중세국어 '흩다'는 타동사, 자동사 모두 가능

[현대 국어] : 구름<u>을</u> <u>흩어</u> / <u>흩어진</u> 마음이다.
→ 현대국어 '흩다'는 목적어가 필요하거나 피동 접사와 결합하여 타동사로만 쓰임

step 3. 〈보기〉 사례 분석이 선택지에 타당하게 연결되었는지 판단한다.

① 중세 국어 '열다', '흩다'는 타동사로만 쓰였고, / 현대 국어 '열다', '흩다'도 타동사로만
   쓰인다.   [X]   /   [○]

② 중세 국어 '열다', '흩다'는 자동사로만 쓰였고, / 현대 국어 '열다', '흩다'도 자동사로만
   쓰인다.   [X]   /   [X]

산뜻한 마무리

제2법칙: <보기> 사례 문법

step 1. 평가요소에 해당하는 문법지식을 이해한다.

step 2. 이해한 문법 지식을 바탕으로 <보기>의 사례를 분석한다.

step 3. <보기> 사례 분석이 선택지에 타당하게 연결되었는지 판단한다.

③ 중세 국어 '열다', '흩다'는 타동사 및 자동사로 쓰였고, / 현대 국어 '열다', '흩다'는 타동사로만 쓰인다.　　　　　[○]　　　　/　　　　[○]

④ 중세 국어 '열다', '흩다'는 타동사 및 자동사로 쓰였고, / 현대 국어 '열다', '흩다'는 자동사로만 쓰인다.　　　　　[○]　　　　/　　　　[X]

⑤ 중세 국어 '열다', '흩다'는 타동사 및 자동사로 쓰였고, / 현대 국어 '열다', '흩다'도 타동사 및 자동사로 쓰인다.　　　　[○]　　　　/　　　　[X]

제3법칙

<보기> + 지문 활용 문법

      <보기> + 지문 활용 문법이란, 지문을 활용하여 문법 지식을 이해하고 이를 <보기>에서 활용하여 해결하는 유형이다. 따라서 문항이 '지문 + 발문 + <보기> + 선택지'로 구성된다. 이 경우에는 문법 지식의 단순 나열보다는 관련 사례를 제시하고 분석하거나, 또는 선택지에서 관련 사례를 찾게 하는 경우가 많으므로, 정답을 찾는데 필요한 문법 개념을 지문에서 정확히 이해해야 한다. 이 유형에서는 선택지에서 지문의 내용과 <보기>의 내용을 타당하게 연결하여 설명하고 있는지를 확인하면 정답을 찾을 수 있다.

      <보기> + 지문 활용 문법 유형은 아래의 '정답 찾기 3step'을 적용하여 정답을 찾으면 된다.

<보기> + 지문 활용 문법의 [정답 찾기 3step]

step 1. 평가요소에 해당하는 문법 지식을 이해한다.

      – 앞서 배운 '정답 찾기의 비밀 code'를 각 문항에 적용한다.

step 2. 이해한 문법 지식을 바탕으로 〈보기〉요소를 분석한다.

step 3. 선택지에서 지문요소와 〈보기〉요소가 타당하게 연결되었는지 판단한다.

∘지문: 평가요소와 관련된 문법 이론 설명

[11~12] 다음을 읽고 물음에 답하시오. [2018학년도 수능]

국어의 단어들은 ㉠어근과 어근이 결합해 만들어지기도 하고 어근과 파생 접사가 결합해 만들어지기도 한다. 어근과 파생접사가 결합한 단어는 ㉡파생 접사가 어근의 앞에 결합한 것도 있고, ㉢파생 접사가 어근의 뒤에 결합한 것도 있다. 어근이 용언 어간이나 체언일 때, 그 뒤에 결합한 파생 접사는 어미나 조사와 혼동될 수도 있다. 그러나 파생 접사는 주로 새로운 단어를 만든다는 점에서 차이가 있다. 이에 비해 ㉣어미는 용언 어간과 결합해 용언이 문장 성분이 될 수 있도록 해 주고, ㉤조사는 체언과 결합해 체언이 문장 성분임을 나타내 줄 뿐 새로운 단어를 만들지는 않는다. 이 점에서 어미와 조사는 파생 접사와 분명하게 구별된다.

이러한 일반적인 상황과는 달리, 용언 어간에 어미가 결합한 형태나, 체언에 조사가 결합한 형태가 시간이 지나면서 새로운 단어가 된 경우도 있다. 먼저 용언의 활용형이 역사적으로 굳어져 새로운 단어가 된 예가 있다. 부사 '하지만'은 '하다'의 어간에 어미 '−지만'이 결합했던 것이었는데, 시간이 지나면서 굳어져 새로운 단어가 되었다. 다음으로 체언에 조사가 결합한 형태가 역사적으로 굳어져 새로운 단어가 된 예도 있다. 명사 '아기'에 호격 조사 '아'가 결합했던 형태인 '아가'가 시간이 지나면서 새로운 단어가 되었다.

[A] ┌── 또 다른 예로 미지칭의 인칭 대명사에, 의문문을 만드는 보조사 '고/구'가 결합한 형태가 굳어져 새로운 인칭 대명사가 된 경우를 들 수 있다. '이는 엇던 사람고(이는 어떤 사람인가?)'에서 볼 수 있듯이 중세 국어에서 보조사 '고/구'는 문장에 '엇던', '므슴', '어느' 등과 같은 의문사가 있을 때, 체언 또는 의문사 그 자체에 결합해 의문문을 만들었다. 이와 같은 방식의 의문문 구성은 근대 국어를 거쳐 └── 현대 국어의 일부 방언에까지 지속되고 있다.

∘발문

12. [A]를 바탕으로 〈보기〉의 '자료'를 탐구한 '탐구 내용'으로 적절하지 않은 것은? [3점]

°<보기>: 이론과 관련된 사례 제시

< 보 기 > ───────

[탐구 목표]
현대 국어의 인칭 대명사 '누구'의 형성에 대해 이해한다.

[자료]
(가) 중세 국어 : 15세기 국어
· 누를 니르더뇨 (누구를 이르던가?)
· 네 스승이 누고 (네 스승이 누구인가?)
· 누 뜬 누구 (남은 누구인가?)

(나) 근대 국어
· 이 벗은 누고고 (이 벗은 누구인가?)
· 져 흔 벗은 누구고 (저 한 벗은 누구인가?)

(다) 현대 국어
· 누구를 찾으세요?
· 누구에게 말했어요?

┌─────────────────────────────────┐
│ [탐구 내용]   │
│   │
└─────────────────────────────────┘

[탐구 결과]
미지칭의 인칭 대명사에 의문문을 만드는 보조사 '고/구'가 결합했던 형태인 '누고', '누구'는 시간이 지나면서 점점 굳어져 새로운 단어가 되었는데, 오늘날에는 '누구'만 남게 되었다.

°선택지: 지문을 근거로 한 <보기> 분석

① (가)에서 미지칭의 인칭 대명사의 형태는 '누', '누고', '누구'이다.
② (나)에서 미지칭의 인칭 대명사의 형태는 '누고', '누구'이다.
③ (다)에서 미지칭의 인칭 대명사의 형태는 '누구'이다.
④ (가)에서 (나)로의 변화를 보니, '누고', '누구'는 체언과 보조사가 결합한 형태였다가 새로운 단어가 되었다.
⑤ (나)에서 (다)로의 변화를 보니, 현대 국어에서는 미지칭의 인칭대명사로 '누고'는 쓰이지 않고 '누구'만이 쓰이고 있다.

[정답 찾기 3step]

step 1. 평가요소에 해당하는 문법 지식을 이해한다.

12. [A]를 바탕으로 <보기>의 '자료'를 탐구한 '탐구 내용'으로 적절하지 않은 것은?

        지문요소   <보기>요소   평가요소   판단요소

☞ 선택지와 <보기>를 훑어보면, [A]에서 미지칭의 인칭 대명사를 이해해야 함을 알 수 있다.

> 지문 + <보기> 활용 문법에서 지문의 내용을 이해 할 때 문법 지식을 개념, 종류, 특징으로 나눠 정리하면 도움이 된다.

※ 미지칭의 인칭 대명사

– 개념: 모르는 사물이나 사람을 가리키는 대명사
– 종류: 누구, 어디, 무엇
– 특징: 중세 국어에서 보조사 '고/구'가 결합한 형태인 '누구'가 현대 국어에 남아 있음

step 2. 이해한 문법 지식을 바탕으로 <보기>요소를 분석한다.

☞ 지문요소와 <보기>요소가 선택지에 바로 제시되므로, step 3를 진행하면 된다.

step 3. 선택지에서 지문요소와 <보기>요소가 타당하게 연결되었는지 판단한다.

① (가)에서 미지칭의 인칭 대명사의 형태는 / '누', '누고', '누구'이다.

               지문요소   /   <보기>요소

→ 타당한 연결인가? [X]

>   * 지문 근거 원리: [A]에서 '미지칭'의 인칭 대명사에 의문문을 만드는 보조사 '고/구'가
>   결합한다고 했으므로, 중세 국어 미지칭의 인칭 대명사는 '누'뿐이다. (누+고, 누+구)

② (나)에서 미지칭의 인칭 대명사의 형태는 / '누고', '누구'이다.

               지문요소   /   <보기>요소

→ 타당한 연결인가? [○]

>   * 지문 근거 원리: [A]를 통해 '누고고'는 '누고+고', '누구고'는 '누구+고'임을 알 수 있다.

③ (다)에서 미지칭의 인칭 대명사의 형태는 / '누구'이다.

               지문요소   /   <보기>요소

→ 타당한 연결인가? [○]

* 〈보기〉의 탐구 결과에서 '누구'는 시간이 지나면서 점점 굳어져 새로운 단어가 되었는데, 오늘날에는 '누구'만 남게 되었다고 했으므로 '누구'는 현대 국어의 미지칭 인칭 대명사이다.

④ (가)에서 (나)로의 변화를 보니, / '누고', '누구'는 체언과 보조사가 결합한 형태였다가 새로운 단어가 되었다.

      지문요소   /   〈보기〉요소

→ 타당한 연결인가? [○]

> * 지문 근거 원리: [A]를 통해 '누고', '누구'는 원래 누+고, 누+구로 체언+보조사의 결합이었으나 시간이 지남에 따라 '누고', '누구'가 미지칭 인칭 대명사를 가리키는 한 단어가 되었음을 알 수 있다.

⑤ (나)에서 (다)로의 변화를 보니, 현대 국어에서는 미지칭의 인칭 대명사로 '누고'는 쓰이지 않고 / '누구'만이 쓰이고 있다.   지문요소

         /   〈보기〉요소

→ 타당한 연결인가? [○]

* 〈보기〉의 자료에서 근대 국어에 존재하던 '누고'가 현대 국어에서는 사라졌음을 알 수 있다.

따라서 정답은 ①이다.

적용 1

[11~12] 다음을 읽고 물음에 답하시오. [2018학년도 9월]

> 선생님 : 여러분, 현대 사회에서 인공위성이 다양하게 활용되고 있다는 것은 잘 알죠? 그런데 '인공위성'은 옛날에는 쓰이지 않았던 말입니다. '인공위성'이라는 말이 어떻게 쓰이게 되었는지 생각해 봅시다. 행성의 궤도를 도는 인공적 물체가 처음 만들어졌을 때, 그 물체를 가리키는 말이 필요해서 '인공위성'이라는 말이 생긴 거겠죠? 이 말은 어떻게 만들어졌을까요?
>
> 학생 1 : '인공'과 '위성'을 합쳐 만든 것입니다.
>
> 선생님 : 맞아요. 그래서 오늘은 '인공위성'이라는 말을 만든 것처럼 새 단어를 만드는 원리를 알아볼 텐데, 그중에 서도 실생활에서 자주 사용되는 합성 명사가 어떻게 만들어지는지를 먼저 알아보려고 합니다. 합성 명사는 어떻게 만들어질까요?
>
> 학생 2 : 선생님, 합성 명사는 명사와 명사가 합쳐진 말 아닌가요?
>
> 선생님 : 네, 그런 경우가 많지요. 예를 들어 '논밭, 불고기'처럼 명사에 명사가 결합하는 경우가 있어요. 그 밖에 용언의 활용형이 명사와 결합한 '건널목, 노림수, 섞어찌개'와 같은 경우도 있고 '새색시'처럼 명사를 꾸며 주는 관형사가 앞에 오는 경우도 있어요.

학생 3 : 그런데 선생님, 말씀하신 합성 명사들을 보니 뒤의 말이 모두 명사네요?

선생님 : 그래요. 우리말에서 합성어의 품사는 뒤에 오는 말의 품사와 같은 것이 원칙이에
요. 앞에서 말한 예들이 다 그래요. 그런데 이러한 일반적인 경우와는 달리
㉠명사가 아닌 품사들로만 이루어진 합성 명사도 있답니다.

학생 4 : 아, 그렇군요. 그런데 선생님, 생각해 보니 요즘 자주 쓰는 말들은 그런 방식과는
다르게 만들어지는 것 같아요.

선생님 : 맞아요. 여러분들이 자주 쓰는 '인강'이라는 말은 '인터넷'과 '강의'가 합쳐지면
서 줄어든 말인데, 앞말과 뒷말의 첫 음절만 따서 만들어진 것이에요. 또한
컴퓨터를 잘 다루지 못하는 사람이라는 뜻의 '컴시인'은 '컴퓨터'와 '원시인'이
합쳐지면서 줄어든 말인데, 앞말의 첫 음절과 뒷말의 둘째, 셋째 음절을 따서
만들어진 것이에요.

11. 〈보기〉의 ㄱ~ㅁ 중 윗글에서 설명한 단어 형성 방법의 사례에 해당하는 것만을 있는
대로 고른 것은?

〈 보 기 〉

ㄱ. '선생님'을 줄여서 '샘'이라는 말을 만들었다.

ㄴ. '개-'와 '살구'를 결합하여 '개살구'라는 말을 만들었다.

ㄷ. '사범'과 '대학'을 결합하여 '사대'라는 말을 만들었다.

ㄹ. '점잖다'라는 형용사로부터 '점잔'이라는 말을 만들었다.

ㅁ. '비빔'과 '냉면'을 결합하여 '비빔냉면'이라는 말을 만들었다
---

① ㄱ, ㄹ   ② ㄷ, ㅁ   ③ ㄱ, ㄴ, ㄷ   ④ ㄴ, ㄷ, ㅁ   ⑤ ㄴ, ㄹ, ㅁ

[정답 찾기 3step]을 적용한 풀이

step 1. 평가요소에 해당하는 문법 지식을 이해한다.

11. 〈보기〉의 ㄱ~ㅁ 중 윗글에서 설명한 단어 형성 방법의 사례에

       〈보기〉요소   지문요소   평가요소

해당하는 것만을 있는대로 고른 것은?

         판단요소

☞ 지문에서 합성 명사의 형성 원리를 이해해야 한다.

합성 명사의 형성 원리	예시
명사+명사	논밭, 불고기
용언의 활용형+명사	건널목, 노림수, 섞어찌개
관형사+명사	새색시
명사 이외의 품사끼리 결합	㉠
앞말과 뒷말의 한 음절만 따서 줄임	인강, 컴시인

step 2. 이해한 문법 지식을 바탕으로 〈보기〉요소를 분석한다.

☞ 정답을 찾기 위해서는 〈보기〉요소를 분석해야 한다.

〈보기〉요소 분석
ㄱ. '선생님'을 줄여서 '샘'이라는 말을 만들었다.
ㄴ '선생님'을 줄여서 '샘'이라는 말을 만들었다.
↳ 'ㅅ' + 'ㅐ' + 'ㅁ'

ㄴ. '개-'와 '살구'를 결합하여 '개살구'라는 말을 만들었다.
↳ '개' + '살구'

ㄷ. '사범'과 '대학'을 결합하여 '사대'라는 말을 만들었다.
↳ '사(범)' + '대(학)'

ㄹ. '점잖다'라는 형용사로부터 '점잔'이라는 말을 만들었다.
↳ '점' + '잖'

ㅁ. '비빔'과 '냉면'을 결합하여 '비빔냉면'이라는 말을 만들었다
↳ '비빔' + '냉면'

step 3. 선택지에서 지문요소와 〈보기〉요소가 타당하게 연결되었는지 판단한다.

☞ 선택지의 단어가 지문요소인 단어 형성 방법의 사례 중 ㉠에 해당하는가 확인해야 한다.

ㄱ '샘' → 음절의 결합 (㉠의 사례 [X])
ㄴ '개살구' → 접사와 파생명사의 결합 (㉠의 사례 [X])
ㄷ '사대' → 앞말과 뒷말의 한 음절을 따서 만듦 (㉠의 사례 [○])

ㄹ '점잔' → 형용사 '점잖다'에서 온 말 (㉠의 사례 [X])
ㅁ '비빔냉면' → 용언의 활용형과 명사의 결합 (㉠의 사례 [○])

따라서 해당하는 것만을 있는대로 고르면 ② ㄷ, ㅁ이다.

적용 2

[11~12] 다음 글을 읽고 물음에 답하시오. [2017학년도 9월]

여러 형태소로 이루어진 단어나 여러 단어들로 이루어진 문장은 그 구조를 명확히 파악하기 어렵다. 가령, '민물고기'가 합성어인지 파생어인지를 판별하기 어렵고 "언니가 찾던 책이 여기 있구나."와 같은 문장에서 주어가 무엇인지를 파악하기 쉽지 않다. 이처럼 복잡한 단어나 문장의 구조를 명확히 파악하기 위한 효과적인 방법으로 직접 구성 요소 분석이 있다.

직접 구성 요소란 어떤 말을 직접 이루고 있는 두 부분으로 나누었을 때 나오는 두 요소이다. 위의 '민물고기'에서는 '민물'과 '고기'가 직접 구성 요소가 된다. 이 분석은 '민물'에 대해서도 더 적용할 수 있다. 이렇게 직접 구성 요소를 분석해 보면 한 단어에 합성과 파생 과정이 모두 있는 '민물고기'는 파생어가 아닌 합성어임을 알 수 있다.

직접 구성 요소 분석 시에는 특히 두 가지를 고려해야 한다. 첫째, 직접 구성 요소로 분석되는 말이 실제로 존재하는가 하는 점이다. 가령, '살얼음'은 '살–'과 '얼음'으로 분석해야 하는데, 만약 '살얼–'과 '–음'으로 분석하면 '살얼다'가 존재하지 않으므로 잘못된 분석이 된다. 둘째, 직접 구성 요소들과 그 전체 구성의 의미가 서로 통하는가 하는 점이다. '벽돌집'을 직접 구성 요소로 나누면 '벽돌'과 '집'이 분석된다. 이를 '벽'과 '돌집'으로 나누면 '벽돌로 만든 집'이라는 의미를 갖지 못한다.

긴 문장도 직접 구성 요소 분석을 통해 그 구조를 알 수 있다. 일반적으로 문장에는 주어와 서술어가 나타나므로, 문장의 직접 구성 요소는 주어와 서술어가 된다. 그런데 서술어는 홀로 나오기도 하지만 주어 이외의 필수 성분과 결합하여 나오는 경우도 있다. 따라서 "내 동생은 엄마의 칭찬을 많이 받았다."는 첫 분석 층위에서 주어 '내 동생은'과 '엄마의 칭찬을 많이 받았다'로 그 직접 구성 요소가 분석된다. 또 '엄마의 칭찬을 많이 받았다'는 한 층위 아래에서 '엄마의 칭찬을'과 '많이 받았다'로 나뉜다. 또한 '내 동생'의 직접 구성 요소는 '내'와 '동생'인데, 이처럼 꾸미는 말과 꾸밈을 받는 말이 인접하면 그 두 요소는 바로 위 층위의 말을 이루는 직접 구성 요소가 된다. 이렇게 직접 구성 요소를 분석해 보면 "언니가 찾던 책이 여기 있구나."에서 '언니가'는 관형사절 속에 포함된 주어일 뿐이며 문장 전체의 주어, 즉 가장 위 층위에 있는 직접 구성 요소는 '언니가 찾던 책이'임을 알 수 있다.

11. 〈보기〉는 윗글을 바탕으로 진행된 학습 활동이다. ⓐ~ⓔ에 대한 이해로 적절한 것은?

━━━━━━━━ < 보 기 > ━━━━━━━━

학 생 : '민물고기'에 있는 접두사 '민–'은 '민물고기'의 직접 구성 요소가 아니라, '민물'
　　　　을 직접 구성 요소로 분석할 때 나오는 것이군요. 이제 왜 '민물고기'가 파생어가
　　　　아니라 합성어인지 알겠어요.
선생님 : 직접 구성 요소 분석에 대해 잘 이해했구나. 그럼 아래의 단어들도 분석해 보자.

┌───┐
│　ⓐ 나들이옷　　　　　　　ⓑ 눈웃음　　　　　　　ⓒ 드높이다　│
│　ⓓ 집집이　　　　　　　　ⓔ 놀이터　　　　　　　　　　　　│
└───┘

① ⓐ는 그 직접 구성 요소 중 하나가 합성어인 합성어이다.
② ⓑ는 그 직접 구성 요소 중 하나가 파생어인 합성어이다.
③ ⓒ는 그 직접 구성 요소 중 하나가 합성어인 파생어이다.
④ ⓓ는 그 직접 구성 요소 중 하나가 파생어인 파생어이다.
⑤ ⓔ는 그 직접 구성 요소 중 하나가 합성어인 파생어이다.

[정답 찾기 3step]을 적용한 풀이

step 1. 평가요소에 해당하는 문법 지식을 이해한다.

11. 〈보기〉는 윗글을 바탕으로 진행된 학습 활동이다. ⓐ~ⓔ에 대한 이해로 적절한 것은?
　　〈보기〉요소　　　지문요소　　　　　　　　　　　　평가요소　　　　판단요소

☞ 지문에서 직접 구성 요소에 대해 이해해야 한다.

※ 직접 구성 요소
– 어떤 말을 직접 이루고 있는 두 부분으로 나누었을 때 나오는 두 요소
– 분석되는 말이 실제로 존재해야 함
– 직접 구성 요소들과 그 전체 구성의 의미가 서로 통해야 함

step 2. 이해한 문법 지식을 바탕으로 〈보기〉요소를 분석한다.

ⓐ 나들이옷: <u>나들이</u>+옷 : 합성어
　　　　　　　나들+이(파생어)

ⓑ 눈웃음: 눈+웃음 : 파생어
　　　　　웃+음(파생어)

ⓒ 드높이다: 드높+이+다 : 파생어
　　　　　　드+높(파생어)

ⓓ 집집: 집집+이 : 파생어
　　　　집+집(합성어)

ⓔ 놀이터: 놀이+터 : 합성어
　　　　　놀+이(파생어)

step 3. 선택지에서 지문요소와 〈보기〉요소가 타당하게 연결되었는지 판단한다.

① ⓐ는 그 직접 구성 요소 중 하나가 / <u>합성어인 합성어이다.</u> [X]
　　→ 직접 구성 요소가 파생어인 합성어이다.

② ⓑ는 그 직접 구성 요소 중 하나가 / <u>파생어인 합성어이다.</u> [○]

③ ⓒ는 그 직접 구성 요소 중 하나가 / <u>합성어인 파생어이다.</u> [X]
　　→ 직접 구성 요소가 파생어인 파생어이다.

④ ⓓ는 그 직접 구성 요소 중 하나가 / <u>파생어인 파생어이다.</u> [X]
　　→ 직접 구성 요소가 합성어인 파생어이다.

⑤ ⓔ는 그 직접 구성 요소 중 하나가 / <u>합성어인 파생어이다.</u> [X]
　　→ 직접 구성 요소가 파생어인 합성어이다.

실전 문항 1

[11] 다음 글을 읽고 물음에 답하시오. [2021학년도 6월]

담화는 하나 이상의 발화나 문장으로 이루어진다. 담화가 그 내용 면에서 완결성을 갖추기 위해서는 담화를 이루는 발화나 문장들이 일관된 주제 속에 내용상 유기적인 관련을 맺고 있어야 한다. 이때 각 발화나 문장 간의 관련성을 보여 주는 형식적 장치가 필요하다. 이러한 장치에는 지시, 대용, 접속 표현이 있다.

우선 지시 표현은 담화 장면을 구성하는 화자, 청자, 사물, 시간, 장소 등의 요소를 직접 가리키는 표현이다. 그리고 대용 표현은 담화에서 언급된 말, 혹은 뒤에서 언급될 말을 대신하는 표현이다. 대표적인 지시 표현으로는 '이, 그, 저' 등이 있다. 이들이 담화에서 언급되는 말을 대신할 때는 대용 표현이 된다. 가령 친구가 든 꽃을 보면서 화자가 "이 꽃 예쁘네."라고 말했다면, '꽃'을 직접 가리키는 '이'는 지시 표현이다. 그러나 화자가 "그런데 지난번 꽃도 예쁘던데, 그때 그거는 어디서 샀어?"라고 발화를 곧장 이어 간다면 이때의 '그거'는 앞선 발화의 '지난번 꽃'이라는 말을 대신하는 대용 표현이다. 끝으로 접속 표현은 문장과 문장, 발화와 발화를 연결해 주는 표현으로, '그리고' 등과 같은 접속 부사가 대표적인 예이다. 앞서 언급된 두 번째 발화의 '그런데'도 앞의 발화를 뒤의 발화와 이어 주는 접속 표현에 속한다.

한편, 담화 전개 과정에서 화자는 청자 및 맥락을 고려하면서 발화나 문장을 통해 자신의 의도를 효과적으로 구현한다. 이때 여러 문법 요소가 활용된다. 가령 화자는 "아버지! 진지 드세요."라는 발화에서 '드세요'의 '드시-'를 통해 문장의 주체인 '아버지'를, 종결 어미 '-어요'를 통해 청자인 '아버지'를 높이고 있다. 이와 같이 화자는 특정 어휘나 조사, 어미 등을 사용하여 어떤 대상에 대해 높이거나 낮추는 태도를 드러낸다. 아울러 위의 '드세요'의 '-어요'는 화자가 청자에게 어떠한 행동을 요구하고 있음도 보여 준다. 즉, 종결 어미는 청자에게 답변을 요구하거나, 어떠한 사실을 새롭게 알게 되었다는 점을 두드러지게 나타내는 등 화자의 의도를 구현할 때도 쓰인다. 화자, 청자 및 맥락이 발화나 문장에서 문법 요소와 맺고 있는 관련성은 ㉠ "할아버지께서 마침 방에 계셨구나! 과일 좀 드리고 오렴."과 같이 연속된 발화로 이루어진 담화에서 더욱 다양하게 나타날 수 있다.

11. 윗글을 바탕으로 〈보기〉의 ⓐ~ⓕ에 대해 설명한 내용으로 적절하지 <u>않은</u> 것은?

〈 보 기 〉

(두 친구가 만나서 주말 나들이 장소를 정하는 상황)

선희: 우리, 이번 주말 나들이 장소로 어디가 좋을까?

영선: (딴생각을 하다가) ⓐ지금 저녁 먹으러 가자.

선희: 그게 뭔 소리야? 주말 나들이로 어디 갈 거냐고.

영선: (머쓱해하며) 아, 그럼 놀이동산 갈까?

선희: 음, ⓑ거기 말고, (사진을 보여 주며) ⓒ여기는 어때?

영선: ⓓ거기? 해수욕장은 아직 좀 춥잖아. ⓔ그리고 너무 멀잖아. (선희를 바라보며) 아, 작년에 같이 갔던 수목원은 어때?

선희: 그래, ⓕ거기가 좋겠다. 그럼, 토요일에 보자. 안녕.

---

① ⓐ는 '주말 나들이 장소 정하기'라는 내용에 부합하지 않아서 담화의 완결성을 떨어뜨리고 있다.

② ⓑ는 '영선'이 발화한 '놀이동산'을 대신하는 대용 표현이다.

③ ⓒ, ⓓ는 발화 간의 관련성을 높이는 형식적 장치로서 형태가 다른 표현이지만 동일한 장소를 나타내고 있다.

④ ⓔ는 '해수욕장은 아직 좀 춥잖아.'와 '너무 멀잖아.'를 대등하게 이어 주는 접속 표현이다.

⑤ ⓕ는 '작년에 같이 갔던 수목원'을 직접 가리키는 지시 표현이다.

실전 문항 2

[13] 다음 글을 읽고 물음에 답하시오. [2021학년도 9월]

사전의 뜻풀이 대상이 되는 표제 항목을 '표제어'라고 한다. 『표준국어대사전』의 표제어에는 붙임표 '－'가 쓰인 경우와 그렇지 않은 경우가 있다. 붙임표는 표제어의 문법적 특성, 띄어쓰기, 어원 및 올바른 표기에 대한 정보를 제공한다.

표제어에 붙임표가 쓰이는 대표적인 경우는 다음과 같다. 첫째, 접사와 어미처럼 자립적으로 쓰이지 않고 언제나 다른 말과 결합해야 하는 표제어에는 다른 말과 결합하는 부분에 붙임표가 쓰인다. 접사 '－질'과 연결 어미 '－으니'가 이러한 예이다. 다만 조사도 자립적으로 쓰이지 않지만 단어이므로 그 앞에 붙임표가 쓰이지 않는다. 용언 어간도 자립적으로 쓰이지 않지만 어미 '－다'와 결합한 기본형이 표제어가 되고, 용언 어간과 어미 '－다' 사이에 붙임표가 쓰이지 않는다.

둘째, 둘 이상의 구성 성분으로 이루어진 표제어에는 가장 나중에 결합한 구성 성분들 사이에 붙임표가 한 번만 쓰인다. '이등분선'은 '이', '등분', '선'의 세 구성 성분으로 이루어진 복합어이다. 이 복합어의 표제어 '이등분－선'에서 붙임표는 '이등분'과 '선'이 가장 나중에 결합했다는 정보를 제공한다. 복합어의 붙임표는 구성 성분들을 반드시 붙여 써야 한다는 점도 알려 준다.

한편 '무덤', '노름', '이따가'처럼 기원적으로 두 구성 성분이 결합한 단어이지만 붙임표가 쓰이지 않는 경우가 있다. '한글 맞춤법'에서는 현대 국어에서 새로운 단어를 만들지 못하는 접미사가 결합한 경우나 ㉠단어의 의미가 어근이나 어간의 본뜻과 멀어진 경우에 해당하는 단어를 소리대로 적는 것을 원칙으로 하고 있다. 이처럼 소리대로 적는 단어들은 구성 성분들이 원래 형태의 음절로 나누어지지 않으므로 표제어에 붙임표가 쓰이지 않는다.

'무덤'의 접미사 '－엄'은 현대 국어에서 새로운 단어를 만들지 못한다. 따라서 어근 '묻－'과 접미사 '－엄'이 결합한 '무덤'은 소리대로 적고 표제어에 붙임표가 쓰이지 않는다. '－엄'과 비슷한 접미사에는 '－암', '－억', '－우' 등이 있다. '노름'은 어근 '놀－'의 본뜻만으로는 그 의미가 '돈이나 재물 따위를 걸고 서로 내기를 하는 일'이라는 사실을 알기 어렵다. '조금 지난 뒤에'를 뜻하는 '이따가'도 어간 '있－'의 본뜻과 멀어졌다. 따라서 '노름'과 '이따가'는 소리대로 적고 표제어에 붙임표가 쓰이지 않는다.

13. 〈보기〉의 [자료]에서 ㉠에 해당하는 단어만을 있는 대로 고른 것은? [3점]

─────────── 〈 보 기 〉 ───────────

[자료]는 '조차', '자주', '차마', '부터'가 쓰인 문장과 이 단어들의 어원이 되는 용언이 쓰인 문장의 쌍들이다.

[자료]

┌───┐
│ ┌ 나<u>조차</u> 그런 일들을 할 수는 없었다.   │
│ └ 동생도 누나의 기발한 생각을 <u>좋았</u>다.   │
│   │
│ ┌ 누나는 휴일에 이 책을 <u>자주</u> 읽었다.   │
│ └ 동생은 늦잠 때문에 지각이 <u>잦았</u>다.   │
│   │
│ ┌ 나는 <u>차마</u> 그의 눈을 볼 수 없었다.   │
│ └ 언니는 쏟아지는 졸음을 잘 <u>참았</u>다.   │
│   │
│ ┌ 그 일은 나<u>부터</u> 모범을 보여야 했다.   │
│ └ 부원 모집 공고문이 게시판에 <u>붙었</u>다.   │
└───┘

① 자주, 부터

② 차마, 부터

③ 조차, 자주, 차마

④ 조차, 차마, 부터

⑤ 조차, 자주, 차마, 부터

실전 문항 3

[11~12] 다음 글을 읽고 물음에 답하시오. [2021학년도 수능]

우리는 단어의 의미와 유래를 통해 단어에 담긴 언중의 인식과 더불어 시대상을 짐작할 수 있다. 그리고 단어의 구조를 통해 단어 구성 방식도 이해할 수 있다.

유길준의 서유견문(1895)에는 '원어기(遠語機)'라는 말이 등장하는데, 이것은 영어의 'telephone'에 해당하는 단어로 '말을 멀리 보내는 기계'라는 뜻이다. 오늘날의 '전화기(電話機)'가 '전기를 통해 말을 보내는 기계'의 뜻이라는 점과 비교해 보면 '원어기'는 말을 '멀리' 보낸다는 점에, '전화기'는 말을 '전기로' 보낸다는 점에 초점을 맞춘 단어이다. 이처럼 대상을 어떻게 인식하느냐에 따라 그것을 표현하는 단어는 달라지기도 한다. 또한 개화기 사전에 등장하는 '소졋메쥬(소젖메주)'처럼 새롭게 유입된 대상을 일상의 단어로 표현한 경우도 있다. '소졋메쥬'는 '치즈(cheese)'에 대응하는 단어인데, 간장과 된장의 재료인 '메주'라는 일상의 단어를 통해 대상을 인식했음을 보여 준다.

한편, 가례언해(1632)에 따르면 '총각(總角)'은 '머리를 땋아 갈라서 틀어 맴'을 이르는 말이었으나 그러한 의미는 사라지고 오늘날에는 '결혼하지 않은 성년 남자'를 뜻한다. 특정한 행위를 나타내던 단어가 이와 관련된 사람을 지시하는 말로 그 의미가 변화한 것이다. 여기에서 남자도 머리를 땋아 묶었던 과거의 관습을 짐작할 수 있다. 또한 '부대찌개' 역시 한국 전쟁 이후 미군 부대에서 나온 재료로 찌개를 끓였던 것에서 유래한 단어라는 점에서 시대의 흔적을 담고 있다.

우리는 단어의 구조를 통해 단어가 구성되는 방식도 파악할 수 있다. 한불자전(1880)에는 이전 시기의 문헌에서는 볼 수 없었던 '두길보기'와 '산돌이'가 등장한다. "양쪽 모두의 눈치를 보는 사람"으로 풀이된 '두길보기'의 '두길'은 ㉠관형사가 후행하는 명사를 수식하는 것으로 분석된다. "같은 장소를 일 년에 한 번만 지나가는 큰 호랑이"로 풀이된 '산돌이'는 ㉡단어의 구성 요소들이 의미상 목적어와 서술어의 관계로 이루어져 '산을 돌다'라는 의미를 나타내고 있다. 이와같이 예전에도 오늘날처럼 다양한 방식으로 단어를 만들어 생각을 표현하고 있었던 셈이다.

11. ㉠과 ㉡을 모두 충족하는 단어만을 〈보기〉에서 있는 대로 고른 것은?

> **〈 보 기 〉**
>
> 새해맞이, 두말없이, 숨은그림찾기, 한몫하다

① 새해맞이, 숨은그림찾기, 한몫하다

④ 새해맞이, 한몫하다

② 두말없이, 숨은그림찾기, 한몫하다

⑤ 새해맞이

③ 두말없이, 숨은그림찾기

12. 윗글과 〈보기〉를 바탕으로 추론한 내용으로 적절하지 <u>않은</u> 것은?

> **〈 보 기 〉**
>
> ◦ '립스틱'을 여성들이 입술에 바르던 염료인 '연지'라는 단어를 사용해 '입술연지'라고도 했다.
> ◦ '변사'는 무성 영화를 상영할 때 장면에 맞추어 그 내용을 설명하던 직업을 가진 사람을 뜻한다.
> ◦ '수세미'는 박과의 한해살이 덩굴풀을 뜻하는데, 그 열매 속 섬유로 그릇을 닦았다. 오늘날 공장에서 만든 설거지 도구도 '수세미'라고 한다.
> ◦ '혁대'의 순화어로 '가죽으로 만든 띠'라는 뜻의 '가죽띠'와 '허리에 매는 띠'라는 뜻의 '허리띠'가 제시되어 있다.
> ◦ '양반'은 조선시대 사대부를 이르는 말이었지만 지금은 '점잖은 사람'의 뜻으로 주로 쓰인다.

① '입술연지'는 '소젖메쥬'처럼 일상의 단어로 새로운 대상을 인식한 예로 볼 수 있겠군.

② '변사'는 무성 영화와 관련해 쓰인 단어라는 점에서 시대상이 반영된 예에 해당하겠군.

③ '수세미'는 기존의 의미에 새로운 의미가 더해졌다는 점에서 '총각'과 유사하겠군.

④ '가죽띠'는 '재료'에, '허리띠'는 '착용하는 위치'에 초점을 둔 단어라는 점에서 서로 다른 인식이 반영된 것이겠군.

⑤ '양반'은 신분의 구분이 있었던 사회의 모습을 엿볼 수 있다는 점에서 시대의 흔적을 담고 있겠군.

실전 문항 4

[11~12] 다음 글을 읽고 물음에 답하시오. [2020학년도 6월]

어린 말은 망아지, 어린 소는 송아지, 어린 개는 강아지라고 한다. 이들은 모두 사람들이 친숙하게 기르는 가축이라는 공통점이 있으며, 새끼를 나타내는 단어가 모두 '–아지'로 끝난다는 점이 흥미롭다. 그런데 돼지도 흔한 가축인데, 현대 국어에서 어린 돼지를 가리키는 고유어 단어는 따로 없다. '가축과 그 새끼'를 나타내는 고유어 어휘 체계에서 '어린 돼지'의 자리는 빈자리로 남아 있는 것이다. 그렇다고 해서 어린 돼지를 사람들이 인식하지 못하는 것은 아니다. 다만 어린 돼지를 가리키는 고유어 단어가 없을 뿐인데, 이렇게 한 언어의 어휘 체계 내에서 개념은 존재하지만 실제 단어가 존재하지 않는 경우를 '어휘적 빈자리'라고 한다.

어휘적 빈자리는 계속 존재하기도 하지만, 다양한 방식으로 채워지기도 한다. 그렇다면 어휘적 빈자리가 채워지는 방식에는 어떤 것들이 있을까? 첫 번째 방식은 단어가 아닌 구를 만들어 빈자리를 채우는 방식이다. 어떤 언어에는 '사촌, 고종사촌, 이종사촌'에 해당하는 각각의 단어는 존재하지만, 외사촌을 지시하는 단어는 없다. 그래서 그 언어에서 외사촌을 지시할 때에는 '외삼촌의 자식'이라고 말한다고 한다. 현대 국어에서 어린 돼지를 가리킬 때 '아기 돼지, 새끼 돼지' 등으로 말하는 것도 이러한 방식에 해당된다. 두 번째 방식은 한자어나 외래어를 이용하여 빈자리를 채우는 방식이다. 무지개의 색채를 나타내는 현대 국어의 어휘 체계는 '빨강–주황–노랑–초록–파랑…'인데 이 중 '빨강, 노랑, 파랑'은 고유어이지만 '빨강과 노랑의 중간색', '풀의 빛깔과 같이 푸른 빛을 약간 띤 녹색' 등을 나타내는 고유어는 없기 때문에 한자어 '주황(朱黃)'과 '초록(草綠)' 등이 쓰이고 있다.

세 번째 방식은 상의어로 하의어의 빈자리를 채우는 방식이다. '누이'는 원래 손위와 손아래를 모두 가리키는 단어인데, 손위를 의미하는 '누나'라는 단어는 따로 있으나 '손아래'만을 의미하는 단어는 없어서 상의어인 '누이'가 그대로 빈자리에 들어가게 되었다. 이후 의미 구별을 위해 손아래를 의미하는 '누이동생'이 생겨나기는 했지만, 여전히 '누이'는 상의어로도 쓰이고, 하의어로도 쓰인다.

11. 윗글을 바탕으로 〈보기〉에 대해 이해한 내용으로 적절한 것은?

─────────── 〈 보 기 〉 ───────────

지금의 '돼지'를 의미하는 말이 예전에는 '돝'이었고, '돝'에 '-아지'가 붙어 '돝의 새끼'를 의미하는 '도야지'가 쓰였다. 그런데 현대 국어의 표준어에서는 '돝'이 사라지고, '돝'의 자리를 '도야지'의 형태가 바뀐 '돼지'가 차지하게 되었다.

① '예전'의 '도야지'에 해당하는 개념이 지금은 사라졌다.
② '예전'의 '돝'은 '도야지'의 하의어로, 의미가 더 한정적이다.
③ 지금의 '돼지'와 '예전'의 '도야지'가 나타내는 개념은 다르다.
④ 지금의 '어린 돼지'에 해당하는 어휘적 빈자리는 '예전'부터 있었다.
⑤ '예전'의 '도야지'의 개념을 나타내기 위해 지금은 하나의 고유어 단어가 사용된다.

12. 윗글의 어휘적 빈자리가 채워지는 방식이 적용된 사례만을 〈보기〉에서 있는 대로 고른 것은?

─────────── 〈 보 기 〉 ───────────

ㄱ. 학생 1은 할머니 휴대 전화에 번호를 저장해 드리면서 할머니의 첫 번째, 네 번째 사위는 각각 '맏사위', '막냇사위'라고 입력했지만, 두 번째, 세 번째 사위를 구별하여 가리키는 단어가 없어 '둘째 사위', '셋째 사위'라고 입력하였다.

ㄴ. 학생 2는 '꿩'에 대한 보고서를 작성할 때 꿩의 하의어로 수꿩에 해당하는 '장끼'와 암꿩에 해당하는 '까투리'는 알고 있었지만, 꿩의 새끼를 나타내는 단어를 몰라 국어사전에서 고유어 '꺼병이'를 찾아 사용하였다.

ㄷ. 학생 3은 태양계의 행성을 가리키는 어휘 체계인 '수성–금성–지구–화성…'을 조사하면서 '금성'의 고유어로 '샛별'과 '개밥바라기'가 있음을 알았는데, '개밥바라기'라는 단어는 생소하여 '샛별'만을 기록하였다.

① ㄱ   ② ㄱ, ㄴ   ③ ㄱ, ㄷ
④ ㄴ, ㄷ   ⑤ ㄱ, ㄴ, ㄷ

실전 문항 5

[12] 다음 글을 읽고 물음에 답하시오. [2020학년도 9월]

> (1) 영수는 서울에서/서울에 산다.
> (2) 민수는 방에서/*방에 공부하고 있다.
> (3) 학교에서 체육 대회를 열었다.
>
> (1)에서는 '에'와 '에서'를 다 쓸 수 있는데, 왜 (2)에서는 '에서'를 쓰고 '에'는 쓸 수 없을까? 또 왜 (3)에서는 '에서'를 주격 조사로 쓸 수 있을까? '에'와 '에서'는 모두 '장소'를 의미하는 말에 붙지만, (1)에서 '서울'은 '에'가 붙어 위치를 나타내는 [지점]의 의미가 되고, '에서'가 붙어 행위를 하거나 일이 발생하는 [공간]의 의미가 된다. 즉, 똑같은 장소라도 지점으로 인식되면 '에'를 쓰고, 공간으로 인식되면 '에서'를 쓴다. (2)에서 '방에'를 쓸 수 없는 이유는 '공부'라는 행위를 하는 장소인 '방'은 지점이 아니라 공간의 의미를 가져야 하기 때문이다. 이렇듯 '에'와 '에서'의 쓰임이 구분되는 것은 '에서'의 중세 국어 형태인 '에셔'의 형성 과정에 기인한다. 중세 국어에서는 부사격 조사 '애/에/예, 이/의'와 '이시다(현대 국어 '있다')'의 활용형인 '이셔'가 결합된 말들이 줄어서 '애셔/에셔/예셔, 이셔/의셔'가 되었다. 그런데 이들은 본래 '이시다'를 포함하므로, 그 의미상 어떤 공간 속에 있음을 전제한다. 따라서 '애셔/에셔/예셔, 이셔/의셔' 앞의 명사는 공간으로 인식되었다. 그런데 이렇게 새로운 형태가 만들어졌지만 중세 국어에서는 현대 국어와 달리 이 새로운 형태가 쓰일자리에 '애/에/예, 이/의'가 쓰이는 경우가 많았다. 이는 '애/에/예, 이/의'가 현대 국어의 '에'와 '에서'의 쓰임을 모두 지니고 있었음을 의미한다.
>
> 한편, '애셔/에셔/예셔, 이셔/의셔' 앞의 명사가 어떤 구성원으로 이루어진 공간이나 집단을 나타내면, 그 공간이나 집단 속에 있는 구성원의 행위를 그 공간이나 집단의 행위로 표현하는 것이 가능해진다. 그에 따라 중세 국어에서 '애셔/에셔/예셔, 이셔/의셔'가 주격 조사로도 쓰인 경우가 있다. 이들은 현대 국어의 '에서'로 이어지는데 (3)과 같은 예에서 그러한 쓰임을 확인할 수 있다.
>
> 현대 국어의 '에서'가 주격 조사로 쓰일 때에는 '에서' 앞에 공간이나 집단을 나타내는 명사가 오고 유정 명사는 올 수 없다. 부사격 조사 '에'에 '서'가 붙은 '에서'가 주격 조사로 쓰인 것처럼 부사격 조사 '께'에 '서'가 붙은 '께서'도 주격 조사로 쓰인다. '께서'의 중세 국어 형태인 부사격 조사 '의셔' 역시 '의'와 '셔'가 결합하여 형성되었는데, 근대 국어를 거치면서 주격 조사로 변화하여 현대 국어의 '께서'로 이어졌다. 중세 국어의 '에셔', 현대 국어의 '에서'와 달리 중세 국어의 '의셔', 현대 국어의 '께서'는 높임의 유정 명사 뒤에 나타난다.

12. 윗글을 바탕으로 〈보기〉를 이해한 내용으로 적절하지 <u>않은</u> 것은?

─── 〈 보 기 〉 ───

현대 국어의 예
㉠ 그 지역에서 공룡 화석이 발견되었다. ㉡ 정부에서 홍수 대책안을 발표하였다. ㉢ 할머니께서 저녁 늦게 식사를 하셨다.

중세 국어의 예
㉣ ─ 物 이라도 그위예셔 다 아ᅀᆞᄆᆞᆯ 슬노라 　(물건 하나라도 관청에서 다 빼앗음을 슬퍼하노라.) ㉤ 부텨쯰셔 十二部經이 나시고 　(부처님으로부터 12부의 경전이 나오고)

① ㉠ : 공간을 의미하는 '그 지역'에 주격 조사 '에서'가 붙었군.

② ㉡ : 집단을 의미하는 '정부'에 주격 조사 '에서'가 붙었군.

③ ㉢ : 높임의 유정 명사인 '할머니'에 주격 조사 '께서'가 붙었군.

④ ㉣ : '그위예셔'는 '그위'에 주격 조사 '예셔'가 붙었군.

⑤ ㉤ : 높임의 유정 명사인 '부텨'에 부사격 조사 '쯰셔'가 붙었군.

[12] 다음 글을 읽고 물음에 답하시오. [2020학년도 수능]

다의어란 두 가지 이상의 의미를 가진 단어를 말한다. 다의어에서 기본이 되는 핵심 의미를 중심 의미라고 하고, 중심 의미에서 확장된 의미를 주변 의미라고 한다. 중심 의미는 일반적으로 주변 의미보다 언어 습득의 시기가 빠르며 사용 빈도가 높다. 그러면 다의어의 특징에 대해 좀 더 알아보자.

첫째, 주변 의미로 사용되었을 때는 문법적 제약이 나타나기도 한다. 예를 들면 '한 살을 먹다'는 가능하지만 '한 살이 먹히다'나 '한 살을 먹이다'는 어법에 맞지 않는다. 또한 '손'이 '노동력'의 의미로 쓰일 때는 '부족하다, 남다' 등 몇 개의 용언과만 함께 쓰여 중심 의미로 쓰일 때보다 결합하는 용언의 수가 적다.

둘째, 주변 의미는 기존의 의미가 확장되어 생긴 것으로서, 새로 생긴 의미는 기존의 의미보다 추상성이 강화되는 경향이 있다. '손'의 중심 의미가 확장되어 '손이 부족하다', '손에 넣다'처럼 각각 '노동력', '권한이나 범위'로 쓰이는 것이 그 예이다.

셋째, 다의어의 의미들은 서로 관련성을 갖는다.

> 줄 명
> ① 새끼 따위와 같이 무엇을 묶거나 동이는 데에 쓸 수 있는 가늘고 긴 물건.
>   예) 줄로 묶었다.
> ② 길이로 죽 벌이거나 늘어 있는 것. 예) 아이들이 줄을 섰다.
> ③ 사회생활에서의 관계나 인연. 예) 내 친구는 그쪽 사람들과 줄이 닿는다.

예를 들어 '줄'의 중심 의미는 위의 ①인데 길게 연결되어 있는 모양이 유사하여 ②의 의미를 갖게 되었다. 또한 연결이라는 속성이나 기능이 유사하여 ③의 뜻도 지니게 되었다. 이때 ②와 ③은 '줄'의 주변 의미이다.

그런데 ⊙다의어의 의미들이 서로 대립적 관계를 맺는 경우가 있다. 예를 들어 '앞'은 '향하고 있는 쪽이나 곳'이 중심 의미인데 '앞 세대의 입장', '앞으로 다가올 일'에서는 각각 '이미 지나간 시간'과 '장차 올 시간'을 가리킨다. 이것은 시간의 축에서 과거나 미래 중 어느 방향을 바라보는지에 따른 차이로서 이들 사이의 의미적 관련성은 유지된다.

12. 밑줄 친 단어들의 의미를 고려하여 ⊙의 예에 해당하는 것만을 〈보기〉에서 있는 대로 고른 것은? [3점]

< 보 기 >

영희 : 자꾸 말해 미안한데 모둠 발표 자료 좀 줄래?

민수 : 너 <u>빚쟁이</u> 같다. 나한테 자료 맡겨 놓은 거 같네.

영희 : 이틀 <u>뒤</u>에 발표 사전 모임이라고 <u>금방</u> 문자 메시지가 왔었는데 지금 또 왔어. 근데 <u>빚쟁이</u>라니, 내가 언제 <u>돈</u> 빌린 것도 아니고…….

민수 : 아니, 꼭 빌려 준 <u>돈</u> 받으러 온 사람 같다고. 자료 여기 있어. 가현이랑 도서관에 같이 가자. 아까 출발했다니까 <u>금방</u> 올 거야.

영희 : 그래. 발표 끝난 <u>뒤</u>에 다 같이 밥 먹자.

① 빚쟁이 ② 빚쟁이, 금방 ③ 뒤, 돈

④ 뒤, 금방, 돈 ⑤ 빚쟁이, 뒤, 금방

실전 문항 7

[12] 다음 글을 읽고 물음에 답하시오. [2019학년도 9월]

단어를 공통된 성질에 따라 분류한 것을 '품사'라 한다. 품사 분류의 기준으로는 일반적으로 '형태, 기능, 의미'가 있다. '형태'는 단어가 활용하느냐 활용하지 않느냐에 관한 것이고 '기능'은 단어가 문장에서 하는 역할과 관련된다. '의미'는 단어의 구체적인 의미가 아니라 단어 부류가 가지는 추상적인 의미를 말한다.

이러한 기준의 전체 혹은 일부를 적용하여 ㉠활용하지 않으며 사물의 이름을 나타내는 말, ㉡활용하고 사물의 동작이나 작용을 나타내는 말, ㉢활용하지 않으며 수량이나 순서를 나타내는 말, ㉣활용하지 않으며 앞말에 붙어 앞말과 다른 말의 문법적 관계를 나타내거나 특수한 의미를 덧붙이는 말, ㉤활용하지 않으며 뒤에 오는 체언을 수식하는 말 등으로 개별 품사를 분류할 수 있다.

[A] 그런데 실제로 단어의 품사를 분류할 때에는 분류가 쉽지 않은 것들도 있다. 동사와 형용사의 구별이 대표적인데 사물의 속성이나 상태를 나타내는 형용사와 사물의 작용의 일종인 상태 변화를 나타내는 일부 동사는 의미상 매우 밀접하여 좀 더 세밀하게 구분하여야 한다. 가령 '햇살이 밝다'에서의 '밝다'는 상태를 나타내는 형용사이고, '날이 밝는다'에서의 '밝다'는 상태의 변화를 나타내는 동사이다. 동사와 형용사를 구별하는 또 다른 기준으로 활용 양상을 내세우기도 한다. 동사와 달리 형용사는 원칙적으로 선어말 어미 '-ㄴ/는-', 관형사형 어미 '-는', 명령형, 청유형 종결 어미, 의도나 목적을 나타내는 연결 어미 등과 결합하여 쓰이지 않는다.

다만, '있다'의 경우는 품사를 분류할 때 더욱 주의해야 한다. '존재', '소유'와 같이 상태의 의미를 나타내는 '있다'는 형용사로, '한 장소에 머묾'의 의미인 '있다'는 동사로 분류되는데, 동사 '있다'뿐만 아니라 형용사의 '있다'가 관형사형 어미 '-는'과 결합하기 때문이다. 형용사 '없다' 경우도 반의어인 형용사 '있다'와 동일한 활용 양상을 보여 준다.

12. [A]를 참고하여 〈보기〉를 이해한 내용으로 적절하지 않은 것은?

─────── 〈 보 기 〉 ───────

ⓐ ┌ 영희가 밥을 먹었다. / 꽃이 예뻤다.
  └ 영희가 밥을 먹는다. / *꽃이 예쁜다.

ⓑ ┌ 영희야, 밥 먹어라. / *영희야, 좀 예뻐라.
  └ 영희야, 밥 먹자. / *우리 좀 예쁘자.

ⓒ ┌ 밥 먹으려고 식당으로 갔다. / *예쁘려고 미용실에 갔다.
  └ 밥 먹으러 식당에 갔다. / *예쁘러 미용실에 갔다.

ⓓ ┌ 나에게는 돈이 있다. / 돈이 있는 사람
  └ 나에게는 돈이 없다. / 돈이 없는 사람

ⓔ ┌ 나무가 크다. / 나무가 쑥쑥 큰다.
  └ 머리카락이 길다. / 머리카락이 잘 긴다.

※ '*'는 비문임을 나타냄.

① ⓐ : 동사와는 달리 형용사는 현재를 나타내는 선어말 어미와 결합할 수 없다.
② ⓑ : 동사와는 달리 형용사는 명령형, 청유형 어미와 결합할 수 없다.
③ ⓒ : 동사와는 달리 형용사는 의도, 목적을 나타내는 연결 어미와 결합할 수 없다.
④ ⓓ : '있다'와 '없다'는 상태의 의미를 나타내지만 동사로 쓰이고 있다.
⑤ ⓔ : '크다'와 '길다'는 형용사, 동사로 모두 쓰이고 있다.

실전 문항 8

[12~13] 다음 글을 읽고 물음에 답하시오. [2019학년도 수능]

국어사적 사실이 현대 국어의 일관되지 않은 현상을 이해하는 데 도움이 되는 경우가 많다. 예를 들어 'ㄹ'로 끝나는 명사 '발', '솔', '이틀'이 ㉠ '발가락', ㉡ '소나무', ㉢ '이튿날'과 같은 합성어들에서는 받침 'ㄹ'의 모습이 일관되지 않는데, 이를 이해하기 위해서는 이들 단어의 옛 모습을 알아야 한다.

'소나무'에서는 '발가락'에서와는 달리 받침 'ㄹ'이 탈락하였고, '이튿날'에서는 받침이 'ㄹ'이 아닌 'ㄷ'이다. 모두 'ㄹ' 받침의 명사가 결합한 합성어인데 왜 이러한 차이를 보이는 것일까? 현대 국어에 받침 'ㄹ'이 'ㄷ'으로 바뀌거나, 명사와 명사가 결합할 때 'ㄹ'이 탈락하는 규칙이 없기 때문에 이러한 차이는 현대 국어의 규칙만으로는 설명할 수 없다.

'발가락'은 중세 국어에서 대부분 '밠 가락'으로 나타난다. 중세 국어에서 'ㅅ'은 관형격 조사로 사용되었으므로 '밠 가락'은 구로 파악된다. 이는 '밠 엄지 가락(엄지발가락)'과 같은 예를 통해 잘 알 수 있다. 이후 'ㅅ'은 점차 관형격 조사의 기능을 잃고 합성어 내부의 사이시옷으로만 흔적이 남았는데, 이에 따라 중세 국어 '밠 가락'은 현대 국어 '발가락[발까락]'이 되었다.

'소나무'는 중세 국어에서 명사 '솔'에 '나무'의 옛말인 '나모'가 결합하고 'ㄹ'이 탈락한 합성어 '소나모'로 나타난다. 중세 국어에서는 현대 국어와 달리 명사와 명사가 결합하여 합성어가 될 때 'ㄴ, ㄷ, ㅅ, ㅈ' 등으로 시작하는 명사 앞에서 받침 'ㄹ'이 탈락하는 규칙이 있었기 때문에 '솔'의 'ㄹ'이 탈락하였다.

[A] '이튿날'은 중세 국어에서 자립 명사 '이틀'과 '날' 사이에 관형격 조사 'ㅅ'이 결합한 '이틄 날'로 많이 나타나는데, 이 'ㅅ'은 '이틄 밤', '이틄 길'에서의 'ㅅ'과 같은 것이다. 중세 국어에서 '이틄 날'은 '이틋 날'로도 나타났는데, 근대 국어로 오면서는 'ㄹ'이 탈락한 합성어 '이틋날'로 굳어지게 되었다. 이와 함께 'ㅅ' 관형격 조사의 기능을 잃어 가고, 받침 'ㅅ'과 'ㄷ'의 발음이 구분되지 않게 되었다. 이에 따라 「한글 맞춤법」에서는 '이튿날'의 표기와 관련하여 "끝소리가 'ㄹ'인 말과 딴말이 어울릴 적에 'ㄹ' 소리가 'ㄷ' 소리로 나는 것"으로 보아 이를 '이튿날'로 적도록 했다. 그러나 이때의 'ㄷ'은 'ㄹ'이 변한 것으로 설명되지 않으므로 중세 국어 '뭀 사ᄅᆞᆷ'에서 온 '뭇사람'에서처럼 'ㅅ'으로 적는 것이 국어의 변화 과정을 고려한 관점에 부합한다고 할 수 있다.

12. 윗글을 참고할 때, ⊙~©과 같이 이러한 차이를 보이는 예를 〈보기〉에서 각각 하나씩 찾아 그 순서대로 제시한 것은?

─── 〈 보 기 〉 ───

무술(물+술) 쌀가루(쌀+가루)
낟알(낟+알) 솔방울(솔+방울)
섣달(설+달) 푸나무(풀+나무)

① 솔방울, 무술, 낟알
② 솔방울, 푸나무, 섣달
③ 푸나무, 무술, 섣달
④ 쌀가루, 푸나무, 낟알
⑤ 쌀가루, 솔방울, 섣달

13. [A]를 바탕으로 〈보기〉의 '자료'를 탐구한 내용으로 적절하지 <u>않은</u> 것은? [3점]

─── 〈 보 기 〉 ───

[탐구 주제]

ㅇ '숟가락'은 '젓가락'과 달리 왜 첫 글자의 받침이 'ㄷ'일까?

[자료]

중세 국어의 예
· 술 자ᄫ며 져 놓ᄂᆞ니(숟가락 잡으며 젓가락 놓으니) · 숤 근(숟가락의 끝), 졋 가락 근(젓가락 끝), 수져(수저) · 물(무리), 묘 사ᄅᆞᆷ(뭇사람, 여러 사람)

근대 국어의 예	현대 국어의 예
· 숫가락 장ᄉᆞ(숟가락 장사) · 뭇사ᄅᆞᆷ(뭇사람)	· *술로 밥을 뜨다 · 숟가락으로 밥을 뜨다 · 밥 한술

※ '*'는 문법에 맞지 않음을 나타냄.

① 중세 국어 '술'과 '져'는 중세 국어 '이틀'처럼 자립 명사라는 점에서 현대 국어 '술'과는 차이가 있군.
② 중세 국어 '술'과 '져'의 결합에서 'ㄹ'이 탈락한 합성어가 현대 국어 '수저'로 이어졌군.
③ 중세 국어 '술'과 '져'는 명사를 수식할 때, 중세 국어 '이틀'이나 '물'과 같이 모두 관형격 조사 'ㅅ'이 결합할 수 있었군.
④ 근대 국어 '숫가락'이 현대 국어에 와서 '숟가락'으로 적히는 것은, 국어의 변화 과정을 고려한 관점에 부합하지 않는다는 점에서 '이튿날'의 경우와 같군.
⑤ 현대 국어 '숟가락'과 '뭇사람'의 첫 글자 받침이 다른 이유는 중세 국어 '숤'과 '묘'이 현대 국어로 오면서 'ㄹ'이 탈락한 후 남은 'ㅅ'의 발음이 서로 달랐기 때문이군.

실전 문항 9

[12] 다음 글을 읽고 물음에 답하시오. [2018학년도 6월]

단어의 의미 관계 중 상하 관계는 의미상 한 단어가 다른 단어를 포함하거나 다른 단어에 포함되는 관계를 말한다. 이때 다른 단어의 의미를 포함하는 단어를 상의어라 하고 다른 단어의 의미에 포함되는 단어를 하의어라 하는데, 상의어일수록 일반적이고 포괄적인 의미를 지니며 하의어일수록 구체적이고 한정적인 의미를 지닌다.

상하 관계에 있는 단어들은 상의어와 하의어가 상대적으로 정해진다. 이를테면 '구기'는 '스포츠'와의 관계 속에서 하의어가 되지만, '축구'와의 관계 속에서는 상의어가 된다. 그런데 '구기'의 하의어에는 '축구' 외에 '야구', '농구' 등이 더 있다. 이때 상의어인 '구기'에 대해 하의어 '축구', '야구', '농구' 등은 같은 계층에 있어 이들을 상의어 '구기'의 공하의어라 하며, 이들 공하의어 사이에는 ㉠비양립 관계가 성립한다. 곧 어떤 구기가 '축구'이면서 동시에 '야구'나 '농구'일 수는 없다.

한편 상하 관계에서는 하의어들이 상의어의 의미를 이어받아 상의어를 의미적으로 함의한다. 일례로 어떤 새가 '장끼'이면 그 '장끼'는 상의어 '꿩'의 의미를 이어받으므로 '꿩'을 의미적으로 함의하는 것이다. 그러나 어떤 새가 '꿩'이라 해서 그것이 꼭 '장끼'여야 하는 것은 아니므로, 상의어는 하의어를 의미적으로 함의하지 못한다. 이를 '[ ]'로 표현하는 의미 자질로 설명하면, 하의어 '장끼'는 상의어 '꿩'의 의미 자질들을 가지면서 [수컷]이라는 의미 자질을 더 가져, 결국 하의어 '장끼'는 상의어 '꿩'보다 의미 자질 개수가 많다. 곧 상의어보다 의미 자질이 많은 하의어는 상의어를 의미적으로 함의하는 것이다.

그런데 앞에서 살폈듯이 '구기'의 공하의어가 여러 개인 것과 달리, '꿩'의 공하의어는 성별로 구분했을 때 '장끼'와 '까투리' 둘뿐이다. '구기'의 공하의어인 '축구', '야구' 등과 마찬가지로 '장끼', '까투리'는 '꿩'의 공하의어로서 비양립 관계에 있다. 그러나 '장끼'와 '까투리'의 경우, '장끼'가 아닌 것은 곧 '까투리'이고 그 역도 성립한다는 점에서 ㉡상보적 반의 관계에 있다. 따라서 한 상의어가 같은 계층의 두 단어만을 공하의어로 포함하면, 그 공하의어들은 상보적 반의 관계에 있다고 할 수 있다.

12. 윗글을 바탕으로 할 때 ⊙과 ⓒ을 모두 만족시키는 단어 쌍만을 〈보기〉에서 있는 대로 고른 것은?

─────────── 〈 보 기 〉 ───────────

ⓐ여름에 고향을 출발한 그가 마침내 ⓑ북극에 도달했다는 소식에 나는 다급해졌다. 지구의 양극 중 ⓒ남극에는 내가 먼저 가야 했다. 남극 대륙은 ⓓ계절이 여름이어도 내 고향의 ⓔ겨울만큼 바람이 찼다. 남극 대륙에서 나를 위로해 준 것은 썰매를 끄는 ⓕ개들과 귀여운 몸짓을 하는 ⓖ펭귄들, 그리고 먹이를 찾아 날아다니는 ⓗ갈매기들뿐이었다.

① ⓑ - ⓒ
② ⓐ - ⓔ, ⓑ - ⓒ
③ ⓑ - ⓒ, ⓖ - ⓗ
④ ⓐ - ⓓ, ⓑ - ⓒ, ⓖ - ⓗ
⑤ ⓐ - ⓔ, ⓑ - ⓒ, ⓕ - ⓗ

실전 문항 10 •·····················

[12] 다음 글을 읽고 물음에 답하시오. [2017학년도 9월]

여러 형태소로 이루어진 단어나 여러 단어들로 이루어진 문장은 그 구조를 명확히 파악하기 어렵다. 가령, '민물고기'가 합성어인지 파생어인지를 판별하기 어렵고 "언니가 찾던 책이 여기 있구나."와 같은 문장에서 주어가 무엇인지를 파악하기 쉽지 않다. 이처럼 복잡한 단어나 문장의 구조를 명확히 파악하기 위한 효과적인 방법으로 직접 구성 요소 분석이 있다.

직접 구성 요소란 어떤 말을 직접 이루고 있는 두 부분으로 나누었을 때 나오는 두 요소이다. 위의 '민물고기'에서는 '민물'과 '고기'가 직접 구성 요소가 된다. 이 분석은 '민물'에 대해서도 더 적용할 수 있다. 이렇게 직접 구성 요소를 분석해 보면 한 단어에 합성과 파생 과정이 모두 있는 '민물고기'는 파생어가 아닌 합성어임을 알 수 있다.

직접 구성 요소 분석 시에는 특히 두 가지를 고려해야 한다. 첫째, 직접 구성 요소로 분석되는 말이 실제로 존재하는가 하는 점이다. 가령, '살얼음'은 '살-'과 '얼음'으로 분석해야 하는데, 만약 '살얼-'과 '-음'으로 분석하면 '살얼다'가 존재하지 않으므로 잘못된 분석이 된다. 둘째, 직접 구성 요소들과 그 전체 구성의 의미가 서로 통하는가 하는 점이다. '벽돌집'을 직접 구성 요소로 나누면 '벽돌'과 '집'이 분석된다. 이를 '벽'과 '돌집'으로 나누면 '벽돌로 만든 집'이라는 의미를 갖지 못한다.

긴 문장도 직접 구성 요소 분석을 통해 그 구조를 알 수 있다. 일반적으로 문장에는 주어와 서술어가 나타나므로, 문장의 직접 구성 요소는 주어와 서술어가 된다. 그런데 서술어는 홀로 나오기도 하지만 주어 이외의 필수 성분과 결합하여 나오는 경우도 있다. 따라서 "내 동생은 엄마의 칭찬을 많이 받았다."는 첫 분석 층위에서 주어 '내 동생은'과 '엄마의 칭찬을 많이 받았다'로 그 직접 구성 요소가 분석된다. 또 '엄마의 칭찬을 많이 받았다'는 한 층위 아래에서 '엄마의 칭찬을'과 '많이 받았다'로 나뉜다. 또한 '내 동생'의 직접 구성 요소는 '내'와 '동생'인데, 이처럼 꾸미는 말과 꾸밈을 받는 말이 인접하면 그 두 요소는 바로 위 층위의 말을 이루는 직접 구성 요소가 된다. 이렇게 직접 구성 요소를 분석해 보면 "언니가 찾던 책이 여기 있구나."에서 '언니가'는 관형사절 속에 포함된 주어일 뿐이며 문장 전체의 주어, 즉 가장 위 층위에 있는 직접 구성 요소는 '언니가 찾던 책이'임을 알 수 있다.

12. 윗글의 관점에서 〈보기〉의 ㉠~㉤을 분석한 것으로 옳지 <u>않은</u> 것은?

─────── 〈 보 기 〉 ───────

㉠ 지희는 목소리가 곱다.
㉡ 소포가 도착했다고 들었다.
㉢ 동수가 미애에게 선물을 주었다.
㉣ 그가 익명의 기부자임이 밝혀졌다.
㉤ 인생은 짧고 예술은 길다는 말은 명언이다.

① ㉠은 '지희는'과 '목소리가 곱다'로 분석되겠군.
② ㉡은 '소포가'와 '도착했다고 들었다'로 분석되겠군.
③ ㉢은 '동수가'와 '미애에게 선물을 주었다'로 분석되겠군.
④ ㉣은 '그가 익명의 기부자임이'와 '밝혀졌다'로 분석되겠군.
⑤ ㉤은 '인생은 짧고 예술은 길다는 말은'과 '명언이다'로 분석되겠군.

실전 문항 11 ●

[14] 다음 글을 읽고 물음에 답하시오. [2017학년도 수능]

국어에서 동사나 형용사에 붙어 새로운 단어를 형성하는 접미사는 다양한 문법적 특징을 지니고 있다. 그 특징은 다음과 같다.

첫째로, 접미사는 동사나 형용사에 붙어 새로운 어간을 형성한다. 예를 들면, '녹다'의 어근 '녹–'에 접미사 '–이–'가 붙어 새로운 어간 '녹이–'가 형성된다. 이렇게 만들어진 '녹이다'의 어간 '녹이–'는 '녹다'의 어간 '녹–'과 구별된다. 둘째로, 접미사는 동사나 형용사의 어근에 붙어 품사를 바꾸기도 한다. 예를 들면, 명사 '먹이'나 '넓이'는 각각 동사와 형용사의 어근에 접미사 '–이'가 붙어 형성된 단어이다. 이때 '먹이'와 '넓이'의 '먹–'과 '넓–'은 서술어로 기능하지 못한다. 셋째로, ㉠접미사는 동사나 형용사에 붙어 사동의 의미를 더하기도 한다. 예를 들면, 동사 '익다'와 '먹다'의 어근에 각각 접미사 '–히–'와 '–이–'가 붙어 형성된 '익히다'와 '먹이다'는 '고기를 익히다.'와 '아이에게 밥을 먹이다.'에서와 같이 사동의 의미를 가진다. 넷째로, ㉡접미사는 동사나 형용사에 붙어 사동의 의미를 더하기도 한다. 예를 들면, '안다'의 어근 '안–'에 접미사 '–기–'가 붙어 형성된 '안기다'는 '아기가 엄마한테 안기다.'와 같이 피동의 의미를 가진다. 이때 피동을 나타내는 접미사는 '눕다', '식다'와 같은 자동사에는 결합하지 않는다.

한편, 하나의 접미사가 모든 동사나 형용사에 자유롭게 결합하는 것은 아니다. 예를 들면, 접미사 '–히–'는 '읽다'의 어근 '읽–'에 붙어 '읽히다'를 만들 수 있지만, '살다'의 어근 '살–'에는 붙지 못한다. 어근 '살–'에는 접미사 '–리–'가 붙어 '살리다'가 형성된다. 또한 어근과 접미사 사이에는 다른 형태소가 끼어들 수 없다. 가령, 어근 '읽–'과 접미사 '–히–' 사이에 '–시–'와 같은 선어말 어미가 끼어든 '읽시히–'와 같은 것은 만들어지지 않는다.

14. 윗글을 바탕으로 〈보기〉의 ⓐ~ⓔ를 이해한 내용으로 적절한 것은?

< 보 기 >

ⓐ 달콤한 휴식을 위해 시간을 비워 놓았다.
ⓑ 아주 높이 나는 새라야 멀리 볼 수 있다.
ⓒ 마을 앞 공터를 놀이 공간으로 조성했다.
ⓓ 멀리서 찾아온 손님을 위해 차를 끓였다.
ⓔ 할아버지께서는 오늘 일찍 오시기 힘들다.

① ⓐ에서 '비워'의 어간은 '시간이 빈다.'에서 '비다'의 어간과 같다.
② ⓑ에서 '높이'는 형용사 '높다'의 어근 '높–'에 접미사 '–이'가 붙어 형성된 명사이다.
③ ⓒ에서 '놀이'는 명사이므로 '놀이' 속의 '놀–'은 서술어로 기능하지 못한다.
④ ⓓ에서 '끓였다'의 어근에 붙은 접미사 '–이–'는 모든 동사에 자유롭게 결합한다.
⑤ ⓔ에서 '오시기'는 '오–'와 '–기' 사이에 다른 형태소가 끼어든 것이므로 명사이다.

<보기> + 지문 활용 문법 실전 문항 정답 풀이

실전 문항 1

11. 윗글을 바탕으로 <보기>의 ⓐ~ⓕ에 대해 설명한 내용으로 적절하지 <u>않은</u> 것은?

[2021학년도 6월]

> **< 보 기 >**
>
> (두 친구가 만나서 주말 나들이 장소를 정하는 상황)
> 선희: 우리, 이번 주말 나들이 장소로 어디가 좋을까?
> 영선: (딴생각을 하다가) ⓐ<u>지금 저녁 먹으러 가자.</u>
> 선희: 그게 뭔 소리야? 주말 나들이로 어디 갈 거냐고.
> 영선: (머쓱해하며) 아, 그럼 놀이동산 갈까?
> 선희: 음, ⓑ<u>거기</u> 말고, (사진을 보여 주며) ⓒ<u>여기</u>는 어때?
> 영선: ⓓ<u>거기</u>? 해수욕장은 아직 좀 춥잖아. ⓔ<u>그리고</u> 너무 멀잖아. (선희를 바라보며)
> 아, 작년에 같이 갔던 수목원은 어때?
> 선희: 그래, ⓕ<u>거기</u>가 좋겠다. 그럼, 토요일에 보자. 안녕.

① ⓐ는 '주말 나들이 장소 정하기'라는 내용에 부합하지 않아서 담화의 완결성을 떨어뜨리고 있다.

② ⓑ는 '영선'이 발화한 '놀이동산'을 대신하는 대용 표현이다.

③ ⓒ, ⓓ는 발화 간의 관련성을 높이는 형식적 장치로서 형태가 다른 표현이지만 동일한 장소를 나타내고 있다.

④ ⓔ는 '해수욕장은 아직 좀 춥잖아.'와 '너무 멀잖아.'를 대등하게 이어 주는 접속 표현이다.

⑤ ⓕ는 '작년에 같이 갔던 수목원'을 직접 가리키는 지시 표현이다.

★정답 ⑤

[정답 찾기 3step]

step 1. 평가요소에 해당하는 문법 지식을 이해한다.

11. <u>윗글을 바탕으로</u> <u>〈보기〉의</u> <u>ⓐ~ⓕ에 대해 설명한 내용으로</u> <u>적절하지 않은 것은?</u>
　　　　지문요소　　　〈보기〉요소　　　　평가요소　　　　　　판단요소

☞ 담화와 지시 표현, 대용 표현, 접속 표현을 이해해야 한다.

※ 담화의 완결성
– 일관된 주제 속에서 내용상 유기적인 관련을 맺고 있어야 함
– 완결성을 높여주는 장치: 지시 표현, 대용 표현, 접속 표현
– 지시 표현: 담화의 요소를 직접 가리키는 표현
– 대용 표현: 앞선 담화에서 언급된 말을 대신하는 표현
– 접속 표현: 앞의 발화를 뒤의 발화와 이어 주는 표현

step 2. 이해한 문법 지식을 바탕으로 〈보기〉요소를 분석한다.

ⓐ지금 저녁 먹으러 가자. → 딴생각을 하다 대화 내용에 관련성이 적은 말을 하고 있다.
ⓑ거기 → 영선이 말한 놀이동산을 의미한다.
ⓒ여기 → 사진에 등장하는 곳이다.
ⓓ거기 → 선희의 사진에 있는 해수욕장을 의미한다.
ⓔ그리고 → 앞, 뒤의 발화를 연결해 주고 있다.
ⓕ거기 → 영선의 앞선 발화의 수목원을 의미한다.

step 3. 선택지에서 지문요소와 〈보기〉요소가 타당하게 연결되었는지 판단한다.

① ⓐ는 / '주말 나들이 장소 정하기'라는 내용에 부합하지 않아서 담화의 완결성을 떨어뜨리고 있다. [○]

② ⓑ는 / '영선'이 발화한 '놀이동산'을 대신하는 대용 표현이다. [○]

③ ⓒ, ⓓ는 / 발화 간의 관련성을 높이는 형식적 장치로서 형태가 다른 표현이지만 동일한 장소를 나타내고 있다. [○]

④ ⓔ는 / '해수욕장은 아직 좀 춥잖아.'와 '너무 멀잖아.'를 대등하게 이어 주는 접속 표현이다. [○]

⑤ ⓕ는 / '작년에 같이 갔던 수목원'을 직접 가리키는 지시 표현이다. [X]

    → 영선의 앞선 발화에 제시된 '수목원'을 대신하고 있는 대용 표현이다.

이 내용은 수능 독서 문항의 '지문 분할' 법칙과 유사하므로 참고하도록 하자. (박종석, 수능독서 <보기> 문항 설명서 제3장 참고)

한 문항을 해결하는 데 전체 지문을 활용해야 할까?

꼭 그렇지는 않다. 경우에 따라서 전체 지문 내용을 활용해야 할 수도, 앞부분이나 뒷부분 등 일부만을 활용할 수도 있다. 위의 11번 문항을 푸는 데에는 지문의 밑줄 친 ㉠이 필요하지 않다. ㉠은 12번 문항에 적용되는 내용이다. 따라서 ㉠이 포함된 마지막 문단은 11번 문항에서 활용할 필요가 없다.

또 하나의 요령은, 지문에 등장하는 '한편'에 주목하는 것이다. '한편'은 어떤 일에 대하여 앞에서 말한 측면과 다른 측면을 말할 때 쓰는 말로, 수능 국어의 지문에서는 앞선 내용과 다른 내용을 언급할 때 주로 쓰인다. 따라서 '한편'을 기준으로 앞, 뒤로 나누어 이 문항에 필요한 지문만을 활용하면 된다.

위 11번 문항은 '한편'의 앞부분만을 활용하여 정답을 찾을 수 있다.

실전 문항 2

13. 〈보기〉의 [자료]에서 ㉠에 해당하는 단어만을 있는 대로 고른 것은? [3점]

[2021학년도 9월]

㉠ 단어의 의미가 어근이나 어간의 본뜻과 멀어진 경우

〈 보 기 〉

[자료]

  ┌ 나조차 그런 일들을 할 수는 없었다.
  └ 동생도 누나의 기발한 생각을 <u>좋았다</u>.

  ┌ 누나는 휴일에 이 책을 <u>자주</u> 읽었다.
  └ 동생은 늦잠 때문에 지각이 <u>잦았다</u>.

  ┌ 나는 <u>차마</u> 그의 눈을 볼 수 없었다.
  └ 언니는 쏟아지는 졸음을 잘 <u>참았다</u>.

  ┌ 그 일은 나<u>부터</u> 모범을 보여야 했다.
  └ 부원 모집 공고문이 게시판에 <u>붙었다</u>.

① 자주,부터　　　② 차마,부터　　　③ 조차, 자주, 차마
④ 조차, 차마,부터　　　⑤ 조차, 자주, 차마, 부터

★정답 ④

[정답 찾기 3step]

step 1. 평가요소에 해당하는 문법 지식을 이해한다.

13. <u>〈보기〉의 [자료]에서 ㉠에 해당하는 단어만을 있는 대로 고른 것은?</u>

〈보기〉요소　　　지문요소　　　평가요소　　　　판단요소

※ 표제어에서 붙임표가 쓰이지 않는 경우
– 새로운 단어를 만들지 못하는 접미사가 결합할 때
– 단어의 의미가 어근이나 어간의 본뜻과 멀어졌을 때(소리대로 적는 원칙)
  예: 무덤, 노름, 이따가 등

step 2. 이해한 문법 지식을 바탕으로 〈보기〉요소를 분석한다.

조차 → '이미 어떤 것이 포함되고 그 위에 더함'
좇았다(좇다) → '목표, 이상, 행복 따위를 추구하다.', '남의 말이나 뜻을 따르다.'

자주 → '같은 일을 잇따라 잦게'
잦았다(잦다) → '잇따라 자주 있다.'

차마 → '부끄럽거나 안타까워서 감히'
참았다(참다) → '웃음, 울음, 아픔 따위를 억누르고 견디다.'

부터 → '어떤 일이나 상태 따위에 관련된 범위의 시작'
붙었다(붙다) → '맞닿아 떨어지지 아니하다.'

step 3. 선택지에서 지문요소와 〈보기〉요소가 타당하게 연결되었는지 판단한다.

〈보기〉요소 분석 결과, '자주'와 '잦았다'는 의미적 연관성이 있다. 그러나 '조차, 차마, 부터'
는 '좇다, 참다, 붙다'의 뜻과 멀어진 단어들이다. 따라서 정답은 '④ 조차, 차마, 부터'이다.

실전 문항 3

11. ㉠과 ㉡을 모두 충족하는 단어만을 〈보기〉에서 있는 대로 고른 것은?

[2021학년도 수능]

우리는 단어의 구조를 통해 단어가 구성되는 방식도 파악할 수 있다. 한불자전(1880)에는 이전 시기의 문헌에서는 볼 수 없었던 '두길보기'와 '산돌이'가 등장한다. "양쪽 모두의 눈치를 보는 사람"으로 풀이된 '두길보기'의 '두길'은 ㉠<u>관형사가 후행하는 명사를 수식하는</u> 것으로 분석된다. "같은 장소를 일 년에 한 번만 지나가는 큰 호랑이"로 풀이된 '산돌이'는 ㉡<u>단어의 구성 요소들이 의미상 목적어와 서술어의 관계로 이루어져</u> '산을 돌다'라는 의미를 나타내고 있다. 이와 같이 예전에도 오늘날처럼 다양한 방식으로 단어를 만들어 생각을 표현하고 있었던 셈이다.

—————— 〈 보 기 〉 ——————

새해맞이, 두말없이, 숨은그림찾기, 한몫하다

① 새해맞이, 숨은그림찾기, 한몫하다

② 두말없이, 숨은그림찾기, 한몫하다

③ 두말없이, 숨은그림찾기

④ 새해맞이, 한몫하다

⑤ 새해맞이

★정답 ④

[정답 찾기 3step]

step 1. 평가요소에 해당하는 문법 지식을 이해한다.

11. ㉠과 ㉡을 모두 충족하는 단어만을 〈보기〉에서 있는 대로 고른 것은?

　　　지문요소　　　　　평가요소　　　　〈보기〉요소　　　　판단요소

☞ ㉠과 ㉡에 해당하는 내용은 지문의 맨 마지막 단락이므로, 해당 단락의 내용을 파악해야 한다.

※ 단어가 구성되는 방식
– 두길보기: 두길+보기 → 관형사가(두길), 후행하는 명사 수식(보기)
– 산돌이: 산+돌이 → 의미상 목적어(산을)와 서술어의 관계(돌다)

step 2. 이해한 문법 지식을 바탕으로 〈보기〉요소를 분석한다.

'새해맞이': 새+해+맞이
　　→ 관형사가(새), 후행하는 명사 수식(해) / 의미상 목적어(새해를)와 서술어의 관계(맞다)

'두말없이': 두+말+없이
　　→ 관형사가(두), 후행하는 명사 수식(말) / 의미상 주어(두말이)와 서술어의 관계(없다)

'숨은그림찾기': 숨은+그림+찾기
　　→ 동사가(숨은), 후행하는 명사 수식(그림) / 의미상 목적어(숨은그림을)와 서술어의 관계(찾다)

'한몫하다': 한+몫+하다
　　→ 관형사가(한), 후행하는 명사 수식(몫) / 의미상 목적어(한몫을)와 서술어의 관계(하다)

step 3. 선택지에서 지문요소와 〈보기〉요소가 타당하게 연결되었는지 판단한다.

☞ 이 문항에서는 선택지에 사례만 제시되어 있다. 따라서 연결의 타당성을 판단하지 않고, 해당 사례만을 고르면 되는, 더 간단한 형태의 문항이다.

㉠과 ㉡을 모두 충족하는 단어는 '새해맞이, 한몫하다'이므로 정답은 ④이다.

12. 윗글과 〈보기〉를 바탕으로 추론한 내용으로 적절하지 <u>않은</u> 것은?

[2021학년도 수능]

우리는 단어의 의미와 유래를 통해 단어에 담긴 언중의 인식과 더불어 시대상을 짐작할 수 있다. 그리고 단어의 구조를 통해 단어 구성 방식도 이해할 수 있다.

유길준의 서유견문(1895)에는 '원어기(遠語機)'라는 말이 등장하는데, 이것은 영어의 'telephone'에 해당하는 단어로 '말을 멀리 보내는 기계'라는 뜻이다. 오늘날의 '전화기(電話機)'가 '전기를 통해 말을 보내는 기계'의 뜻이라는 점과 비교해 보면 '원어기'는 말을 '멀리' 보낸다는 점에, '전화기'는 말을 '전기로' 보낸다는 점에 초점을 맞춘 단어이다. 이처럼 대상을 어떻게 인식하느냐에 따라 그것을 표현하는 단어는 달라지기도 한다. 또한 개화기 사전에 등장하는 '소졋메쥬(소젖메주)'처럼 새롭게 유입된 대상을 일상의 단어로 표현한 경우도 있다. '소졋메쥬'는 '치즈(cheese)'에 대응하는 단어인데, 간장과 된장의 재료인 '메주'라는 일상의 단어를 통해 대상을 인식했음을 보여 준다.

한편, 가례언해(1632)에 따르면 '총각(總角)'은 '머리를 땋아 갈라서 틀어 맴'을 이르는 말이었으나 그러한 의미는 사라지고 오늘날에는 '결혼하지 않은 성년 남자'를 뜻한다. 특정한 행위를 나타내던 단어가 이와 관련된 사람을 지시하는 말로 그 의미가 변화한 것이다. 여기에서 남자도 머리를 땋아 묶었던 과거의 관습을 짐작할 수 있다. 또한 '부대찌개' 역시 한국 전쟁 이후 미군 부대에서 나온 재료로 찌개를 끓였던 것에서 유래한 단어라는 점에서 시대의 흔적을 담고 있다.

──────── 〈 보 기 〉 ────────

◦ '립스틱'을 여성들이 입술에 바르던 염료인 '연지'라는 단어를 사용해 '입술연지'라고도 했다.

◦ '변사'는 무성 영화를 상영할 때 장면에 맞추어 그 내용을 설명하던 직업을 가진 사람을 뜻한다.

◦ '수세미'는 박과의 한해살이 덩굴풀을 뜻하는데, 그 열매 속 섬유로 그릇을 닦았다. 오늘날 공장에서 만든 설거지 도구도 '수세미'라고 한다.

◦ '혁대'의 순화어로 '가죽으로 만든 띠'라는 뜻의 '가죽띠'와 '허리에 매는 띠'라는 뜻의 '허리띠'가 제시되어 있다.

◦ '양반'은 조선시대 사대부를 이르는 말이었지만 지금은 '점잖은 사람'의 뜻으로 주로 쓰인다.

① '입술연지'는 '소졋메쥬'처럼 일상의 단어로 새로운 대상을 인식한 예로 볼 수 있겠군.

② '변사'는 무성 영화와 관련해 쓰인 단어라는 점에서 시대상이 반영된 예에 해당하겠군.

③ '수세미'는 기존의 의미에 새로운 의미가 더해졌다는 점에서 '총각'과 유사하겠군.

④ '가죽띠'는 '재료'에, '허리띠'는 '착용하는 위치'에 초점을 둔 단어라는 점에서 서로 다른 인식이 반영된 것이겠군.

⑤ '양반'은 신분의 구분이 있었던 사회의 모습을 엿볼 수 있다는 점에서 시대의 흔적을 담고 있겠군.

★정답 ③

[정답 찾기 3step]

step 1. 평가요소에 해당하는 문법 지식을 이해한다.

12. 윗글과 〈보기〉를 바탕으로 추론한 내용으로 적절하지 않은 것은?
　　지문요소　　〈보기〉요소　　　평가요소　　　판단요소

☞ 앞선 11번 문항에서 지문의 맨 마지막 단락을 활용했으므로, 이 문항에서는 지문의 첫 번째, 두 번째 단락을 중심으로 내용을 파악해야 한다.

※ 단어의 의미와 유래
– '원어기': 대상에 대한 인식이 달라 달리 표현한 단어(전화기)
– '소곳메쥬': 새롭게 유입된 대상을 일상의 단어로 표현
– '총각': 의미가 변화한 단어
– '부대찌개': 시대의 흔적을 담고 있는 단어

step 2. 이해한 문법 지식을 바탕으로 〈보기〉요소를 분석한다.

'입술연지': 일상의 단어인 '연지'로 립스틱을 표현
'변사': 무성 영화가 상영되던 당시 시대의 흔적을 담고 있는 단어
'수세미': 새로운 의미가 더해진 단어
'가죽띠', '허리띠': 대상에 대한 인식이 달라 달리 표현한 단어
'양반': 조선 시대 특정 신분을 가리키므로 시대의 흔적을 담고 있는 단어, 의미가 변화한 단어

step 3. 선택지에서 지문요소와 〈보기〉요소가 타당하게 연결되었는지 판단한다.

① '입술연지'는 / '소곳메쥬'처럼 / 일상의 단어로 새로운 대상을 인식한 예로 볼 수 있겠군. [○]
　→ '입술연지'와 '소곳메쥬'는 모두, 기존에 쓰이던 일상의 단어(연지, 메주)로 새로운 대상(립스틱, 치즈)을 인식한 예이다.

② '변사'는 / 무성 영화와 관련해 쓰인 단어라는 점에서 / 시대상이 반영된 예에 해당하겠군. [○]

③ '수세미'는 / 기존의 의미에 새로운 의미가 더해졌다는 점에서 / '총각'과 유사하겠군. [X]

  → '수세미'는 새로운 의미가 더해진 단어가 맞지만, '총각'은 의미가 변화된 단어이다.

④ '가죽띠'는 '재료'에, '허리띠'는 '착용하는 위치'에 초점을 둔 단어라는 점에서 / 서로 다른 인식이 반영된 것이겠군. [○]

⑤ '양반'은 / 신분의 구분이 있었던 사회의 모습을 엿볼 수 있다는 점에서 / 시대의 흔적을 담고 있겠군. [○]

실전 문항 4

11. 윗글을 바탕으로 〈보기〉에 대해 이해한 내용으로 적절한 것은?

[2020학년도 6월]

─── 〈 보 기 〉 ───

지금의 '돼지'를 의미하는 말이 예전에는 '돝'이었고, '돝'에 '-아지'가 붙어 '돝의 새끼'를 의미하는 '도야지'가 쓰였다. 그런데 현대 국어의 표준어에서는 '돝'이 사라지고, '돝'의 자리를 '도야지'의 형태가 바뀐 '돼지'가 차지하게 되었다.

① '예전'의 '도야지'에 해당하는 개념이 지금은 사라졌다.
② '예전'의 '돝'은 '도야지'의 하의어로, 의미가 더 한정적이다.
③ 지금의 '돼지'와 '예전'의 '도야지'가 나타내는 개념은 다르다.
④ 지금의 '어린 돼지'에 해당하는 어휘적 빈자리는 '예전'부터 있었다.
⑤ '예전'의 '도야지'의 개념을 나타내기 위해 지금은 하나의 고유어 단어가 사용된다.

★정답 ③

[정답 찾기 3step]

step 1. 평가요소에 해당하는 문법 지식을 이해한다.

11. 윗글을 바탕으로 〈보기〉에 대해 이해한 내용으로 적절한 것은?

　　　지문요소　　　〈보기〉요소　　　평가요소　　　판단요소

※ 가축의 새끼를 나타내는 단어
– '-아지'로 끝남
– 어린 돼지는 개념은 존재하지만 가리키는 고유어 단어가 없음(어휘적 빈자리)

step 2. 이해한 문법 지식을 바탕으로 〈보기〉요소를 분석한다.

'예전': 돝+아지=도야지 (돼지의 새끼)
'지금': 도야지 → 돼지

step 3. 선택지에서 지문요소와 〈보기〉요소가 타당하게 연결되었는지 판단한다.

① '예전'의 '도야지'에 해당하는 개념이 / 지금은 사라졌다. [X]
   → '도야지'는 '돼지의 새끼'였으므로 지금도 개념은 존재한다.

② '예전'의 '돝'은 '도야지'의 하의어로, / 의미가 더 한정적이다. [X]
   → '돝'은 '돼지', '도야지'는 '돼지의 새끼'이므로 하의어가 아니다.

③ 지금의 '돼지'와 '예전'의 '도야지'가 나타내는 개념은 / 다르다. [○]
   → '도야지'는 '돼지의 새끼', 지금의 '돼지'는 돼지 전체를 나타내는 개념이다.

④ 지금의 '어린 돼지'에 해당하는 어휘적 빈자리는 / '예전'부터 있었다. [X]
   → 예전에는 '어린 돼지'를 '도야지'로 나타냈으므로 어휘적 빈자리가 없었다.

⑤ '예전'의 '도야지'의 개념을 나타내기 위해 / 지금은 하나의 고유어 단어가 사용된다. [X]
   → 예전의 '도야지'는 현재 '새끼 돼지', '어린 돼지' 등의 구로 나타난다.

12. 윗글의 어휘적 빈자리가 채워지는 방식이 적용된 사례만을 〈보기〉에서 있는 대로 고른 것은? [2020학년도 6월]

─────────── 〈 보 기 〉 ───────────

ㄱ. 학생 1은 할머니 휴대 전화에 번호를 저장해 드리면서 할머니의 첫 번째, 네 번째 사위는 각각 '맏사위', '막냇사위'라고 입력했지만, 두 번째, 세 번째 사위를 구별하여 가리키는 단어가 없어 '둘째 사위', '셋째 사위'라고 입력하였다.

ㄴ. 학생 2는 '꿩'에 대한 보고서를 작성할 때 꿩의 하의어로 수꿩에 해당하는 '장끼'와 암꿩에 해당하는 '까투리'는 알고 있었지만, 꿩의 새끼를 나타내는 단어를 몰라 국어사전에서 고유어 '꺼병이'를 찾아 사용하였다.

ㄷ. 학생 3은 태양계의 행성을 가리키는 어휘 체계인 '수성-금성-지구-화성…'을 조사하면서 '금성'의 고유어로 '샛별'과 '개밥바라기'가 있음을 알았는데, '개밥바라기'라는 단어는 생소하여 '샛별'만을 기록하였다.

① ㄱ   ② ㄱ, ㄴ   ③ ㄱ, ㄷ
④ ㄴ, ㄷ   ⑤ ㄱ, ㄴ, ㄷ

★정답 ①

[정답 찾기 3step]

step 1. 평가요소에 해당하는 문법 지식을 이해한다.

11. 윗글을 바탕으로 〈보기〉에 대해 이해한 내용으로 적절한 것은?
　　지문요소　　　　〈보기〉요소　　　　평가요소　　　　판단요소

※ 어휘적 빈자리를 채우는 방법
- 단어가 아닌 구 만들기
- 한자어나 외래어 이용
- 상의어로 하의어 빈자리 채우기

step 2. 이해한 문법 지식을 바탕으로 〈보기〉요소를 분석한다.

ㄱ. '둘째 사위', '셋째 사위'라고 입력하였다.
　　→ 구를 만들어 어휘적 빈자리를 채웠다.

ㄴ. 국어사전에서 고유어 '꺼병이'를 찾아 사용하였다.
　　→ 꿩의 새끼를 나타내는 단어로 '꺼병이'가 존재하므로 어휘적 빈자리가 없다.

ㄷ. '금성'의 고유어로 '샛별'과 '개밥바라기'가 있음을 알았는데,
　　→ '금성'의 고유어로 '샛별'과 '개밥바라기'가 있다는 내용이므로 어휘적 빈자리를 채우는 내용은 아니다.

step 3. 선택지에서 지문요소와 〈보기〉요소가 타당하게 연결되었는지 판단한다.

어휘적 빈자리를 채운 예는 ㉠뿐이므로, 정답은 ①이다.

실전 문항 5 ●·····

12. 윗글을 바탕으로 〈보기〉를 이해한 내용으로 적절하지 <u>않은</u> 것은?

[2020학년도 9월]

─── 〈 보 기 〉 ───

현대 국어의 예
㉠ 그 지역에서 공룡 화석이 발견되었다. ㉡ 정부에서 홍수 대책안을 발표하였다. ㉢ 할머니께서 저녁 늦게 식사를 하셨다.

중세 국어의 예
㉣ ─ 物 이라도 그위예셔 다 아ᅀᆞᆯ 슬노라 (물건 하나라도 관청에서 다 빼앗음을 슬퍼하노라.) ㉤ 부텨쯰셔 十二部經이 나시고 (부처님으로부터 12부의 경전이 나오고)

① ㉠ : 공간을 의미하는 '그 지역'에 주격 조사 '에서'가 붙었군.
② ㉡ : 집단을 의미하는 '정부'에 주격 조사 '에서'가 붙었군.
③ ㉢ : 높임의 유정 명사인 '할머니'에 주격 조사 '께서'가 붙었군.
④ ㉣ : '그위예셔'는 '그위'에 주격 조사 '예셔'가 붙었군.
⑤ ㉤ : 높임의 유정 명사인 '부텨'에 부사격 조사 '쯰셔'가 붙었군.

★정답 ①

[정답 찾기 3step]

step 1. 지문에 나오는 문법 개념을 정확하게 이해한다.

12. 윗글을 바탕으로 〈보기〉를 이해한 내용으로 적절하지 <u>않은</u> 것은?

　　　지문요소　　〈보기〉요소　　평가요소　　　　판단요소

※ 부사격조사 '에'와 '에서'
─ 지점으로 인식되면 '에', 공간으로 인식되면 '에서'
　　→ 중세 국어 '에셔'의 형성 과정에 의해 구분되는 것
─ '에서'가 주격 조사로 쓰일 때: 공간이나 집단을 나타내는 명사와 결합할 때('께서'도 주격 조사로 쓰일 수 있음)

※ 중세 국어 '애셔/에셔/예셔, 의셔/의셔'
– 형성 과정: 부사격조사('애/에/예, 의/의') + '이시다'
  → '있다'가 포함되므로 어떤 공간 속에 있음을 전제
– 주격 조사로 쓰이는 경우도 있음: 구성원이 있는 공간이나 집단을 나타내는 명사와 결합할 때('의셔'도 주격 조사로 쓰일 수 있음)

step 2. 이해한 문법 지식을 바탕으로 〈보기〉요소를 분석한다.

㉠ 그 지역<u>에서</u> 공룡 화석이 발견되었다.
  → 부사격 조사

㉡ 정부<u>에서</u> 홍수 대책안을 발표하였다.
  → 주격 조사

㉢ 할머니<u>께서</u> 저녁 늦게 식사를 하셨다.
  → 주격 조사

㉣ 一物 이라도 그위<u>예셔</u> 다 아 소믈 슬노라
  → 주격 조사

㉤ 부텨<u>의셔</u> 十二部經이 나시고
  → 부사격 조사

step 3. 선택지에서 지문요소와 〈보기〉요소가 타당하게 연결되었는지 판단한다.

① ㉠ : 공간을 의미하는 '그 지역'에 / 주격 조사 '에서'가 붙었군. [X]
  → '그 지역에서'가 부사어이므로 '에서'는 부사격 조사이다. 이 문장에서 주어는 '화석이'이다.

② ㉡ : 집단을 의미하는 '정부'에 / 주격 조사 '에서'가 붙었군. [○]
  → 집단을 의미하는 '정부'와 결합하여 주어로 쓰였다.

③ ㉢ : 높임의 유정 명사인 '할머니'에 / 주격 조사 '께서'가 붙었군. [○]
  → '할머니'는 높임의 유정 명사이며, 이때 '께서'는 주격 조사이다.

④ ㉣ : '그위예셔'는 '그위'에 / 주격 조사 '예셔'가 붙었군. [○]
  → '그위예셔'가 문장에서 주어이므로 '예셔'는 주격 조사이다.

⑤ ㉤ : 높임의 유정 명사인 '부텨'에 / 부사격 조사 '의셔'가 붙었군. [○]
  → '부텨의셔'가 문장에서 부사어이므로 '의셔'는 부사격 조사이다.

실전 문항 6

12. 밑줄 친 단어들의 의미를 고려하여 ㉠의 예에 해당하는 것만을 〈보기〉에서 있는 대로 고른 것은? [3점] [2020학년도 수능]

〈 보 기 〉

영희 : 자꾸 말해 미안한데 모둠 발표 자료 좀 줄래?

민수 : 너 빚쟁이 같다. 나한테 자료 맡겨 놓은 거 같네.

영희 : 이틀 뒤에 발표 사전 모임이라고 금방 문자 메시지가 왔었는데 지금 또 왔어. 근데 빚쟁이라니, 내가 언제 돈 빌린 것도 아니고…….

민수 : 아니, 꼭 빌려 준 돈 받으러 온 사람 같다고. 자료 여기 있어. 가현이랑 도서관에 같이 가자. 아까 출발했다니까 금방 올 거야.

영희 : 그래. 발표 끝난 뒤에 다 같이 밥 먹자.

---

① 빚쟁이   ② 빚쟁이, 금방   ③ 뒤, 돈

④ 뒤, 금방, 돈   ⑤ 빚쟁이, 뒤, 금방

★정답 ②

[정답 찾기 3step]

step 1. 평가요소에 해당하는 문법 지식을 이해한다.

12. 밑줄 친 단어들의 의미를 고려하여 ㉠의 예에 해당하는 것만을 〈보기〉에서 있는 대로 고른 것은?   지문요소   평가요소   〈보기〉요소   판단요소

※ 다의어: 두 가지 이상의 의미를 가진 단어

    ↳ 의미들이 서로 대립적 관계를 맺는 경우가 있음

step 2. 이해한 문법 지식을 바탕으로 〈보기〉요소를 분석한다.

너 빚쟁이 같다. 나한테 자료 맡겨 놓은 거 같네.

    → 남에게 돈을 빌려준 사람

이틀 뒤에 발표 사전 모임이라고 금방 문자 메시지가 왔었는데 지금 또 왔어.
  → 시간이나 순서상으로 다음이나 나중
  → 말하고 있는 시점보다 바로 조금 전에

근데 빚쟁이라니, 내가 언제 돈 빌린 것도 아니고……
  → 빚을 진 사람
  → 화폐

아니, 꼭 빌려 준 돈 받으러 온 사람 같다고. 자료 여기 있어. 가현이랑 도서관에 같이 가자.
  → 화폐

아까 출발했다니까 금방 올 거야.
  → 말하고 있는 시점부터 바로 조금 후에

그래. 발표 끝난 뒤에 다 같이 밥 먹자.
  → 시간이나 순서상으로 다음이나 나중

step 3. 선택지에서 지문요소와 〈보기〉요소가 타당하게 연결되었는지 판단한다.

의미가 서로 대립적 관계를 맺는 것은 '빚쟁이'와 '금방'이므로 정답은 ②이다.
(빚쟁이: 남에게 돈을 빌려준 사람 ↔ 빚을 진 사람)
(금방: 말하고 있는 시점보다 바로 조금 전에 ↔ 말하고 있는 시점부터 바로 조금 후에)

실전 문항 7

12. [A]를 참고하여 〈보기〉를 이해한 내용으로 적절하지 **않은** 것은?

[2019학년도 9월]

[A] 그런데 실제로 단어의 품사를 분류할 때에는 분류가 쉽지 않은 것들도 있다. 동사와 형용사의 구별이 대표적인데 사물의 속성이나 상태를 나타내는 형용사와 사물의 작용의 일종인 상태 변화를 나타내는 일부 동사는 의미상 매우 밀접하여 좀 더 세밀하게 구분하여야 한다. 가령 '햇살이 밝다'에서의 '밝다'는 상태를 나타내는 형용사이고, '날이 밝는다'에서의 '밝다'는 상태의 변화를 나타내는 동사이다. 동사와 형용사를 구별하는 또 다른 기준으로 활용 양상을 내세우기도 한다. 동사와 달리 형용사는 원칙적으로 선어말 어미 '-ㄴ/는-', 관형사형 어미 '-는', 명령형, 청유형 종결 어미, 의도나 목적을 나타내는 연결 어미 등과 결합하여 쓰이지 않는다.

다만, '있다'의 경우는 품사를 분류할 때 더욱 주의해야 한다. '존재', '소유'와 같이 상태의 의미를 나타내는 '있다'는 형용사로, '한 장소에 머묾'의 의미인 '있다'는 동사로 분류되는데, 동사 '있다'뿐만 아니라 형용사의 '있다'가 관형사형 어미 '-는'과 결합하기 때문이다. 형용사 '없다' 경우도 반의어인 형용사 '있다'와 동일한 활용 양상을 보여 준다.

〈 보 기 〉

ⓐ ┌ 영희가 밥을 먹었다. / 꽃이 예뻤다.
　 └ 영희가 밥을 먹는다. / *꽃이 예쁜다.
ⓑ ┌ 영희야, 밥 먹어라. / *영희야, 좀 예뻐라.
　 └ 영희야, 밥 먹자. / *우리 좀 예쁘자.
ⓒ ┌ 밥 먹으려고 식당으로 갔다. / *예쁘려고 미용실에 갔다.
　 └ 밥 먹으러 식당에 갔다. / *예뻐러 미용실에 갔다.
ⓓ ┌ 나에게는 돈이 있다. / 돈이 있는 사람
　 └ 나에게는 돈이 없다. / 돈이 없는 사람
ⓔ ┌ 나무가 크다. / 나무가 쑥쑥 큰다.
　 └ 머리카락이 길다. / 머리카락이 잘 긴다.
※ '*'는 비문임을 나타냄.

① ⓐ : 동사와는 달리 형용사는 현재를 나타내는 선어말 어미와 결합할 수 없다.
② ⓑ : 동사와는 달리 형용사는 명령형, 청유형 어미와 결합할 수 없다.
③ ⓒ : 동사와는 달리 형용사는 의도, 목적을 나타내는 연결 어미와 결합할 수 없다.
④ ⓓ : '있다'와 '없다'는 상태의 의미를 나타내지만 동사로 쓰이고 있다.
⑤ ⓔ : '크다'와 '길다'는 형용사, 동사로 모두 쓰이고 있다.

★정답 ④

[정답 찾기 3step]

step 1. 평가요소에 해당하는 문법 지식을 이해한다.

12. [A]를 참고하여 〈보기〉를 이해한 내용으로 적절하지 않은 것은?

지문요소　　　　〈보기〉요소　　　평가요소　　　　　판단요소

※ 동사와 형용사의 구분

	의미	선어말 어미 '-ㄴ/는-', 관형사형 어미 '-는', 청유형 어미, 의도나 목적의 어미와 결합
동사	사물의 속성이나 상태	○
형용사	사물의 동작, 작용, 상태의 변화	X

※ '있다', '없다'의 품사
- 존재, 소유 등 상태를 나타내면: 형용사
- '머물다'의 의미이면: 동사

step 2. 이해한 문법 지식을 바탕으로 〈보기〉요소를 분석한다.

ⓐ ┌ 영희가 밥을 먹었다. / 꽃이 예뻤다.
　 └ 영희가 밥을 먹는다. / *꽃이 예쁜다.
　 → '먹다'는 동사, '예쁘다'는 형용사이다.
　　 형용사는 현재시제 선어말 어미 '-ㄴ/는-'과 결합할 수 없다.

ⓑ ┌ 영희야, 밥 먹어라. / *영희야, 좀 예뻐라.
　 └ 영희야, 밥 먹자. / *우리 좀 예쁘자.
　 → 형용사는 명령형, 청유형 어미와 결합할 수 없다.

ⓒ ┌ 밥 먹으려고 식당으로 갔다. / *예쁘려고 미용실에 갔다.
　 └ 밥 먹으러 식당에 갔다. / *예쁘러 미용실에 갔다.
　 → 형용사는 의도나 목적을 나타내는 어미와 결합할 수 없다.

ⓓ ┌ 나에게는 돈이 있다. / 돈이 있는 사람
　 └ 나에게는 돈이 없다. / 돈이 없는 사람
　 → 소유의 의미이므로 '있다', '없다'는 형용사이다.

ⓔ ┌ 나무가 크다. / 나무가 쑥쑥 큰다.
  └ 머리카락이 길다. / 머리카락이 잘 긴다.
   → 앞 문장의 '크다', '길다'는 형용사, 뒤 문장의 '크다', '길다'는 동사이다.

step 3. 선택지에서 지문요소와 〈보기〉요소가 타당하게 연결되었는지 판단한다.

① ⓐ : 동사와는 달리 / 형용사는 현재를 나타내는 선어말 어미와 결합할 수 없다. [○]

② ⓑ : 동사와는 달리 / 형용사는 명령형, 청유형 어미와 결합할 수 없다. [○]

③ ⓒ : 동사와는 달리 / 형용사는 의도, 목적을 나타내는 연결 어미와 결합할 수 없다. [○]

④ ⓓ : '있다'와 '없다'는 상태의 의미를 나타내지만 / 동사로 쓰이고 있다. [X]
   → 소유의 의미를 나타내므로 형용사이다.

⑤ ⓔ : '크다'와 '길다'는 / 형용사, 동사로 모두 쓰이고 있다. [○]

실전 문항 8

12. 윗글을 참고할 때, ㉠~㉢과 같이 이러한 차이를 보이는 예를 〈보기〉에서 각각 하나씩 찾아 그 순서대로 제시한 것은? [2019학년도 수능]

㉠: 발가락 ㉡: 소나무 ㉢: 이튿날

> **〈 보 기 〉**
>
> 무술(물+술)　　　　　　쌀가루(쌀+가루)
> 낟알(낟+알)　　　　　　솔방울(솔+방울)
> 섣달(설+달)　　　　　　푸나무(풀+나무)

① 솔방울, 무술, 낟알　　　　　② 솔방울, 푸나무, 섣달
③ 푸나무, 무술, 섣달　　　　　④ 쌀가루, 푸나무, 낟알
⑤ 쌀가루, 솔방울, 섣달

★정답 ②

[정답 찾기 3step]

step 1. 평가요소에 해당하는 문법 지식을 이해한다.

12. 윗글을 참고할 때, ㉠~㉢과 같이 이러한 차이를 보이는 예를 〈보기〉에서 각각
　　　　지문요소　　　　　　　　　　　평가요소　　　　　　　　　　〈보기〉요소

하나씩 찾아 그 순서대로 제시한 것은?
　　　판단요소

※ 'ㄹ' 받침의 명사가 합성어를 형성할 때의 현상
– 발가락: 중세 국어의 '밠 가락'에서 관형격 조사로 쓰이던 'ㅅ'이 사이시옷의 흔적만 남음.
– 소나무: 중세 국어에서 '솔'+ '나모'가 결합할 때 'ㄹ'이 탈락한 '소나모'가 됨. 합성어가 될 때 'ㄴ, ㄷ, ㅅ, ㅈ' 등으로 시작하는 명사 앞에서 받침 'ㄹ'이 탈락
– 이튿날: 중세 국어의 '이틄 날'이 '이틋 날'로 나타나는 경우가 있었는데, 'ㅅ'과 'ㄷ' 발음의 구분이 없어지면서 '이튿날'로 적음

step 2. 이해한 문법 지식을 바탕으로 〈보기〉요소를 분석한다.

무술(물+술)
→ 'ㄹ'이 탈락 (ⓒ)

쌀가루(쌀+가루)
→ 'ㄹ'이 그대로 유지 (㉠)

낟알(낟+알)
→ 'ㄹ'받침 합성어가 아님

솔방울(솔+방울)
→ 'ㄹ'이 그대로 유지 (㉠)

섣달(설+달)
→ 'ㄹ'이 'ㄷ'으로 바뀜 (ⓒ)

푸나무(풀+나무)
→ 'ㄹ'이 탈락 (ⓒ)

step 3. 선택지에서 지문요소와 〈보기〉요소가 타당하게 연결되었는지 판단한다.

㉠, ⓒ, ⓒ의 예를 찾으면 정답은 '②솔방울, 푸나무, 섣달'이다.

13. [A]를 바탕으로 〈보기〉의 '자료'를 탐구한 내용으로 적절하지 <u>않은</u> 것은? [3점]

중세 국어의 예	
· 술 자ᄇᆞ며 져 놓ᄂᆞ니(숟가락 잡으며 젓가락 놓으니) · 숤 근(숟가락의 끝), 졋 가락 근(젓가락 끝), 수져(수저) · 물(무리), 뭀 사ᄅᆞᆷ(뭇사람, 여러 사람)	
근대 국어의 예	**현대 국어의 예**
· 숫가락 장ᄉᆞ(숟가락 장사) · 뭇사ᄅᆞᆷ(뭇사람)	· *술로 밥을 뜨다 · 숟가락으로 밥을 뜨다 · 밥 한술

① 중세 국어 '술'과 '져'는 중세 국어 '이틀'처럼 자립 명사라는 점에서 현대 국어 '술'과는 차이가 있군.

② 중세 국어 '술'과 '져'의 결합에서 'ㄹ'이 탈락한 합성어가 현대 국어 '수저'로 이어졌군.

③ 중세 국어 '술'과 '져'는 명사를 수식할 때, 중세 국어 '이틀'이나 '물'과 같이 모두 관형격 조사 'ㅅ'이 결합할 수 있었군.

④ 근대 국어 '숫가락'이 현대 국어에 와서 '숟가락'으로 적히는 것은, 국어의 변화 과정을 고려한 관점에 부합하지 않는다는 점에서 '이튿날'의 경우와 같군.

⑤ 현대 국어 '숟가락'과 '뭇사람'의 첫 글자 받침이 다른 이유는 중세 국어 '숤'과 '뭀'이 현대 국어로 오면서 'ㄹ'이 탈락한 후 남은 'ㅅ'의 발음이 서로 달랐기 때문이군.

★**정답 ⑤**

[정답 찾기 3step]

step 1. 평가요소에 해당하는 문법 지식을 이해한다.

13. **[A]**를 바탕으로 **〈보기〉**의 **'자료'**를 탐구한 내용으로 적절하지 <u>않은</u> 것은?

　　　 지문요소　　　〈보기〉요소　　　평가요소　　　판단요소

- 소나무: 중세 국어에서 '솔'+ '나모'가 결합할 때 'ㄹ'이 탈락한 '소나모'가 됨. 합성어가 될 때 'ㄴ, ㄷ, ㅅ, ㅈ' 등으로 시작하는 명사 앞에서 받침 'ㄹ'이 탈락

- 이튿날: 중세 국어의 '이틄 날'이 '이틋 날'로 나타나는 경우가 있었는데, 'ㅅ'과 'ㄷ' 발음의 구분이 없어지면서 '이튿날'로 적음

step 2. 이해한 문법 지식을 바탕으로 〈보기〉요소를 분석한다.

① 중세 국어 '술'과 '져'는 / 중세 국어 '이틀'처럼 자립 명사라는 점에서 / 현대 국어 '술'과는
   차이가 있군. [○]

> * 지문 근거 원리: '이튿날'은 중세 국어에서 자립 명사 '이틀'과 '날' 사이에

→ 지문을 통해 중세 국어 '이틀'이 자립 명사임을 확인할 수 있고, 〈보기〉의 [자료]를 통해 중세 국어
  '술'과 '져'가 자립 명사임을 알 수 있다.

② 중세 국어 '술'과 '져'의 결합에서 / 'ㄹ'이 탈락한 합성어가 / 현대 국어 '수저'로 이어졌
   군. [○]

> * 지문 근거 원리: 중세 국어에서는 명사와 명사가 결합하여 합성어가 될 때 'ㄴ, ㄷ,
>   ㅅ, ㅈ' 등으로 시작하는 명사 앞에서 받침 'ㄹ'이 탈락하는 규칙이 있었기 때문에

③ 중세 국어 '술'과 '져'는 명사를 수식할 때, 중세 국어 '이틀'이나 '물'과 같이 모두 관형격
   조사 'ㅅ'이 결합할 수 있었군. [○]
   → 〈보기〉의 '숤 긑(숟가락의 끝), 졋 가락 긑(젓가락 끝)'에서 알 수 있다.

④ 근대 국어 '숫가락'이 현대 국어에 와서 '숟가락'으로 적히는 것은, 국어의 변화 과정을
   고려한 관점에 부합하지 않는다는 점에서 / '이튿날'의 경우와 같군. [○]

> * 지문 근거 원리: 끝소리가 'ㄹ'인 말과 딴말이 어울릴 적에 'ㄹ' 소리가 'ㄷ' 소리로
>   나는 것"으로 보아 이를 '이튿날'로 적도록 했다. 그러나 이때의 'ㄷ'은 'ㄹ'이 변한
>   것으로 설명되지 않으므로 중세 국어 '묤 사룸'에서 온 '뭇사람'에서처럼 'ㅅ'으로 적는
>   것이 국어의 변화 과정을 고려한 관점에 부합한다고 할 수 있다.

⑤ 현대 국어 '숟가락'과 '뭇사람'의 첫 글자 받침이 다른 이유는 중세 국어 '숤'과 '묤'이
   현대 국어로 오면서 'ㄹ'이 탈락한 후 남은 'ㅅ'의 발음이 서로 달랐기 때문이군. [X]

> * 지문 근거 원리: 이와 함께 'ㅅ' 관형격 조사의 기능을 잃어 가고, 받침 'ㅅ'과 'ㄷ'의
>   발음이 구분되지 않게 되었다.

실전 문항 9

12. 윗글을 바탕으로 할 때 ㉠과 ㉡을 모두 만족시키는 단어 쌍만을 〈보기〉에서 있는 대로 고른 것은? [2018학년도 6월]

㉠ 비양립 관계
㉡ 상보적 반의 관계

〈 보 기 〉

ⓐ여름에 고향을 출발한 그가 마침내 ⓑ북극에 도달했다는 소식에 나는 다급해졌다. 지구의 양극 중 ⓒ남극에는 내가 먼저 가야 했다. 남극 대륙은 ⓓ계절이 여름이어도 내 고향의 ⓔ겨울만큼 바람이 찼다. 남극 대륙에서 나를 위로해 준 것은 썰매를 끄는 ⓕ개들과 귀여운 몸짓을 하는 ⓖ펭귄들, 그리고 먹이를 찾아 날아다니는 ⓗ갈매기들뿐이었다.

① ⓑ - ⓒ
② ⓐ - ⓔ, ⓑ - ⓒ
③ ⓑ - ⓒ, ⓖ - ⓗ
④ ⓐ - ⓓ, ⓑ - ⓒ, ⓖ - ⓗ
⑤ ⓐ - ⓔ, ⓑ - ⓒ, ⓕ - ⓗ

★정답 ①

[정답 찾기 3step]

step 1. 평가요소에 해당하는 문법 지식을 이해한다.

12. 윗글을 바탕으로 할 때 ㉠과 ㉡을 모두 만족시키는 단어 쌍만을 〈보기〉에서
　　　　　　지문요소　　　　　　　　　　　　평가요소　　　　　　　〈보기〉요소

있는 대로 고른 것은?
　　판단요소

※ 비양립관계: 공하의어 관계의 단어들은 동시에 두 가지 성질을 가질 수 없다.
　　　　　　　　('축구'이면서 동시에 '야구'나 '농구'일 수는 없다.)

※ 상보적 반의 관계: 한 상의어가 같은 계층의 두 단어만을 공하의어로 포함하면, 그 공하의어
　　　　　　　　　　들은 서로 반대의 뜻을 지니고 있다.
　　　　　　　　　　('장끼', '까투리'는 '꿩'의 공하의어로 비양립 관계이다.)

step 2. 이해한 문법 지식을 바탕으로 〈보기〉요소를 분석한다.

〈보기〉에서 비양립 관계에 해당하는 단어 쌍 확인
　　→ 여름, 겨울 / 남극, 북극 / 개, 펭귄, 갈매기

〈보기〉에서 상보적 반의 관계에 해당하는 단어 쌍 확인 → 남극, 북극

step 3. 선택지에서 지문요소와 〈보기〉요소가 타당하게 연결되었는지 판단한다.

㉠과 ㉡을 모두 만족시키는 단어 쌍은 'ⓑ 남극, ⓒ 북극'이므로 정답은 ①이다.

실전 문항 10

12. 윗글의 관점에서 〈보기〉의 ㉠~㉤을 분석한 것으로 옳지 않은 것은?

[2017학년도 9월]

─────────── 〈 보 기 〉 ───────────

㉠ 지희는 목소리가 곱다.
㉡ 소포가 도착했다고 들었다.
㉢ 동수가 미애에게 선물을 주었다.
㉣ 그가 익명의 기부자임이 밝혀졌다.
㉤ 인생은 짧고 예술은 길다는 말은 명언이다.

① ㉠은 '지희는'과 '목소리가 곱다'로 분석되겠군.
② ㉡은 '소포가'와 '도착했다고 들었다'로 분석되겠군.
③ ㉢은 '동수가'와 '미애에게 선물을 주었다'로 분석되겠군.
④ ㉣은 '그가 익명의 기부자임이'와 '밝혀졌다'로 분석되겠군.
⑤ ㉤은 '인생은 짧고 예술은 길다는 말은'과 '명언이다'로 분석되겠군.

★정답 ②

[정답 찾기 3step]

step 1. 평가요소에 해당하는 문법 지식을 이해한다.

12. 윗글의 관점에서 〈보기〉의 ㉠~㉤을 분석한 것으로 옳지 않은 것은?

　　　지문요소　　　　〈보기〉요소　　　평가요소　　　판단요소

※ 직접 구성 요소: 어떤 말을 직접 이루고 있는 두 부분으로 나누었을 때 나오는 두 요소

※ 직접 구성 요소 분석의 유의점
– 직접 구성 요소로 분석되는 말이 실제로 존재하는가
– 직접 구성 요소들과 그 전체 구성의 의미가 서로 통하는가

step 2. 이해한 문법 지식을 바탕으로 〈보기〉요소를 분석한다.

㉠ 지희는 / 목소리가 곱다.
　　주어부 / 　서술부

㉡ 소포가 도착했다고 / 들었다.
　　　인용절 　　　 / 서술부

㉢ 동수가 / 미애에게 선물을 주었다.
　　주어부 / 　　　서술부

㉣ 그가 익명의 기부자임이 / 밝혀졌다.
　　　　주어부 　　　 / 　서술부

㉤ 인생은 짧고 예술은 길다는 말은 / 명언이다.
　　　　　　주어부 　　　 / 서술부

step 3. 선택지에서 지문요소와 〈보기〉요소가 타당하게 연결되었는지 판단한다.

① ㉠은 / '지희는'과 '목소리가 곱다'로 분석되겠군. [○]

② ㉡은 / '소포가'와 '도착했다고 들었다'로 분석되겠군. [X]

> * 지문 근거 원리: 4문단에서 문장의 직접 구성 요소는 주어와 서술어가 된다.

　→ '소포가 도착했다고 / 들었다'로 분석되어 인용절+서술어의 문장 구조이다.

③ ㉢은 / '동수가'와 '미애에게 선물을 주었다'로 분석되겠군. [○]

④ ㉣은 / '그가 익명의 기부자임이'와 '밝혀졌다'로 분석되겠군. [○]

⑤ ㉤은 / '인생은 짧고 예술은 길다는 말은'과 '명언이다'로 분석되겠군. [○]

실전 문항 11 ●·············

14. 윗글을 바탕으로 〈보기〉의 ⓐ~ⓔ를 이해한 내용으로 적절한 것은?

[2017학년도 수능]

───────── 〈 보 기 〉 ─────────

ⓐ 달콤한 휴식을 위해 시간을 비워 놓았다.

ⓑ 아주 높이 나는 새라야 멀리 볼 수 있다.

ⓒ 마을 앞 공터를 놀이 공간으로 조성했다.

ⓓ 멀리서 찾아온 손님을 위해 차를 끓였다.

ⓔ 할아버지께서는 오늘 일찍 오시기 힘들다.

① ⓐ에서 '비워'의 어간은 '시간이 빈다.'에서 '비다'의 어간과 같다.

② ⓑ에서 '높이'는 형용사 '높다'의 어근 '높-'에 접미사 '-이'가 붙어 형성된 명사이다.

③ ⓒ에서 '놀이'는 명사이므로 '놀이' 속의 '놀-'은 서술어로 기능하지 못한다.

④ ⓓ에서 '끓였다'의 어간에 붙은 접미사 '-이-'는 모든 동사에 자유롭게 결합한다.

⑤ ⓔ에서 '오시기'는 '오-'와 '-기' 사이에 다른 형태소가 끼어든 것이므로 명사이다.

★정답 ③

[정답 찾기 3step]

step 1. 평가요소에 해당하는 문법 지식을 이해한다.

14. 윗글을 바탕으로 〈보기〉의 ⓐ~ⓔ를 이해한 내용으로 적절한 것은?

　　　　지문요소　　　　〈보기〉요소　　　　평가요소　　　　판단요소

※ 접미사: 파생어를 만드는 접사로, 어근이나 단어의 뒤에 붙어 새로운 단어가 되게 하는 말

– 동사나 형용사에 붙어 새로운 어간 형성

– 동사나 형용사의 어근에 붙어 품사를 바꿀 수 있음

– 동사나 형용사에 붙어 사동의 의미를 더함

　　(-이-, -히-, -리-, -기-, -우-, -구-, -추-)

– 동사나 형용사에 붙어 피동의 의미를 더함(-이-, -히-, -리-, -기-)

– 하나의 접미사가 모든 동사나 형용사에 자유롭게 결합하지는 않음

step 2. 이해한 문법 지식을 바탕으로 〈보기〉요소를 분석한다.

① ⓐ에서 '비워'의 어간은 / '시간이 빈다.'에서 '비다'의 어간과 같다.
→ 비우-(어간) + -어(연결 어미)
비-(어근) + -우(사동 접미사)

② ⓑ에서 '높이'는 / 형용사 '높다'의 어근 '높-'에 접미사 '-이'가 붙어 형성된 명사이다.
→ 높-(어근) + -이(파생 접미사)

③ ⓒ에서 '놀이'는 명사이므로 / '놀이' 속의 '놀-'은 서술어로 기능하지 못한다.
→ 놀-(어근) + -이(파생 접미사)

④ ⓓ에서 '끓였다'의 어근에 붙은 접미사 '-이-'는 / 모든 동사에 자유롭게 결합한다.
→ 끓-(어근) + -이(사동 접미사) + -었- + -다

⑤ ⓔ에서 '오시기'는 '오-'와 '-기' 사이에 다른 형태소가 끼어든 것이므로 / 명사이다.
→ 오-(어근) + -시(선어말 어미)- + -기(명사형 전성 어미)

step 3. 선택지에서 지문요소와 〈보기〉요소가 타당하게 연결되었는지 판단한다.

① ⓐ에서 '비워'의 어간은 / '시간이 빈다.'에서 '비다'의 어간과 같다. [X]
→ '비다'의 어간은 '비-'이므로 같지 않다.

② ⓑ에서 '높이'는 / 형용사 '높다'의 어근 '높-'에 접미사 '-이'가 붙어 형성된 명사이다. [X]
→ '나는'을 수식하므로 부사이다.

③ ⓒ에서 '놀이'는 명사이므로 / '놀이' 속의 '놀-'은 서술어로 기능하지 못한다. [○]
→ 명사이므로 서술 기능이 없다.

④ ⓓ에서 '끓였다'의 어근에 붙은 접미사 '-이-'는 / 모든 동사에 자유롭게 결합한다. [X]
→ 사동 접미사 '-이-'는 일부 동사, 형용사와만 결합한다. (놀이다*, 열이다*)

⑤ ⓔ에서 '오시기'는 '오-'와 '-기' 사이에 다른 형태소가 끼어든 것이므로 / 명사이다. [X]
→ '-기'는 접사가 아니라 명사형 전성 어미이므로, '오시기'는 동사이다.

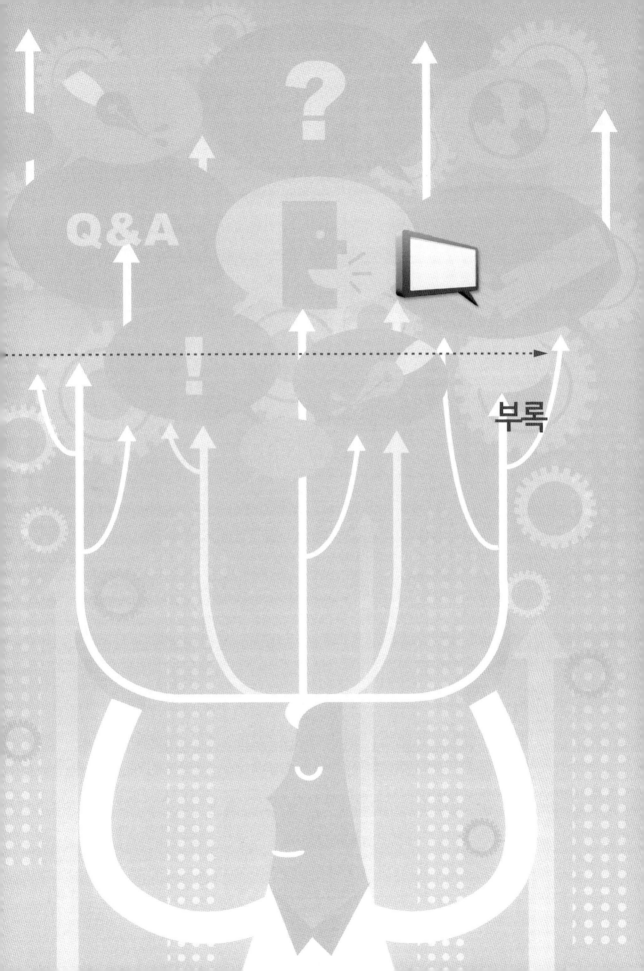

수능 문법 <보기> 문항 출제 빈도

앞서 살펴본 수능 문법의 각 유형이 실제 시험에서 얼마나 출제되었는 지 그 빈도를 분석해 보자. 이를 통해 최근 자주 출제되는 유형은 무엇인지, 그 유형은 어떻게 대비해야 하는지 해결 방법을 찾아 볼 것이다. 비교를 위해 <보기> 없는 문항부터 살펴보자. <보기> 없는 문항이란, <보기>는 제시되지 않고, 지문이나 지식을 활용하여 정답을 찾아야 하는 문항을 말한다.

유형	출제 학년도				
	2018	2019	2020	2021	2022
<보기> 없는 문항	6월 9월 수능(2문항)	3월 6월 9월	3월 9월	6월 9월 수능	

(모의고사 실시 후, 빈칸에 내용을 직접 채워 보세요^^)

<보기> 없는 문항은 점점 출제 빈도가 줄어들고 있다. 또한 <보기>가 없다고 해도 지문을 제시하여 지문을 활용하여 정답을 찾아야 하는 문항들이 출제되고 있다. 이는 단순히 지식을 나열하는 문항은 배제하고, 자료를 활용하여 정답을 찾는 문항들이 출제되고 있음을 알 수 있다.

다음으로 <보기> 문항을 살펴보자. <보기> 문항은 앞서 살펴본 유형별로 나누어 출제 빈도를 알아볼 것이다.

유형		출제 학년도				
		2018	2019	2020	2021	2022
<보기> 문항	a. <보기> 문법	3월 6월	6월 수능	3월 6월(2문항) 9월(2문항)	6월(2문항) 9월 수능	
	b. <보기> 사례 문법	3월 6월 9월(3문항) 수능(2문항)	3월(2문항) 6월(2문항) 9월(3문항) 수능(2문항)	3월(2문항) 6월 9월 수능(3문항)	3월(3문항) 6월 9월 수능	
	c. <보기> + 지문 활용 문법	3월(세트형) 6월(세트형) 9월 2수능	3월(2문항) 9월 수능(세트형)	3월 6월(세트형) 9월 수능(세트형)	3월(세트형) 6월 9월(세트형) 수능(세트형)	

(모의고사 실시 후, 빈칸에 내용을 직접 채워 보세요^^)

　　유형별 출제 빈도 분석을 살펴보면, '<보기> 없는 문항'보다 '<보기> 문항'이 훨씬 자주 출제되었다는 것을 알 수 있다. 또한, 지식 활용 문제의 빈도는 줄어들고 지문을 활용하는 문제가 매년 수능에 출제되고 있다. 이는 단순 지식을 직접적으로 묻기보다 생활 속에서 탐구할 수 있는 능력을 측정하는 문제가 출제되고 있다는 것이다. 즉, 암기력보다는 이해력과 분석력을 평가하는 문항이 출제되고 있다.

　　2017년부터 세트형 문제가 출제되고 있다는 사실도 주목해야 한다.

　　아무리 단순 지식을 묻는 문항의 출제 빈도가 줄었다고 해도, 문법 문제를 풀기 위해서는 체계적으로 문법의 기본 개념을 알아 두어야 한다는 사실은 잊지 말자. 지문이나 <보기>에 제시된 정보를 더 잘 이해하기 위해서는 반드시 수능 국어 문법의 기본 개념들을 배경지식으로 알고 있어야 한다.

박종석 (집필) chpark650@hanmail.net

울산제일고등학교
동아대학교 국어국문학과 박사과정 졸업(문학박사)
전국연합학력평가 언어 영역 출제팀장(전국시도연합 주관)
EBS 수능완성(고3) 실전 편 집필 / EBS 천제의 약속(한국교육방송공사)
2015개정 고등 '국어'(미래엔) 교과서 집필 위원
『조연현평전』(2006): 동아일보, 서울신문, 부산일보, 연합뉴스(서울)
『대학을 사로잡는 자기소개서, 추천서』(2012): 한국일보 인터뷰
『송욱문학연구』(2000)
『송욱평전』(2000)
『한국 현대시의 탐색』(2001)
『작가 연구 방법론』(2003년도 문화관광부 추천-우수학술도서)
『비평과 삶의 감각』(2004)
『현대시 분석 방법론』(2005년도 제2회 울산작가상)
『정상으로 통하는 논술』(2007)
『통합교과 논술 100시간』(2008, 공저)
『현대시와 표절 양상』(2008)
『송욱의 실험시와 주체적 시학』(2008)
『에고티스트 송욱의 삶과 문학』(2009)
『박종석의 글쓰기 기술』(수정증보판, 2015)
『대학을 사로잡는 자기소개서, 추천서』(2012, 공저)
『명문대가 뽑아주는 대입 자기소개서, 추천서』(2013, 공저)
『명문대가 뽑아주는 대입 면접의 모든 것』(2014, 공저)
『명문대가 뽑아 주는 대입전략의 모든 것』(2015, 공저)
『명문대가 뽑아 주는 동아리 활동의 모든 것』(2016, 공저)
『자소설 말고 자소서』(교육법인 동아일보사, 2017, 공저)
『과정중심평가로 대학 간다 1』(2018, 공저)
『수능 국어의 답 - 독서 영역 편 1부』(2019)
『수능 국어의 답 - 문학 영역 편 1부』(2020)
『수능 국어의 답 - 문법 영역 편 1부』(2020)
『바로 써먹는 수업의 기술-토론과 협상』(2020, 공저)
『수능 독서 [보기] 문항 설명서』(2020)

임소라 (집필)

현 문수고등학교 교사
경북대학교 국어교육과 졸업
전국연합학력평가 국어 영역 출제 위원(전국시도연합 주관)
『수능 국어의 답 - 문학 영역 편 1부』(2020) 검토
『수능 국어의 답 - 문법 영역 편 1부』(2020, 공저)
『수능 독서 [보기] 문항 설명서』(2020) 검토

안세봉 (검토)

현 울산여자고등학교 교사
부산대학교 국어교육과 석사과정 졸업
전국연합학력평가 국어 영역 출제 위원(전국시도연합 주관)
『EBS 수능 완성(고3) 실전편』(한국교육방송공사)
『EBS 수능N』(한국교육방송공사)
2015 개정 국어 교과서 집필(창비)
『대학을 사로잡는 자기소개서, 추천서』(2012, 공저)
『명문대가 뽑아 주는 대입 자기소개서, 추천서』(2013, 공저)
『명문대가 뽑아 주는 대입전략의 모든 것』(2015, 공저)
『무작정 시작할 수능 없다 나의 첫 고전산문 공부법』(2015, 공저)
『자소설 말고 자소서』(교육법인 동아일보사, 2017, 공저)
『수능 국어의 답 – 독서 영역 편 1부』(2019) 검토
『수능 국어의 답 – 문학 영역 편 1부』(2020) 검토
『수능 국어의 답 – 문법 영역 편 1부』(2020) 검토
『수능 독서 [보기] 문항 설명서』(2020) 검토

박소연 (검토)

현 경기도 향남중학교 국어 교사
고려대학교 사범대학 국어교육과 졸업

수능 국어의 답:

문법 영역 편2

초판인쇄 2021년 5월 7일
초판발행 2021년 5월 7일

지은이 박종석·임소라
펴낸이 채종준
펴낸곳 한국학술정보㈜
주소 경기도 파주시 회동길 230(문발동)
전화 031) 908-3181(대표)
팩스 031) 908-3189
홈페이지 http://ebook.kstudy.com
전자우편 출판사업부 publish@kstudy.com
등록 제일산-115호(2000. 6. 19)

ISBN 979-11-6603-415-2 03710